人民·联盟文库

人民·联盟文库

中国密码

[德]弗郎克·泽林 著　强朝晖 译

贵州人民出版社

人民出版社

图书在版编目（CIP）数据

中国密码/（德）泽林（Sieren, F.）著；强朝晖译. —北京：人民出版社，2010

（人民·联盟文库）

ISBN 978-7-01-008627-9

Ⅰ．中… Ⅱ．①泽…②强… Ⅲ．中国－近代史－研究 Ⅳ．K250.7

中国版本图书馆 CIP 数据核字（2010）第 002977 号

中国密码

ZHONGGUO MIMA

[德] 弗郎克·泽林 著 强朝晖 译

责任编辑：杜培斌 孟豫筑 佘 娟

封扉设计：曹 春

出版发行：人民出版社

北京朝阳门内大街 166 号 邮编：100706

网 址：http://www.peoplepress.net

邮购电话：(010) 65250042/65289539

经 销：新华书店

印 刷：三河市顺兴印刷厂

版 次：2010 年 1 月第 1 版 2010 年 1 月北京第 1 次印刷

开 本：710 毫米×1000 毫米 1/16

印 张：15.75

字 数：210 千字

书 号：ISBN 978-7-01-008627-9

定 价：31.00 元

出版说明

　　人民出版社及全国各省市自治区人民出版社是我们党和国家创建的最重要的出版机构。几十年来，伴随着共和国的发展与脚步，他们在宣传马克思列宁主义、毛泽东思想、邓小平理论、"三个代表"重要思想，深入贯彻落实科学发展观，坚持走有中国特色社会主义道路方面，出版了大量的各种类型的优秀出版物，为丰富人民群众的学习、文化需求作出了不可磨灭的贡献，发挥了不可替代的作用。但由于环境、地域及发行渠道等诸多原因，许多精品图书并不为广大读者所知晓。为了有效地利用和二次开发全国人民出版社及其他成员社的优秀出版资源，向广大读者提供更多更好的精品佳作，也为了提升人民出版社市场联盟的整体形象，人民出版社市场联盟决定，在全国各成员社已出版的数十万个品种中，精心筛选出具有理论性、学术性、创新性、前沿性及可读性的优秀图书，辑编成《人民·联盟文库》，分批分次陆续出版，以飨读者。

　　《人民·联盟文库》的编选原则：1. 充分体现人民出版社的政治、学术水平和出版风格；2. 展示出各地人民出版社及其他成员社的特色；3. 图书主题应是民族的，而不是地区性的；4. 注重市场价值，要为读者所喜爱；5.译著要具有经典性或重要影响；6.内容不受时间变化之影响，可供读者长期阅读和收藏。基于上述原则，《人民·联盟文库》未收入以下图书：1.套书、丛书类图书；2.偏重于地方的政治类、经济类图书；3.旅游、休闲、生活类图书；4.个人的文集、年谱；5.工具书、辞书。

《人民·联盟文库》分政治、哲学、历史、文化、人物、译著六大类。由于所选原书出版于不同的年代、不同的出版单位，在封面、开本、版式、材料、装帧设计等方面都不尽一致，我们此次编选，为便宜读者阅读，全部予以统一，并在封面上以颜色作不同类别的区分，以利读者的选购。

人民出版社市场联盟委托人民出版社具体操作《人民·联盟文库》的出版和发行工作，所选图书出版采用联合署名的方式，即人民出版社与原书所属出版社共同署名，版权仍归原出版单位。《人民·联盟文库》在编选过程中，得到了人民出版社市场联盟成员社的大力支持与帮助，部分专家学者及发行界行家们也提出了很多建设性的意见，在此一并表示诚挚的感谢！

《人民·联盟文库》编辑委员会

目　录

序 ……………………………………………………… 1

第一章 "黄色威胁" ……………………………………… 1

第二章 "我群"危机 …………………………………… 39

第三章 国家权力的瓦解 ……………………………… 61

第四章 无"中"之国 ………………………………… 87

第五章 大跃进式经济 ………………………………… 103

第六章 改革的脚步 …………………………………… 121

第七章 稳定压倒一切 ………………………………… 133

第八章 后宫经济 ……………………………………… 155

第九章 驾驭世界 ……………………………………… 173

第十章 全球化陷阱 …………………………………… 191

第十一章 中国密码 …………………………………… 213

译后记 ………………………………………………… 233

大事年表 ……………………………………………… 237

序

作为一个德国人，在中国人面前讲述中国，未免有些自不量力。对亲爱的中国读者来说，这样做显然是多余的。其实，这也并非我的初衷。我写作这本书的最初动机，更多地是为了向德国人或者说欧洲人介绍中国的发展历程。但是对中国读者来说，这或许恰恰是这本书的有趣之处。

喜欢从外国人的角度评点别的国家，可以说是西方的一种传统，而这种传统在中国似乎并不像西方那样突出。这或许是因为中国作为一个幅员辽阔、人口众多的大国，需要把更多的精力放在自己的事情上。如果一位法国人写了一本关于德国的书，虽然这本书是写给法国人的，但德国人会把它翻译成德文，并怀着浓厚兴趣争相阅读。这种情况更多发生在欧洲。一本英国人评述美国的书则难以在美国读者当中得到同样多的关注，那些研究全球变化的书则更是如此。美国读者显然不大情愿让欧洲人为他们评点世界局势，超级大国及其国民的特点往往是以自我为中心。

中国正处于融入世界的过程中，因此中国人对于其他国家如何看待自己和看待世界的态度相当开放。如果这一状况能够长期保持下去，对于全球合作将大有益处。因为从某种意义上讲，一个外国人隔着一定的距离观察这些发展变化，往往看得更清楚。虽然作者有可能由于未能将文化背景因素纳入视野而导致对某一现象理解有误，但即便如此，他对这一现象的观察描述对澄清误解仍然会有帮助，人们可以藉此在"以接近促变化"的道路上向前迈进一步。

有些德国人习惯于以居高临下的态度看待中国。他们更多是从本国的发展水平出发，而不是以中国过去30年的进步来评判中国。反过来看，一些中国人对西方的合理批评则常常过于敏感，反应激烈，而对于西方国家的文化特征却丝毫未予顾及。上述两种表现对世界进步都没有好处，相反还会带来许多麻烦。避免被这些声音主导十分重要，其重要性甚至超出中德两国关系。

一个超级大国独霸世界和西方占绝对优势的时代正在发生改变，世界秩序正朝着多极化方向发展。这一变化是积极的。多极化的世界秩序要求各国之间有更多的协作和理解，同时也要求各国更加明确地阐述自己的立场。

为此，跨文化沟通的重要性是不可低估的。通过全球化，这个世界或许将变得更公平，但绝不会变得更简单。如果这本书能够为减少全球化过程中的摩擦和耗损尽微薄之力，我将备感欣慰。

请来信告诉我您对本书的看法与感受。我的联系方式是 zhangwei@sieren. net。

弗郎克•泽林
二〇〇八年十月于北京

第一章
"黄色威胁"

划时代的变革具有一种令人不快的特性：在它来临之初，人们通常并不情愿立刻接受它。我们德国人更是如此。在有可能带来深刻影响的变化面前，我们宁愿闭上眼睛。我们总是希望，根本性的变革最好来得迟一些，缓一些。当然，这种想法并非全无道理。既然是涉及未来几代人命运的问题，我们何必要仓促行事呢？然而中国的崛起证明，即使变化发生在世界的另一端，如果不能对其予以足够重视，并作出及时恰当的反应，很可能会吃大亏。这些变化仿佛遥远天际轰鸣的隐约雷声，那些正在郊外野餐的人们尚不及享用完盘中的鸡腿，冰雹已瞬间从天而降。

对于死气沉沉的世界经济来说，中国是一个福音。30 年来，这个大国呈现出一派繁荣景象。2004 年，中国占世界制造业增量的比例居世界之首。中国努力凭借自己的力量应对种种国内问题，并避免使其他国家受到连累。中国领导人冷静沉着地克服了亚洲金融危机、非典危机①以及来自世界经济的各种新挑战。亚洲因为中国而变得更加稳定。2004 年春，当中国出现因盲目投资导致的经济过热问题时，中国政府果断采取了有效措施。中国政府并不试图遮掩过失，而是坦诚自信地指出自身问题，以此

---

① 海克·霍尔比希，马尔哥特·舒勒，刘肯凯：《中华人民共和国—政治经济发展现状》，第 8 页。

为世界媒体的批评性报道定下基调。这些都是如何做到的呢?

在世界的任何一个角落,人们都能感受到中国给地球带来的震动。中国正在悄然而坚定地打破世界的静止状态,释放出令人难以置信的巨大能量。13亿中国人都在同一时间奋力向上,在过去的数十年中,这是他们不能做,也无法做到的。中国人虽然是被西方强行拖入了自由市场经济的竞争,但是他们很快便掌握了市场经济的运转机制,并巧妙地利用了资本主义的力量。

"拿出勇气来!"——就在不久前,德国人还在以这样的口吻训诫中国人。如今,已经没有哪个中国人愿意听到这种话。当你遇到一个在中国生活了十几年并经常往返于两地的德国人时,他很可能会说,实际上真正需要勇气的是德国人自己。

中国——这个距离德国万里之遥,正在重新崛起的大国,对年轻一代德国人的生活所产生的影响,很可能比德国国内争论不休的诸多问题的影响更为深远。德国未来的命运和走向,更多地决定于遥远的中国。对大多数德国人来说,他们甚至从来没有和中国人握过一次手,他们中间很少有人能够说出某位当代中国名人的名字,更不用说中国的流行歌星或是作家了。在2008年北京奥运会之后,一些德国人终于知道了中国最著名运动员的名字,虽然他们并不能把名字正确拼写出来。但是中国对德国来说,却已近在咫尺。中国在有意无意之间,已经利用全球化编织起一张严密的网络,将我们笼罩在其中,使我们难以摆脱对它的依赖。中国正在为世界制订标准,包括德国在内的欧洲工业大国也不得不遵守这些标准。奥地利作家约翰内斯·马里奥·希默尔(Johannes Mario Simmel)在一本小说的开篇写道:"亲爱的吉蒂,我们德国人虽然可以创造经济奇迹,可是却不会做沙拉,其实不必一切都尽善尽美。"① 现如今,我们制作土豆沙拉的水平是不是比我们的经济状况要略好一些呢?

---

① 约翰内斯·马里奥·希默尔:《不必一切尽善尽美》,第4页。

"德国制造"在德国已经成为稀有品。[1] 我们每天购买的商品，从垃圾桶、衬衣、激光唱机、笔记本电脑到集装箱船，全部是从中国进口。中国不仅是世界最大的服装鞋类生产国，同时也是山地自行车、微波炉、手机的最大产地。甚至高科技产品，如便携式电脑制造等领域，中国也已名列世界前茅。中国钢铁产量居世界首位，2008 年上半年，中国钢产量是美国的四倍以及印度和德国的十倍。2004 年，中国的汽车产量甚至超过了德国，仅次于日本和美国。[2] 如果有谁在 2004 年初宣称，中国将会收购 IBM 电脑和英国罗孚轿车（MG ROVER）的话，肯定会被称为天方夜谭。中国 2004 年对外贸易额突破 1 万亿美元，将富裕的邻国日本甩在了身后，[3] 紧随美国、德国，居世界第三位。此外，2004 年中国国民经济总量已跃居世界五强。[4] 2008 年，中国经济超过德国，成为世界第三大经济体。在 2003 年至 2006 年短短三年中，中国对外贸易额便增长了一倍。除商品交流外，人员交流也日益频繁。德国汉莎航空公司监事会主席约尔根·韦伯（Jürgen Weber）预测，到 2010 年，汉莎飞往北京和上海的航班将增至每日四班，客流量将超过北京至纽约的客运人数。[5] 如今，汉莎飞往中国的航班已增加到每日两班。

"中国毫无疑问将成为世界制造业的基地"，德国化学工业巨头巴斯夫公司（BASF）董事长贺斌杰（Jürgen Hambrecht）十分肯定地说。[6] 他的观点有事实为据。巴斯夫公司投资 30 亿欧元，在南京建立了石油化工一体化基地"扬子石化—巴斯夫有限公司"，这是巴斯夫公司有史以来金额最大的一笔单项投资。2007 年，巴斯夫公司在华营业额达到

① 汉斯·维尔纳·希恩：《德国还有救吗》，第 67 页。
②③ 参见 www.eiu.com。
④ 2003 年中国国内生产总值达到一万四千亿美元（德国为一万八千亿美元，美国为十万二千亿美元），但中国至今仍拒绝加入八国集团。
⑤ 《经济周刊》中国特刊 2003 年第 1 期，第 22 页。
⑥ 在德国《经济周刊》2004 年 9 月柏林年会上。

了 44 亿欧元。[1] 中国不仅是世界工厂，同时也是一个巨大的销售市场以及世界增速最快的市场。因此，中国近年来吸引外资的数额远远超过其他国家。仅 2007 年，外来投资额便超过 900 亿美元，占世界投资总量的 10%。[2] 通过许多大型国有企业的海外扩张计划，中国对外投资急剧增长，很快便将把亚洲发达国家甩在身后。虽然中国原材料进口增长迅猛，但 2007 年中国的贸易顺差仍高达 2600 亿美元，比 2006 年增加近 50%。此外，与传统工业国相比，中国廉价劳动力的优势还可以继续保持相当长一段时间。从西方角度看，这里似乎存在一个悖论：中国的工人和工程师虽然收入不高，但他们却颇感满足。无论工作条件如何艰苦，他们都默默承受，其原因在于，他们生活水平的改善超过了中国以往任何一个历史时期。[3] 这一切给德国带来了深刻影响。德国劳动力价格不得不参照中国的工资水平重新衡定，因为我们面对着一个令人吃惊却又无法回避的现实：在全球化经济中，人与人的劳动都变成了商品，供应量一旦增加，价格便会下降。德国人的自我认知以及德国经济都已陷入一种尴尬境地，出路只有两条，而两条出路都一样糟糕：第一条出路是缩减工资，这种办法虽然可以提高德国产品的竞争力，但却会损害德国就业者的利益，而德国人购买力的降低又会反过来影响经济；第二条出路是，德国企业效仿法国、日本或者美国等竞争对手，将一部分生产转移到中国，但这样做又会导致本国就业岗位和国家税收的减少。德国前总理施罗德（Gerhard Schröder）一直期待德国企业进入中国市场能够给两国带来"双赢"的结果，[4] 从目前来看，情况暂时还算令人满意，因为我们仍然可以向中国出口产品。但是形势正在发生急剧变化，其速度大大超出我们的预料，而中国先于我们意识到了这一点。在欧

---

[1] 参见 www.greater-china.basf.com。
[2] 参见 www.globalpolicy.org。
[3] 参见 www.eiu.com。
[4] 据施罗德 2004 年 12 月 7 日在中国工业经济联合会的演讲。

洲，首当其冲受到冲击的国家正是德国。为保持自身的竞争力，德国目前是在中国投资最多的欧洲国家。据美国管理咨询公司科尔尼公司（A. T. Kearney）预测，在 2015 年之前，仅德国化工领域，面临失业危险的人数就将达到 15 万至 20 万。① 作为德国经济支柱的中小企业的处境同样不容乐观。2003 年，德国机械制造业裁员 24000 人，② 其中一个原因是，越来越多的机器制造已经转移到中国。由于中国的原因，德国制造业的规模正在缩小。美国波士顿咨询公司（Boston Consulting Group）估计，至 2015 年，德国产业工人数量将减少 140 万。③

　　为恢复德国经济的竞争力，德国政府目前正在努力推行深层改革，而其财政能力的大小，则取决于中国上升为世界经济强国的速度及其影响。德国目前仍在勉强维持的社会福利水平几年之后将使我们不堪重负。德国稀有金属技术公司贺利氏集团（Heraeus）——一家年营业额 70 亿欧元的中小企业联合体——监事会主席兼董事贺利氏（Jürgen Heraeus）认为："对中国觉醒的速度，德国人仍然毫无觉察。"④ 他的这番话绝不只是为了威吓德国工会。自二战结束以来，类似贺利氏集团的中小企业构成了德国经济的中坚，这些企业的管理层对世界变化的反应远比其他人更加敏感。在他们看来，德国面临的并不是一场经济危机，而是一场全球性变革的开端。联邦德国前总理库尔特·乔治·基辛格（Kurt—Georg Kiesinger，1967—1969 在位）在其任期的最后一年，在联邦议院发出警告："我要说的只有一句：中国，中国，中国。"他在讲这番话时一定不会想到，在他的众多讲话中，这句话是人们今天能够记起的唯一一句。现在看来，他的警告比以往任何时候都更具现实意义。尽管目前德国各类报刊的经济版早已充满了对中国的赞誉之辞，然

---

① 据科尔尼公司预测，未来 10 年中，全球三分之一的就业机会将转移到中国。
② 据德国莱茵兰-普法尔茨银行调查报告，参见 www.lrp.de。
③ 据波士顿管理咨询公司 2004 年 10 月调查报告第 24 页，参见 www.bcg.com。
④ 《明镜周刊》2004 年第 34 期，第 66 页，《龙腾》一文。

而中国的发展不过刚刚起步，其巨大的潜能还远远没有发挥出来。①

中国是这场划时代变革的中心，全球化则是推进变革的发动机。在全球化驱使下，世界正在朝着一个全新的方向发生扭转。几个世纪以来，人口迁徙、贸易、战争、通讯手段和人员往来将世界各地的人们紧密联系在一起。如今，全球化已经结成错综复杂的网络，人们被纠缠其中并感到茫然无措。② 在全球化压力下，德国、中国以及其他所有国家必须更加紧密地相互合作。另外，经济全球化的速度超出了政治和社会全球化的速度。这主要出于三个无法逃避的因素的作用：首先，资本总是流向最有利可图的行业，利润下降时，资本亦随之消失；其次，所有企业以及国家和地区都在为瓜分世界市场份额进行争夺，以便将来能够赚取更多利润，并在世界上赢得优势地位；再次，随着现代化传媒的出现以及交通的便捷，企业逐渐摆脱了地域和国界的束缚。

很显然，中国已经为应对上述挑战做好了充分准备。30 年前，当经济改革刚刚起步时，庞大的中国还是一个相对落后的国家。中国人在绝境中总结经验教训，并培养出对趋势变化极为敏感的嗅觉。他们主动接受了如下现实：尽管全球化是人的产物，但却并非由某个人所发明，没有任何人能够对它进行总体规划，它是种种目的和企图纠葛在一起所导致的必然性结果。中国人还看到，无论是全球化反对者的大规模示威游行还是所谓"资本"，都无法改变全球化的走向。③ 即使是雄霸世界的美国，最多也只能对全球化略施影响，而不能随意操纵和控制它。

如今，中国人创造的经济繁荣甚至超出了自己的想象，并令整个西方为之瞩目。④ 国际金融巨头乔治·索罗斯（George Soros）将中国称

---

① 美国人口（2.92 亿）占世界总人口（63.96 亿）4.5%，经济总量（11 万亿美元）占世界经济总量（36.75 万亿美元）约 30%；中国人口（12.89 亿）占世界总人口 20.2%，经济总量（1 万 4 千亿美元）占世界经济总量约 3.8%。

② 关于全球化的讨论自本世纪初才刚刚开始。

③ 诺贝尔特·埃利亚斯：《社会学是什么》，第 170 页。

④ 中国 20 年以来始终保持着 8% 以上的经济增长率。

为"全球化最大的受益者"。① 在舆论界有关中国问题的争论中，像索罗斯这样对中国的成功充满乐观的人，越来越占据了上风。他们认为：世界经济离不开中国的巨大市场和廉价制造业基地。中国几乎每个月都会创造出新的世界经济纪录。与世界最大的国家之一、拥有 10 亿人口的印度相比，中国占有明显优势。20 世纪 80 年代，两国的发展水平还旗鼓相当。但是自 1986 年以来，中国人均国民收入增长了三倍，而印度的增长不到两倍。② 中国 2003 年国内生产总值是印度的两倍，③ 印度 3.9 亿人口每天生活费不足 1 美元，而中国人口虽然超过印度，但贫困人口却只有 4 千万。中国受教育人口总数大约是印度的四倍，印度新生儿死亡率是中国的两倍以上，中国的手机用户是"IT 大国"印度的两倍以上，2004 年，差距甚至达到十倍，此后印度在这一领域迅速赶了上来。

从世界历史角度看，中国的发展速度同样史无前例，甚至超过了上世纪 20 年代美国上升为世界第一强国时经济增长最快的时期。④ 同时令人吃惊的是，作为社会稳定的重要标志，中国的贫富差距并不像许多人所认为的那样，已经达到万分危急的地步。《联合国人类发展报告》证实了这一点。

中国经济 30 年来保持着 9％以上的经济增长率，在 2008 北京奥运年，中国取代德国，成为继美国与日本之后的世界第三大经济强国。德国《经济周刊》2003 年出版的第一期双语中国特刊中，总编史蒂芬·巴龙（Stefan Baron）写道："中国的重新崛起是本世纪以来最重要的世界历史事件。"⑤《法兰克福汇报》文章说："中国经济呈现出史无前例

---

① 《明星周刊》，2004 年第 33 期，第 68 页。
② 《经济周刊》，2004 年 5 月 20 日，第 40 页。
③ 据世界银行 2003 年 7 月公布的资料。
④ 安格斯·迈迪逊：《世界经济—世纪观察》，第 156 页。
⑤ 《经济周刊》2003 年中国特刊，第 2 页。

的前景。"① 就连惯以发表批评性报道的《明镜周刊》对中国也表现出敬畏。2004 年秋季的一期《明镜周刊》发表以《世界强国的诞生》为题的封面文章，封面上画着一只从破裂的地球蛋壳中爬出的幼小而凶猛的龙。② 《世界报》则问道："难道德国真的要向中国请教资本主义制度如何运转吗?"③ 就连一向头脑冷静的德国经济界人士，例如西门子公司前总裁冯必乐（Heinrich von Pierer），在小范围会谈中也发出惊人之语：中国的经济腾飞仿佛一场"新蒙古风暴"。④ 历史上，蒙古帝国的远征曾使许多欧洲王室的命运濒于绝境。

如果我们观察一下中国的经济增长曲线，上述观点将会更加明晰。1991 年之前，中国的经济增长率与世界水平基本持平。进入 90 年代后，中国经济增长速度逐渐加快，到 1999 年，呈现出迅猛的发展势头。2001 年的世界经济衰退对中国来说可谓是额外的动力。由于全球消费需求的下降，西方以及亚洲发达国家的企业被迫将生产转移到成本低廉的中国，或到中国采购，从而降低产品价格。外国企业的大量涌入不仅提高了中国的经济影响力，其政治影响力也同样获得提升。奥运会如期举行，一切圆满顺利，运动员和记者都为之倾倒。中国向世界证明了，中国不仅能够获得金牌，并且有能力顶住西方以道德为借口施加的压力。美国总统布什 2001 年初上任时还将中国称为"战略竞争对手"，在他第一届任期临近结束时，腔调已经缓和下来，将中国称为"外交伙伴"。现在，越来越多的国际问题离开中国已无法得到解决。

怀疑论者反驳道，中国的进步被过分夸大了。⑤ 他们认为，就像互联网繁荣一样，中国经济在增长高峰过后，将会全面崩溃。这种可能性

---

① 《法兰克福汇报》，2003 年 12 月 3 日，第 33 版。
② 《明镜周刊》2004 年 11 月 11 日，第 51 页。
③ 《世界报》，2004 年 4 月 7 日，第 12 版。
④ 据 2003 年 12 月与作者在广州的谈话。
⑤ 其代表人物为尼古拉斯·拉迪（Nicholas Lardy）、乔·斯塔维尔（Joe Studwell）、章家敦（Gordon Chang）。

尽管无法排除，然而这个比喻本身并不贴切。与大多数互联网企业所不同的是，中国拥有一套行之有效的商业模式，这就是：以市场份额换取技术转让。西方企业家无论何时何地与中国企业家进行谈判，核心总是围绕这一问题。由于中国拥有全世界最大的市场增长潜力，中国人可以利用外国企业之间的相互竞争，并从中获利。同互联网企业的另一区别是，中国经济不是负债经营，无须像前者那样向股民作出承诺，尽快实现盈利以偿还债务。中国这一"股份公司"目前已经是一家赚钱的企业，其外汇储备高达1.8万亿美元，外债数额极少。而且，这一数字还未将香港的1600亿美元外汇储备计算在内。

怀疑论者可能会再次提出异议，他们会说，比中国富裕得多的日本，也曾令全世界满怀期待，但这些期待却最终落空。上世纪70年代和80年代，日本经济发展迅猛，美国经济相比之下也显得黯然失色。但是到了1989年，日本经济却骤然窒息，国家陷入停滞。然而拿日本与中国相比，这一比较亦不恰当。日本当年一直试图依靠自己的力量与其他国家抗衡，日本市场的大门长期对外国投资者关闭。在几乎所有领域，日本都在独立研发和制造产品，并达到了惊人的效率和质量。直到有一天，这种体制最终超出了本国资源所能承受的限度。① 中国却与此不同。中国遵循的战略令人联想到某些亚洲体育项目的竞技技巧："借力打力"——借外资企业之力来实现自己的目的，其手段是想方设法获取对方的技术。除此之外，中国经济繁荣的持续时间必将超过日本，因为中国疆域辽阔，达到国内市场饱和至少需要五倍于日本的时间。这意味着，如果不出意外的话，中国的经济增长完全有可能持续一百年。

中国政府不仅有良好的起点，而且还拥有足够的智慧，以避免操之

---

① 仅有丰田等少数跨国公司成功克服了本国资源的限制，但日本经济从总体上却并未做到这一点。德国未来很可能面临同样问题。

过急。从美国、日本、南美和亚洲邻国的无数次危机中，中国吸取了如何规避全球化危险的诸多教训。出于自身历史原因，中国人对外部有着一种强烈的警惕意识。两千多年前，中国的封建统治者为抵抗外族的入侵修建了长城，与此相仿，中国政府于上世纪 80 年代建立了防止国际资金流入的现代防护墙。人民币不能在国际资本市场上进行交易，其汇率挂钩于一个货币篮子，其构成则严格保密。因此，不论是华尔街投机商，还是西方国家的债权人，都无法将中国拖入困境，就像亚洲金融危机时韩国与泰国出现的情况。① 中国的外债数额很小，且大多数为长期债务。虽然加入了世贸组织，但中国的股票市场、银行业和房地产业仍然受到保护，以避免外资突然进入或撤出而导致震荡。除此之外，中国严格限制政府以及私人在海外购买债券。1997 至 1998 年，中国受到亚洲金融危机冲击之后，政府进一步加紧了这方面限制。当时在经济发达的广东省，一些金融机构背着中央政府擅自向德国银行贷款数十亿美元，一时间无力偿还。时任总理朱镕基顶住国际压力，采取果断措施，大部分西方银行最后只收回了 10％投资。中国没有被迫贬值货币，在一场严重的国际性危机结束后，中国成为亚洲的重要稳定保证。自此之后，中国在金融问题上更加严格杜绝"放任主义"（Laissez－faire）。在2008 年金融危机中，中国上述政策又一次验证了它的好处。尽管全球化之狼早已对中国这个猎物虎视眈眈，但中国始终处在其扑杀所能及的范围之外。在 2008 年秋天的世界性金融危机中，这一点尤其明显。中国各大银行几乎没有受到冲击。2005 至 2007 年增幅高达 500％的股票市场，与上年相比"仅仅"下降了 80％。中国与世界经济的联系几乎只是通过出口。

作为中国外汇收入主要来源的出口浪潮，已非朝夕之间可以阻挡。企图针对中国设立贸易限制，几乎是不可能的。西方经济早已对中国产

---

① 有关中国和泰国在亚洲金融危机中各自所发挥的作用，请参见本书第七章。

品产生了强烈的依赖性，中国出口美国的商品中 65％都是美国企业在中国生产的。[①]

中国经济的另一优势是，较大数额的款项仍难移出境外。根据中国的外汇流通管理规定，在中国赚到的钱也要留在中国，不像俄罗斯那样，资本纷纷流向开普敦、圣莫里茨或是蒙特卡洛，对俄罗斯经济来说，这些资金彻底流失了。尽管由于中国经济存在管理漏洞或是腐败问题，使得一些资金落入不法之徒手中，但是这些钱毕竟还是花在国内，中国经济也因此得以保持相对稳定的状态。

中国可以做到只向世界有限度地开放市场。因为作为未来的市场，中国具有某种垄断性。虽然德国及其他国际企业的投资方向有多种可能，可以选择到其他国家，如欧洲邻国或美国投资。然而随着全球化程度加深，形势日趋明朗化：中国作为未来市场，在发展潜力、稳定性、基础设施、价格水平和生产能力等方面具有无可比拟的优势。世界上没有任何一个大国像中国一样稳定。欧洲最大的汽车制造商——德国大众汽车公司前董事长毕睿德（Bernd Pieschetsrieder）说过："当然在很多国家都可以投资，但是到中国去是必须的。"从中期看，任何一个"门槛国家"都无法超越中国，俄罗斯虽然得到西方的大力扶持，但也无法与其邻居中国相比。1978 年，中国国内生产总值仅相当于俄罗斯的一半，然而不到 10 年之后，情况刚好反了过来，而且两国之间的差距还在逐年扩大。[②]

印度也被中国甩在了身后。[③] 印度外汇储备仅有中国的六分之一，因而没有能力尝试大胆的改革。大部分南美国家依赖于西方债权人，这些国家的政府只能寄望于世界银行或其他国际货币基金的援助。由于汇率不稳，需求波动，政局动荡，因而外国在上述国家的投资极少。对南

———————————

① 参见德国《经济周刊》2003 年中国特刊，第 26 页。

② 参见 www.eiu.com。

③ 参见《麦肯锡季刊》中国特刊 2004 年 11 月，第 32 页。

美国家来说，出路并不多，其中之一是，将食品和原材料出口到中国。① 东南亚"四小虎"——印度尼西亚、马来西亚、泰国、菲律宾也不能否认中国在亚洲经济中的领头羊地位。泰国前总理他信（Thaksin Shinawarta）说道："我以前曾经做过企业家，我知道一个较大规模的中型企业同样可以和国际跨国公司共存。"② 甚至日本也已无法摆脱来自中国的竞争压力。日本的问题在于物价过高，人口密度过大，同时体制过于僵化。十多年来，日本经济一直陷入停滞，改革措施乏力。日本企业为求生存，不得不将生产转移到成本低廉的中国。③ 东欧国家尽管与德国相邻，但也无法和中国的市场与成本优势相比。著名企业咨询公司罗兰·贝格（Roland Berger）做过一项调查，结果显示，中国产品质量优于东欧产品，性能更稳定。据专家分析，其原因在于中国产品的生产规模大，企业竞争激烈。这一调查结果令罗兰·贝格公司的咨询人员自己也颇感意外："我们的预测与结果刚好相反。"④ 尽管中国和东欧国家都面临国有企业经营不善以及金融体制效率低下的问题，但对德国企业来说，在可预见的时间之内，选择中国仍是明智之举。西门子前总裁冯必乐说过："到中国去会有风险，不去中国，风险更大。"这一观点代表了当今世界经济界公认的信条。⑤

　　由于拥有上述千载难逢的经济优势，中国政府可以自行制定外国企业进入中国市场的条件，以此获取自身无力研发的技术。在与中国人的合作中，德国人渐渐意识到，德国的优势正在消失。中国经济的决策者发明了一套独有的机制，我们可以称之为"后宫经济"——作为竞争对

---

① 布拉克·科布尔，安妮，卡特琳·施耐德：《国际货币基金组织与世界银行—全球化的指挥家》。
② 据 2004 年 3 月 19 日与作者在曼谷的谈话。
③ 路透社 2004 年 4 月 22 日报道。
④ 据该调查报告作者之一莱因哈德·盖斯鲍尔（Reinhard Geissbauer），参见《金融时报》，2004 年 8 月 24 日。
⑤ 据 2004 年 12 月 3 日与作者在广州的谈话。

手的几家外国企业被迫与同一家中国企业分别成立合资公司，为博得中方合作伙伴的青睐，出现了外国企业之间争风吃醋的场面——一如在皇帝面前争宠的后宫妃嫔一样。一些对世界经济举足轻重的行业，如：汽车、钢铁或是化工，都不得不遵从这一规则。例如汽车工业的两大竞争对手——德国大众汽车与美国通用汽车分别与上海汽车工业公司成立了合资企业，上汽因此可以利用两家外国公司的竞争，在技术转让、投资额和市场份额等方面坐收渔利。其他行业的情况亦是如此。它们为巩固在中国市场上的地位，不得不在中国合作伙伴面前努力作出最佳表现。因此，人们无法指望外国公司的总裁们用一个声音对中国讲话，就连德国企业往往也是各行其是。

以相同的方式，中国领导人使世界大国的领导人同样陷入窘境。德国前总理施罗德每次访华都为德国经济卖力宣传，力图说服中国将订单和经营许可交给德国企业，而不要交给法国和英国公司。他的后任默克尔同样也要努力为德国企业争取订单。这种做法进一步加速了德国经济向国外转移的进程，导致国内大规模裁员以及税收下降。在这场游戏中，赢家永远是中国。

中国可谓占尽天时地利，既有抵御全球化风险的"防护墙"，又有对未来市场的垄断地位；既可以尽享全球化的好处，又可以免受它的危害。凭借"后宫经济"机制，中国成功驯服了国际企业。相比之下，我们德国人在全球化面前则显得无所适从。

中国稳定的总体经济环境甚至也包括管理还不非常好的银行体系在内，尽管政府的一系列努力虽未给其带来明显起色，然而它对中国稳定所造成的影响远不如媒体报道的那样严重。尽管由于中国国有银行常常向一些没有还贷能力的国有企业提供贷款，而可以更有效利用贷款的私营企业却得不到贷款，使中国的巨大经济增长潜力未能得以充分发挥。但是不要忘记，西方国家实际上积累了数额更大的"坏账款"，只不过换了一个说法：政府补贴。政府补贴多是出于避免社会问题的考虑，用以挽救濒危企业，乃至整个行业。① 据官方统计，中国自改革开放以来累积的坏账数额高达上亿美元。这些坏账并没有作为政府补贴结算，而是在国有银行的账目中周转。但是我们回头看一下，德国铁路（DB）从 1993 年至 2003 年 10 年间的运营费用一半是依靠政府补贴维持的，相比之下，中国坏账的数额并不算高，何况目前德国铁路已经积累了多年的债务，目前尚有 180 亿欧元需要偿还。② 中国前铁道部长傅志寰不无自豪地表示，中国铁路的运营大体可以做到以收抵支。

德国基尔世界经济研究所统计，德国每年的财政补贴超过 1400 亿欧元。③ 按这一数字计算，德国不到 2 年积累的"坏账"即多于中国四分之一世纪的坏账。中国的坏账总额大致相当于欧盟 2 年间用于农业的补贴之和。当我们批评中国政府不惜一切代价挽救濒危国有企业纯属徒劳时，我们应当首先审视自己，以便对中国的形势作出正确判断。中国国有银行如果仅从收支统计来看，或许情况并不妙，而实际上，这些银行却是资金充盈，其原因之一是，中国的居民储蓄率高达人均收入的40％。④ 中国的资金来源远未枯竭。另外，中国股票市场方兴未艾，在海外上市的国有企业还只占很小一部分。2007 年，中国有 126 家企业在海外挂牌上市，总市值约为四百多亿美元。一年前，海外上市的企业只有 59 家，市值约两百多亿美元。中国四大银行相继在香港和上海上市。中国工商银行 2006 年底股票市值达到上百亿欧元，此后成为世界第一大银行。房地产泡沫同样不会给中国经济造成太大的威胁，大多数私人购房都是用于自己居住，中短期内不会出售，因此，房地产价格的波动对他们的影响极为有限。

怀疑论者也许认为，上述观点把中国描绘得过于稳定，以至达到令

---

① 这一做法具有充足的理由：债务体现在账目上，补贴则不然。
② 参见 www.zeit.de。
③ 据《基尔政府补贴报告》第 452/453 期。
④ 据汇丰银行资料：银行储蓄总额约为 2.217 万亿美元，其中 1.26 万亿为私人存款。

人难以置信的程度。他们担心中国在以一些虚假的数字蒙骗世界。但是
只要粗略计算一下便可看出，中国的成就绝不会是虚幻的舞台布景。在
财政问题上，一个国家的经济运转模式与一个家庭并无二致：只有手里
有钱，日子才能维持到月底，不然的话只能去借钱。正如家庭难以向银
行隐瞒自己的债务一样，国家同样无法向国际金融界隐瞒其真实财政状
况。其公布的外债数额就像德国个人借贷信用登记中的信息一样真实可
信。当然，政府还有另外一个获得资金的手段：印制钞票。但这将导致
货币贬值和日常消费品价格的迅速上涨，通货膨胀一旦出现，则完全无
法隐瞒。尽管面临经济过热，但中国 2007 年的通胀率只有 4.8％，对一
个发展中国家来说并不算高，而经济增长率则超过 11％。① 通常情况
下，如果一国货币的汇率通过货币篮子与美元挂钩，当汇率牌价高出货
币的实际价值时，黑市便会出现，任何政府对黑市往往都束手无策。然
而中国并不存在严重的黑市问题。2004 年底，在私下外汇交易中，1 美
元兑换的人民币比银行外汇牌价仅高出不到 0.3 元。② 只要外债、通货
膨胀和黑市没有发展到失控的程度，在目前的总体经济环境下，中国经
济便不会有经济危机之虞。相反，如果上述因素中有某一项失控，便很
可能引发社会的不稳定，中国近代历史的经验早已证明了这一点。实际
上，中国经济已安然度过了多次重大危机的考验，例如亚洲金融危机以
及 2001 年曾使美国、日本和欧洲市场同时崩盘的"世纪性崩溃"。

　　然而恰恰是那些有着在中国多年生活和工作经验的德国企业管理
者，从直觉上对中国经济的稳定却感到怀疑。他们从办公室、车间里和
谈判中深切体会到中国日常管理不规范。他们报怨中国人视野不开阔，
责任感不强，质量标准不受重视，生产流程不能始终坚守。③ 既然存在
这样或那样的问题，中国经济为何又能取得成功呢？根本原因在于它的

---

① 参见 www. com. focus. de。
② 据在北京、上海和昆明等地的调查。
③ 弗郎克·泽林，恩格尔贝特·波斯，克里斯蒂娜·波斯：《中国管理指南》。

总体环境。只要大环境有利，中国在一定程度上的混乱便无大碍。同样使这些德国经理人感到困惑不解的是：无论是大众，还是西门子或者安联，与这些德国企业合作的中方企业，尽管很多部门效率不高，工作计划性和条理性不够，但每到年终结算时，整个企业却依然赢利。

现实与判断的巨大差异不仅反映在中国的经济问题上。对美国，人们同样有过类似的误判，只不过与对中国的误判刚好相反。美国社会各方面日臻完善，运转良好，而美国经济的总体环境却令人堪忧。美国政府每年的财政支出超过财政收入 6%，相当于欧元区国家规定指标的两倍。同时，美国制造业的开工率降至 20 年以来的最低点。[1] 美国大企业，如世界最大的牛仔裤品牌 Levi's（该品牌最初系由一名德国人于 1853 年创办）、可口可乐、万宝路和麦当劳等，自 2004 年以来已不在美国本土，而是仅在中国生产。[2] 美国的资金正在向亚洲转移。2007 年，由于消费疲软，美国贸易逆差 6 年来首次略有下降，但仍然高达 7110 亿美元。其中仅对华贸易逆差便达到一千多亿美元。此外，亚洲国家的中央银行，特别是日本和中国，[3] 购买了巨额美国国债。美国 2004 年一年的国债数额便高达 1800 亿美元。"中国为帮助美国人维持其生活水平提供了最大的支持"，美国摩根斯坦利投资银行香港首席经济师谢国忠（Andy Xie）在总结美国经济形势时得出这一结论。[4] 美国经济 2004 年每天大约需要 20 亿美元的外国资金。10 年以前，进入美国的外国资本多数为设立企业或购置房地产等长期投资。现在，外国投资者越来越谨慎，普遍选择短线投资，例如买入美元，以便可以根据形势变化，随时抛出。他们对美国的稳定失去了信心。德意志联邦银行首席经济师赫尔曼·雷姆斯佩尔格（Herman Remsperger）曾在 2004 年警告说："在这

---

① 参见《法兰克福汇报》2003 年 5 月 16 日，第 23 版。
② 《巴塞尔日报》2003 年 12 月 22 日，第 3 版。
③ 参见《经济周刊》，2002 年 1 月 15 日。
④ 《摩根斯坦利通讯》，2004 年 7 月 10 日。

一领域需要格外谨慎。"① 德国经济正在对此作出调整，德国对美国出口每年下降近 5 个百分点，而对华出口却以每年 30％的速度增长。② 世界经济凭借中国较大的增长贡献率得以保持增长，③ 中国占世界制造业的比重首次超过了美国，而美国对世界经济增长的贡献则停滞不前。对美国而言，这实际上意味着经济实力的下滑。依照购买力计算，中国占世界制造业的比重自上世纪 80 年代初以来增长了四倍，达到 13％。美国则一直停留在 20％的水平，领先中国的优势已不明显。《南德意志报》的一篇报道将中国称作"世界经济的'伟哥'"，④ 这一比喻十分形象。世界经济已经离不开中国。

在同一时期，德国产品占世界制造业的比重下降了四分之一，减少到 4.5％。⑤ 许多迹象表明，在今后一个时期内，美国占世界制造业的比重也将萎缩。出于这一原因，美国国会于 2004 年秋季通过了一项法案，规定在一定期限内，美国企业在海外的子公司汇入国内的利润可享受税收优惠，有一个前提是，这些钱必须用于在美国国内创造新的就业岗位。⑥ 上述法案一旦生效，欧洲国家将首先受到影响，因为在欧洲的利润率相对较低，部分美国企业有可能因此撤出欧洲市场。德国的外来投资近期减少了近三分之二，而同期外国在华投资额则增长了 25％，总额达 530 亿美元。⑦ 上述情况将进一步推动这一趋势，全球化乃是这一切的始作俑者。由于中国的繁荣，美国政府被迫采取优惠措施，吸引美国企业撤出德国，回到美国本土。

美元汇率的涨跌近来也越来越多地决定于亚洲。中国的外汇储备约

---

① 《法兰克福汇报》，2004 年 2 月 3 日，第 13 版。
② 参见《明镜周刊》2003 年 11 月 3 日，第 99 页。
③ 2004 年中国对世界制造业增长的贡献高达五分之一。
④ 《南德意志报》，2004 年 1 月 31 日。
⑤ 参见 www.hwwa.de。
⑥ 《法兰克福汇报》，2004 年 10 月 13 日，第 19 版。
⑦ 参见 www.unctad.org。

占世界的 20％。① 亚洲各大银行拥有的美元债权占全球的 80％，② 其外汇储备中绝大部分是美元。但是它们随时有可能将这些债券兑换成欧元等其他货币，以此对美元施加压力。这样一来，外国商品的价格对美国来说便会相应提高。从这一角度看，美国应当对人民币汇率通过货币篮子与美元挂钩感到庆幸，因为从中国进口可不必担心汇率风险。中国则希望欧元汇率继续上升，欧元对美元汇率 1：1.7 并非完全不可能。欧元坚挺可以给中国带来双重好处：一方面，可以促使欧洲企业为逃避欧元区国家的高昂成本而将生产向中国转移，尽管很多产品的最终出口地是美国；另一方面，美元汇率走低可导致美国购买更多的中国产品，因为相对于人民币，韩元或泰铢价格太高。

在 2008 年美国金融危机中，中国受到的影响虽不明显，但却是持久的。中国国家投资公司曾与遭受冲击的摩根斯坦利投资银行谈判，拟收购其最多可达 49.9％的股份。目前，中投公司已拥有这家美国第二大投资银行 10％的股份。

与其他国家相比，中国对金融危机有更好的防范。除了所谓货币篮子防范机制以及股市对外封闭之外，再加上中国的银行体系还不发达，尽管以市值衡量，当今世界五家最大银行中的三家是中国银行。目前世界市值最高的银行是中国工商银行。在某种程度上，它的落后是名副其实的。因为其赢利主要不是来自衍生品、对冲基金和高风险的房地产业务，而是 90％来自微薄的利息。西方银行的利息收入最多不超过 50％。今年第一季度，中国工商银行却以这种方式增加盈利 77％，成为世界赚钱最多的银行，而在此前一个季度，其利润刚刚增加了 64％。因此，中国一些大银行像欧洲银行一样在晚些时候垮掉的可能性是不存在的。受美国金融危机冲击最严重的中国银行，从事风险业务的交易量仅占其营业额的 1.5％。中国工商银行受到美国次贷危机影响的资金最多只有

①② 参见 www.eiu.com。

12.3亿美元，与其每季度70亿美元的盈利相比，这笔数额并不庞大。那些担心中国银行业在国际危机的影响下将会像中国牛奶工业一样突然崩溃的金融观察家们，他们的担心是没有道理的。

但是，危险来自另一个方向。由于危机，美国人的消费减少了。未来几个月，消费有可能面临17年来的首次衰退，并由此导致两种背道而驰的趋势，这两种趋势将给中国带来决定性影响。

一方面，由于顾客不知道等待他们的将会是什么，所以他们只做最必要的开支。这样一来，中国出口美国的产品就会减少。另一方面，争夺其他国家消费者的竞争将会加剧，价格因此降低。但是世界上哪里能买到最便宜的产品呢？是中国。因此西方危机将导致的结果是，更多的配件和产品是中国制造，更多的西方企业将生产转移到亚洲。

目前还无法预料哪种趋势将占上风。虽然2008年头8个月中国的贸易顺差下降到1520亿美元，但是在7月和8月刚刚过去的这两个月，开始出现转机。短期效应有可能是消费锐减，但是长期效应则是生产向中国转移。因为人们刚刚到了那里，不可能很快回头。

目前，经济学家在中国媒体上公开讨论着中国何去何从的问题。一些人警告说，不能再继续开放金融市场。"日益加剧的次贷危机对庞大的美元资产和开放的金融市场来说隐藏着巨大的风险"，江涌如此判断说。他认为中国巨额的外汇储备令人担忧，人们不知道该拿它怎么办。在他看来，中国对国际贸易的依赖性过大。而那些主张自由市场经济的经济学家，如国民经济研究所所长樊纲则反对这种看法，认为"目前危机的最大问题是由错综复杂的金融衍生品造成的。"这并不表明中国不应当进一步开放金融市场。"目前中国金融市场还处于上升期，其问题是完全不同的。它所缺少的是现代化金融手段。如果'管控过紧'，我们将不得不被动地承担外来的风险。"他的反对者认为，只要有中国金融长城在，这种情况就不会发生。樊纲却不这样看，他认为中国不能总是将自己孤立于世界。只要有利可图，中国就应当冒险进行大规模采购。中国国家投资公司女发言人的表态听起来要谨慎得多，她在谈到摩根斯坦利交易时表示："国投公司在涉及国际投资的问题上将保持谨慎。"这并非对樊纲观点的一种否定。

鉴于上述情况，可以说，目前美国受全球化各种变数的影响远大于中国，而美国的行动空间却比中国小得多。中美两国就像是一条郊外公路旁的两家邻居，其中一家房舍简陋，房子很多地方还没有盖完，家里的小孩子拣大孩子剩下的衣服穿，一家人很少去度假，但是他们在银行有足够多的存款。一旦家里有人生病，可以用它来支付医药费；家里暖气坏了，可以拿出钱来修；或者学费突然上涨了，也可以用它来支付。而邻居家的情况则与此不同：他们拥有一座装修豪华的大房子和两辆汽车，一家人频繁到各地度假。但是他们所有一切都来自银行，好日子能够维持多久，完全依赖于命运，他们只能祈求生活中不要出现大的变故。

尽管美国人一如既往地坚信美国是世界的领袖，的确至少在未来10至20年里，这一地位仍无人可以挑战，但是美国的领先优势正在迅速缩小。面对实力的衰退和来自世界的挑战，美国的表现越来越不自信，而中国的自信却与日俱增。美国人在走下坡路，中国人则在走上坡路。人们在生活中便有所体会，走上坡路的人总是比走下坡路的人的日子过得好。

可以肯定地说：忽视对手的长处是不聪明的做法。德国国家足球队在轻视对手时一向难有上佳表现。在经历了多年经济停滞后，我们更不能将希望寄托于中国自己出问题。几年以前，我们或许还可以说，中国在世界经济中所占比重有限，德国企业在中国的销售额和在华投资只占其全球销售与投资的不到10％。[①] 然而趋势目前已经发生逆转。无论工资水平、工作时间还是生产成本，中国都已起着示范性作用。德国工程

---

① 参见 www.eiu.com。

师以往在设计产品时可以不计成本，只需在完成设计后加入利润，便可以确定产品的价格。如今却要先问顾客愿意付多少钱，然后用减法确定成本后再进入研发。大众汽车公司的"辉腾"轿车即是奢侈的德国工业设计的一个范例。

德国对华贸易是德国对外贸易中增长最快的部分。德国是欧洲在华最大的投资国。德国在对美国和东欧投资减少的同时，对华投资却在过去 10 年中增长了 240%。① 德国企业目前在中国市场的销售额仅占其全球销售总额的 5%，可以设想一下，这一数字只要翻一番，将会给德国经济带来什么样的影响？强调基数小难免引起不安，它使我们感觉到，我们将面临着如何巨大的挑战。相比之下，东欧市场则已基本趋于饱和。

中国对德国经济的影响远不止于此。可以设想，中国凭借其外汇储备将在很大程度上决定欧元汇率的走向，这对德国作为世界第一大出口国具有重要影响。同时，中国对原材料需求的增长导致德国企业和德国家庭的开支增加。仅 2004 年一年，石油价格就上涨了 40%。总部设在巴黎的国际能源署（IEA）一项报告中写道，"中国的需求是带动世界需求上涨的主要动力。"

2005 年，全球的石油需求量翻了一番。② 石油价格暴涨 80% 源于中国需求的增长，只有 20% 与伊拉克战争有关。③ 2006 年，除日本之外的亚洲国家在全世界原材料需求增长中所占比重为 43%。2007 年，中国石油消费量增长近 7%。特别在非洲，中国大量购买石油，并帮助非洲国家建设基础设施，以此作为进口石油与原材料的回报。据估计，非洲已探明的石油储量大约为上千亿桶，与伊朗的石油储量大致相当，约占世界石油储量 10%。此外，非洲大陆还拥有 8% 以上的世界天然气资

---

① 德国 1994 年对华直接投资为 2.5 亿美元，2003 年为 8.6 亿美元，增长将近 240%。
②③ 参见 www.iea.org。

源、全世界 70％的钻石和 10％的铀矿储量。几内亚拥有世界铝土储量
的三分之一，摩洛哥拥有世界磷矿储量的三分之二，刚果拥有世界钴矿
资源的 40％，南非拥有世界白金储量的 88％。中国需要这些原材料，
以保证自身经济增长。中国三分之一的石油需求是通过从非洲进口得到
满足的。中国的部分锰矿石来自加蓬、南非和加纳，锰是生产电池和钢
材的重要原料。中国大量的钴矿石来自刚果民主共和国以及南非，钴是
一种比钢更坚硬、更牢固的材料。

自从亚洲大力发展对非洲关系以来，在短短的时间里，亚洲
（27％）、欧洲（32％）与美国（29％）在对非洲贸易中所占比重已相差
无几。

中国在亚洲贸易伙伴中以绝对领先的优势（90％）扮演着"发动
机"的角色。尽管中非贸易额目前仅有中美贸易额的一半，但据预测，
至 2010 年，中国将以数千亿美元的贸易额成为非洲的第一大贸易伙伴，
这意味着，贸易额在 10 年时间里增长了十倍。2006 年，中非贸易额为
上百亿美元。在过去 5 年里，贸易额平均每年增长近三分之一。相比之
下，2006 年美国对非贸易额的增幅只有中国的一半，虽然这一年的增
长率超过了平均水平。发展趋势是显而易见的：美国与欧洲正在一天天
失去在非洲的竞争力，因为中国可以提供很多同样质量但价格低廉的产
品和服务。中国不仅在摩托车制造方面占有非洲市场的 40％，并且还
在 2007 年向非洲出售并为其成功发射了首枚通讯卫星。中国修建了非
洲最大的水坝和大部分电站，并铺设了大部分铁路。"非洲近半数公共
设施是由中国人修建的"，非洲开发银行行长唐纳德・卡贝鲁卡（Don-
ald Kaberuka）2007 年在上海召开的年会上表示。这次年会是该行有史
以来规模最大、级别最高的一次会议。经济腾飞是防止社会动荡的最佳
保障。如果供应国突然中断石油与天然气供应，中国政府不愿为此束手
就擒。因为没有石油就没有增长，没有增长就没有新的就业，没有就业
就没有社会稳定。中国不仅保证了本国的石油供应与社会稳定，同时也

给中东这一当今世界最主要危机发源地的局势带来了根本性变化。

中国利用的是经济学家为之困扰已久的资本主义的一种窘境，这就是增长极限的问题。在西方工业国家，人们的生活可谓应有尽有，需求已基本饱和。尽管美国在 20 世纪 90 年代通过促进股市繁荣，使消费时代得以延长，[①] 但随着泡沫的破灭，随之而来的是酒醒之后的痛苦。德国经历了类似的发展过程。2001 年以前，德国个人消费与欧洲平均水平保持同步，此后开始急剧下降。企业设备投资的情况与此相似。[②]

西方国家的经济膨胀在世纪之交达到了极限。增长是市场经济发展的发动机，因此，西方国家的管理人员和企业家面临着严峻挑战。对德国企业来说，扩大业务规模从未像今天这样困难。由于西方市场已经饱和，大多数行业只能依赖排他性竞争才能带来增长，一家企业取得成功意味着另一家企业的失败。在此情况下，中国作为一个新的投资地，无论对开拓新市场，还是保住旧市场来说，都已不可或缺。

但这给德国经济带来的帮助是有限的。2004 年，世界经济增长达到了 20 年来未曾达到的水平，然而德国与其他国家相比却远远落在了后面。[③] 巨额投资尽管给德国在华企业带来好处，但总体上却不利于本国经济。2004 年，德国重新成为世界第一大出口国，这虽然保住了一些就业岗位，但却只是短期的。从 2004 年起，中国超过法国，成为仅次于美国的德国商品的第二大进口国，但中国的进口以生产设备为主，这些设备日后将为中国创造新的就业机会。[④] 此外，跨国经营的德国企业主要在海外纳税，而不是在德国。受两德统一等因素影响，德国人均年收入下降，目前约为三万四千美元，在欧洲仅处于中等水平。上述情

---

① 罗伯特·布莱纳：《在悬崖边上》，转自《伦敦书评》，2004 年 2 月 6 日，参见 www. lrb. co. uk。
② 《法兰克福汇报》，2004 年 9 月 6 日，第 12 版。
③ 德国经济增长率仅为 1.7%，就连十年来陷入停滞状态的日本的经济增长也比德国高出一倍。
④ 《经济周刊》，2004 年 8 月 5 日，第 21 页。

况将使这一趋势进一步加剧。以国内生产总值计算，德国在过去 10 年中相继被 8 个国家超过，目前世界排名仅列第 16 位，① 是西方工业国家中最大的输家。

当德国人开始怨声连连时，他们很少是无病呻吟，而往往是局势持续恶化的征兆。德国民众情绪的转折出现在 2002 年，此时正是中国经济发展最快的时期。民意调查结果显示，2000 年，认为自己的生活不如西欧邻国的德国人只有 8％；2002 年，这一数字增长到 20％，两年后则达到 23％。1998 年，25％的受访者对未来感到悲观，2002 年，增加到 31％，2004 年甚至高达 41％，创下了德国 50 年来的最高纪录。② 没有人会无缘无故地感到悲观，德国人当然也不会。

德国人希望分享中国经济繁荣带来的好处，从而保持自身生活水平，然而这一愿望难以实现。繁荣只发生在中国，而不在其他任何地方。中国生产的大众帕萨特汽车的国产化程度已经达到 80％，其竞争对手美国通用的别克汽车 70％的零部件都在中国本土生产，欧宝 Corsa 汽车也达到了 80％，奥迪汽车的国产化程度与此接近。③

中国要求德国企业接受其国产化条件并非出于恶意。中国政府与德国政府面临同样的问题：必须不惜一切代价创造就业。而且同德国相比，中国的问题要严重很多，中国每年新增劳动力高达 800 万。④

德国工业的出路只有一条，即设法保持技术上的领先优势。由于来自中国的竞争，这一点越来越难以做到。中国在科研领域的投入已经超过德国。⑤ 1998 至 2002 年，中国在高科技领域的世界排名由第 31 位跃至第 21 位，仅次于法国，距离排在第 15 位的德国只有咫尺之遥。⑥ 如

---

① 《法兰克福汇报》，2004 年 10 月 8 日，第 13 版。
② 《经济周刊》2004 年 9 月 16 日，第 24 页。
③ 恩格尔贝特·伯斯：《中国汽车工业的本土化战略》。
④ 据中国人口与计划生育办公室主任张维庆于 2004 年 7 月与作者的谈话。
⑤ 《经济周刊》2003 年 11 月 13 日，第 8 页。
⑥ 郭理默：《两个世界》，《经济周刊》2004 年 11 月 25 日，第 80 页。

果这一趋势继续发展下去，到 2010 年，中国研发领域的私人投资将超过欧盟国家的总和。欧盟 25 国目前对研发的投入年均增长仅为 0.2%，中国则高达 20%。1998 年以后，中国政府的科研经费增长了三倍，占国内生产总值的比例由几乎为零提高到 0.13%。反观德国，政府的科研开支比例逐渐增至 2.58%花费了近 50 年时间。因此欧盟和美国敲响了当心中国的警钟。欧盟委员君特·费尔豪依根（Günter Vergeugen）说，要当心某种"戏剧性的穷追猛赶"。美国约翰·霍普金斯大学校长威廉·布劳迪（William Brody）认为，美国在许多高科技领域的竞争力很可能将被中国甩在后面。中国拥有大量的人才储备，每年有 25 万计算机专业大学毕业生，而德国仅有 5000 名。尽管并非中国所有大学的教育水平都可与德国相比，但是其顶尖学府的教学水准绝不亚于任何一所世界名牌大学。即使将中国总体发展水平落后的因素考虑进来，在 25 万毕业生中也肯定可以找出 5000 名（即总数的 2%）超过德国学生的人才。[1] 这些精英的工资只有德国的四分之一，世界研发重心逐渐向亚洲转移也就成为顺理成章的事情。2004 年，德国登记失业的 IT 专家大约有 8 万名。自 2000 年下半年以来，德国 IT 业的失业率增加了三倍，目前高达 7%。[2] 面对抗议示威的德国西门子员工，西门子前总裁冯必乐向他们分析了形势的严峻性："在德国雇用 2000 名软件开发人员的费用，在中国可以雇到 12000 名。"[3] 根据目前趋势，两国的工资水平差距在未来 10 年中不会明显缩小。[4] 甚至医疗服务的提供也将不仅限于德国医疗机构。荷兰医疗保险公司自 2004 年 7 月 1 日起开始启用飞机运送一些慢性病患者到泰国看病，那里医疗设施完善，费用低，候诊时

---

① 《经济周刊》，2004 年 9 月 16 日，第 22 页。
② 《经济周刊》，2004 年 9 月 16 日，第 21 页。
③ 《明星周刊》，2004 年 8 月 5 日，第 68 页。
④ 波士顿咨询集团 2004 年 10 月的一项研究报告称，"我们认为，这一差距在未来 10 年还将持续下去，因为德国工资的绝对增长率不会低于低工资国家。"

间短。如果说在不久的将来，德国病人会专程到中国看病，绝不是天方夜谭。在中国既可以看中医，又可以看西医，或许还会得到讲德语的护士的护理。在人口年龄结构方面，中国也具有优势：中国18岁以下人口的数量比美国和英国人口总和还多，[①] 60岁以上人口所占比例只有10%，而德国目前已超过30%。[②]

中国的社会气氛也同样良好。年轻人享有自己的私人空间。德国前外长费舍尔曾经说过，"中国在所有领域，无论是经济还是社会或政治领域，都取得了重大发展。"[③] 北京和上海的新生中产阶级[④]与柏林、法兰克福或是慕尼黑一样，注重个人消费、事业成功和子女教育。[⑤] 有钱人住在现代化公寓里，通过卫星电视可以收看到世界各地的节目。西方报刊虽然价格昂贵，但在任何一家大饭店里都可以买到。上网对每个人来说既方便又便宜，人们可以在网上随意浏览世界主流网站的信息。到国外旅游也只是经济承受能力的问题。2007年，中国出境游人数已达到4100万人，比上年增长了18.6%。[⑥]

从世界经济和政治重心向亚洲转移这一点可以看出，德国目前的危机不是只需拿出勇气和振作情绪便可以克服的。全球风险社会[⑦]带给我们的是全新的挑战，简便易行的解决办法不会出现。

然而我们绝不能在新的发展趋势面前束手观望。随着这一趋势轮廓的逐渐清晰，新的机会也将出现。德国甚至有可能成为最早根据新的世界形势作出调整，彻底走出低迷的国家。与竞争对手相比，我们拥有高度灵敏的预警机制，可以比其他西方国家更早地感觉到这一全球性变

---

① 《经济周刊》，2004年9月16日，第21页。

② 参见 www.janus—online.de。

③ 2004年7月15日在中国外交部会见记者时表示。

④ 《中国日报》，2004年10月24日。

⑤ 《远东经济评论》，2003年11月，参见 www.feer.com。

⑥ 1994至2003年期间，这一数字平均每年递增14%。

⑦ 乌尔里希·贝克：《政治的诞生》。

化。这是因为，德国四分之一的就业岗位和三分之一的国内生产总值与出口有关，[1] 因而我们对世界力量转移的反应比其他国家，例如出口仅及德国一半的法国，要敏感得多。[2] 在所有企业中，最为敏感的是中小型企业。

除了对客观变化的敏感之外，我们德国人还具有超人的心理敏感性，这一点连我们自己也常常忽略。德国人的民族自信心是由德国在世界经济中的位置所决定的，这种自信心有着十分敏感的触角。即使人们并不了解我们所面临问题的根源，也可以感觉到问题的影响。特别是当国家社会福利体制——这一支撑民族自豪感的重要支柱——不能再提供我们业已习惯的福利保障时，这种情况尤为明显。[3] 当不安情绪开始在社会上蔓延时，我们不应只将它看作威胁，而应当视为挑战。相比之下，我们周围的邻居们此时对潜在危险尚且浑然不觉。

法国人便是一个例子。法国人在第二次世界大战后失去了原有的殖民地，在欧洲的地位早已大不如昔，然而他们的民族自信心却丝毫未受影响。在全球化冲击面前，法国人的"我群意识"颇显保守。在他们眼里，法国和中国是两个平起平坐的"伟大民族"（grandes nations）。因此游戏规则很简单，既然属于同一阶层，则理所应当相互团结，相互尊敬。但是从目前形势看，用不了多久，中国就可以和法国称兄道弟，而法国却仍需对中国心存敬畏。英国同样也没有想到，其行动空间已逐渐受到中国的制约。英国曾经影响中国一个多世纪，对英国人来说，这些仍未成为历史，1997 年香港回归前的末任港督彭定康（Sir Chris Patten）担任欧盟委员会对外关系委员一职直到 2004 年。英国人从骨子里认定，如果没有英国人，香港不可能发展成为亚洲最具魅力的城市。这种观点虽然不无道理，但是英国人却因此忽视了中国作为崛起中的世界

---

① 《明镜周刊》，2004 年 3 月 15 日，第 98 页。

② 参见 www.eiu.com。

③ 参见 www.internationalepolitik.de。

强国对欧洲不断上升的影响力。他们也许仍然认为，英国早在撒切尔夫人执政时期便已完成了改革任务，但是事实上，他们同样必须应对全球经济和政治重心转移所带来的冲击。

美国作为世界强国尽管对全球力量转移有着敏锐的嗅觉，但美国人的自负心理影响了他们的判断力，致使他们对不可抗拒的力量仍在试图阻止。这种做法很可能使其陷入困境，因为在美国捍卫自身的霸主地位时，常常忽视了真正的挑战者。真正的挑战者不是塔利班，也不是基地组织、伊朗或伊拉克，而主要是中国。前者的作用是破坏性的，而中国却是建设性的。从长远看，谁获胜的几率更大，不言自明。

与上述国家所不同的是，我们德国人在和中国的交往中，无重大的历史遗留问题，也没有政治上的干扰。德国虽然历史不长且历经波折，但是我们并没有沉重的历史包袱。基于这一优势，我们可以比那些历史悠久的欧洲国家更轻松地站到欧洲一体化的最前沿。我们为什么不能在全球一体化进程中再次发挥这一优势呢？这是一个难逢的机会，我们应当毫不迟疑地加以利用。我们必须全面而现实地迎接这场划时代变革的到来，而推动这场变革的发动机正是中国。

福尔摩斯在着手侦破他接手的第一个案件时对助手说，在掌握足够的线索之前，先不要开始盲目推理。[1] 要对中国目前形势作出判断，同样需要遵循这一原则。如果认为当今中国的繁荣不过是在补上现代化一课，或者只是在重复西方走过的发展历程，我们的视野就会变得狭窄。即使我们目前所拥有的民主标准也未必是最佳或唯一的社会组织模式。在一个拥有 13 亿人口的国家中，个人与社会的关系理所当然会与人口相对较少的西方社会有所不同。贯穿中国现代历史的一个重要问题始终是：自由和公平，哪一个更重要？人们往往想当然地以为，中国人拥有的个人权利少于西方人。其实问题并非如此简单。即使是德国人，在回

---

① 《法兰克福汇报》，2003 年 10 月 24 日，第 34 版。

答"自由与公平孰重孰轻"的问题时，也未必会有一致的答案。据调查，德国东部地区的大多数人（56％）认为公平更重要，少数人（30％）的观点相反；而德国西部地区，认为自由更重要的人在过去10年中由60％降为50％。①

中国的运转有它自己的密码。我们如果想认清世界未来的变化，就必须设法破译"中国密码"。对于德国的未来，其重要性甚至在破译基因密码之上。要做到这一点，我们必须学会站在中国人的角度思考问题，但这并非易事。德国社会学家尼克拉斯·卢曼（Niklas Luhmann）曾经就视角问题做过专门研究，并开创了该领域研究的先河。根据他的理论，每个人的行为目的都是缩小现实与愿望之间的差距。人在这一过程中最易犯的错误是：以为自己不仅可以控制自身，而且还可以控制自身之外的事物。无论国家还是人类，这一道理同样适用。卢曼认为，控制永远只能是自我控制。这种观点听起来虽然抽象，却是对日常现象的准确描绘。例如离婚是出于夫妻反目，战争是因为敌对双方的矛盾无法调和。许多德国人认为，在德国被证明是好的东西，对中国人也是一样。实际上，中国的情况与德国全然不同。

卢曼将外界的控制作用称为"环境"，认为人无法影响"环境"。所有人的行为都在同时进行，都有着自己的目标，因而导致相互之间的干扰。因此，每个人都必须对自己的行为不断作出调整。根据这一原理，中国人对自身行为的判断与德国人不同，完全符合情理。② 西方的传统标准——资本主义与共产主义、市场与计划、专制与民主，对正确判断中国在全球网络中的现实地位很难提供有益的帮助。当人们以这些概念衡量中国时，它们显得十分不合时宜。③ 由于每个人都在按照自己心目中的现实结构，即自己的密码，来作为认知的参照，因此一旦出现概念

---

① 据阿伦斯巴赫民意调查所的一项调查，见《法兰克福汇报》2004年6月21日，第6版。
② 尼克拉斯·卢曼：《社会经济》，第332页。
③ 尼克拉斯·卢曼：《社会经济》，第346页。

之间的混淆，便会导致严重的判断错误。① 卢曼由此得出结论："如果有人要为世界设定目的，他将注定与这个世界相对立。"② 没有谁的行为能够脱离竞争，西方也不例外。在和中国打交道的过程中我们可以观察，我们的价值标准究竟能够经受住多大的考验。

中国在两大核心问题上的自我认识与我们截然不同：我们当中一些人认为中国随时可能爆发严重危机，而中国人则认为，大的危机已经过去；我们的判断是中国正在从过去落后状态中崛起，而中国人则认为自己已经重新跻身世界强国之列。

中国的衰落已经成为历史。"中华帝国"的崩溃距今已有一百多年。在当时，这似乎标志着一个文明的结束，而从今天的角度看，它不过是中国悠久的历史长河中一段暂时的低潮。回顾历史，中国从高高在上、无比优越的地位突然间跌入深谷，摔得遍体鳞伤。对这种剧变之惨痛，中国人至今记忆犹新。对于已经习惯享受安逸的德国人来说，大清帝国遭遇的灾难或许是一种警示，它告诉我们，游戏有可能出现怎样的结局。

中国的强国历史，确立了中国人的自信心。随着中国融入世界程度的加深，中国人也在更多地回顾历史并且看到，中国始终在走一条自己的道路。美国加利福尼亚大学亚洲所所长、历史学家王国斌（Gay Bin Wong）在其广为关注的《转变的中国——历史变迁与欧洲经验的局限》③ 一书中指出，欧洲国家的发展模式并非普遍适用，中国的发展有其另外一套规则。美国历史学家彭慕兰（Kenneth Pomeranz）推翻了以往认为近代中国发展水平落后的普遍观点，他指出，直到19世纪初期，在中国长江三角洲等发达地区，人们的生活水平与英国等欧洲发达国家不相上下，人均收入没有太大差别。即使以当时重要的生活水平标

---

① 尼克拉斯·卢曼：《社会经济》，第346页。
② 尼克拉斯·卢曼：《社会经济》，第330页。
③ 王国斌：《转变的中国—历史变迁及欧洲经验的局限》。

志——卫生标准来衡量，中国也毫不逊色。肥皂和热水的使用在"中国人的生活中更为普及"。[①] 此外，也已经有洁净的饮用水。当时不仅在中国，亚洲其他城市的"公共卫生水平普遍高于欧洲"。[②] 作为生活水平的一项重要指标，中国的人口死亡率也远远低于欧洲，人均寿命与欧洲相仿。1550 年至 1850 年间，由于习惯于安逸生活，中国人甚至不愿多生孩子。[③] 其间前 200 年中（1550—1750），中国的人口增长率超过欧洲，而此后的 100 年，中国人口增长率则与欧洲基本持平。在城市规模和开放程度方面，中国都在欧洲之上。15 世纪时，欧洲最大的城市只有 15 万人口，而在广州，仅外国人口就达到了 20 万，其中有阿拉伯人、波斯人、印度人，也有非洲人和土耳其人。1840 年，上海口岸的贸易额超过了伦敦。[④] 直到 18 世纪，欧洲经济在世界经济中都是"微不足道"的。[⑤] 直到 19 世纪中期，工业革命开始以后，欧洲的经济水平才逐渐超过中国。

彭慕兰的《大分流：欧洲、中国及现代世界经济的发展》[⑥] 一书被历史学家公认为是"对重新认识中西方差异的根源与结构的重大贡献"。[⑦] 在下一章中，我们将详细介绍这位来自加利福尼亚的历史学家的观点，从而了解当今中国人是如何看待自己传统的。彭慕兰对中国人的视角持肯定态度：历经百年动荡，从衰亡边缘走过来的中国，如今在社会发展方面再次领先世界。中国人当今在经济领域表现出来的聪明才智并非凭空而来，而是有着深厚的渊源。中国的精英人物以其智慧创造

① 彭慕兰：《大分流—欧洲、中国及现代世界经济的发展》，第 38 页。
② 彭慕兰：《大分流—欧洲、中国及现代世界经济的发展》，第 46 页。
③ 彭慕兰：《大分流—欧洲、中国及现代世界经济的发展》，第 40 页。
④ 费正清：《1800—1985 现代中国的历史》，第 57 页。
⑤ 费正清：《1800—1985 现代中国的历史》，第 264 页。
⑥ 彭慕兰：《大分流—欧洲、中国及现代世界经济的发展》。
⑦ 蒂姆·莱特论：《转变的中国—历史变迁及欧洲经验的局限》，转引自《社会历史学杂志》，2000 年夏季刊。

了中国式的繁荣。从社会发展史角度看，中国徘徊不前的一百多年并不算漫长。一旦出现适宜的经济政治环境，中国人数百年积累起来的商业才能便会重新苏醒，同时，香港、台湾和新加坡的众多成功的华人企业家，也给中国经济发展提供了重要支持。

概括来讲，世界不同地区主要以三种策略获取对世界的主导权：美国依靠武力，欧洲依靠价值观，而亚洲特别是中国则依靠商品。直到18世纪，武力一直都是强者的特权，是维护强权的最有效手段。但是朝鲜战争、越南战争、冷战以及第二次海湾战争让美国人领教到，以武力维持强权已经越来越困难。与美国不同，中国正在通过一种更为有效的手段提高对世界的影响力，这种方式更快速，更有渗透力，也更为隐蔽。中国的商品来势悄然无声，但其征服的效果比武力更加深入而持久。

如果要探究我们自己的行动方向，仅仅认清中国的发展历程还远远不够。我们还需要分析那些将世界融为一体，在人类文明中具有共性的因素，[1] 需要看到德国与中国同样面临的外部制约。德国社会学家诺贝尔特·埃利亚斯（Norbert Elias）毕生致力于"文明进程"[2] 的研究，他指出，世界各国的社会发展有着一定的相似性。

任何国家，包括类似中国这样的强国在内，都无法逃脱外部的制约。这一认识对19世纪的中国统治者来说是无法接受的。作为"中央帝国"的统治者，他们早已习惯于主宰一切。实际上，世界任何民族只能在与其他民族的竞争中求生存，但当时的中国统治者距离这一认识十分遥远。[3] 全球化网络早已覆盖世界，用埃利亚斯的话来说，这张网随着时间的延伸"变得更加复杂、更有张力、更为严密"。[4] 历史多次证明，国家间相互依赖关系的形成比统治者对此有所意识要早得多。人们

---

① 沃尔夫冈·恩格勒：《文明的缺陷》。
② 诺贝尔特·埃利亚斯：《文明的进程》。
③ 诺贝尔特·埃利亚斯：《社会学是什么》，第187页。
④ 诺贝尔特·埃利亚斯：《德国人研究》，第19页。

必须根据这种始终处于变化之中的关系，随时做出调整。埃利亚斯对这一过程的描述是："没有人可以置身其外，也没有人能够控制整体进程。"① 实现进步的方式只有一个：处于竞争关系中的不同愿望、经验和计划，经过漫长的发展过程后，渐渐聚拢到一个新的方向，这一方向并不是由某个人事先设定的。摸清这一演变规律，应当成为我们的目标。

全球化似乎充满了悖论。一方面，它使世界趋向一致，因为所有国家都受到某些相同因素的制约；另一方面，它又使世界变得更加错综复杂，因为每个国家都有自己的目标和价值，都在走着自己特定的道路。②

长久以来，中国人低估了上述两个因素，因此错过了在相互交织的国际社会中确立自身地位的机会，未能发挥优势，弥补不足。无论一个国家或是国家联合体，如果逆世界潮流而动，都将注定失败。在这方面，中国有过惨痛教训。中国清王朝的皇帝和封建势力曾试图抵制世界一体化，而现在的中国领导人则表现出对世界一体化的高超驾驭能力。

在 19 世纪与 20 世纪之交，"中央帝国"尽管不情愿，但也不得不承认，离开西方国家，中国将失去经济上的竞争力。相反，现在的西方也必须看到，中国对西方经济体系来说已是不可或缺。在欧洲，当今德国在某种意义上相当于经济上的"中央帝国"。

这场分为两幕的时代变迁还远未成为过去。两幕的共同主题是：传统强国都不愿接受正在发生的不可逆转的变化。当需要调整自己去适应新的游戏规则时，他们的表现总是异常顽固。在两幕当中，接受时代变迁都意味着主动承认自己的弱势乃至衰落，但这并不等于放弃在历史长河中东山再起的希望。

———————————

① 诺贝尔特·埃利亚斯：《德国人研究》，第 21 页。

② 表面看来这似乎是一个悖论，因为以卢曼发明的概念来解释，各个民族将越来越多地面对一个共同的环境，作为一个整体的世界的内部相互作用亦随之增加。

一个国家究竟在什么时候必须对可能出现的危机予以足够重视呢？无论在哪个时期或哪个国家，哪些是隐藏在经济数字背后但又不容忽视的征兆，提醒人们必须对新的世界形势做好准备呢？财富和民主绝不是避免危机的保护伞。相反，财富可能使我们对亟待解决的问题一味姑息，从而导致问题最终发展到无法解决的地步。另外，目前水平下的民主具有一种致命的缺陷：一些真理往往因为令人感到不适，因而得不到多数人的认可。

民族意识的强弱以及国家权力的稳定性，往往是反映一个国家承受压力能力的晴雨表。它与国家的富裕程度和政治制度无关。这两种因素之间相互作用，国家越大，确定其影响也就愈加困难。

"民族主义"一词听起来具有一种攻击性，尽管它所表达的人与自己国家之间的紧密联系并非纯粹贬义，因此还是选择"我群意识"（We—Feeling）这样一个中性的概念更为稳妥。这一概念是埃里亚斯首先提出的，其含义是"一种个人对国家的感情联系、身份认同与归属意识"。[1] 这一概念也经常出现在当代文学作品中。德国女作家雅娜·亨泽尔（Jana Hensel）在她的《东占领区的孩子们》一书中，满怀深情地将"美丽温暖的'我群意识'"作为第一章的标题。[2] 全球化可以与各地区的积极的"我群意识"并行不悖。这里的"我们"既可以是德国的某个州，也可以是全德国，或是整个欧洲。[3] "我群意识"作为一种力量，可以帮助一个国家或民族在全球化竞争中更好地发挥自身优势，正如中国两千年前的战略家孙子所说："知己知彼，百战不殆"。[4] 但是，一个民族的"我群意识"是否有可能成为与全球化相悖的宗派主义逆流？在 21 世纪的今天，人们还可以从民族范畴思考问题吗？当然可以。

---

① 诺贝尔特·埃利亚斯：《德国人研究》，第 432 页。
② 雅纳·亨泽尔：《东占领区的孩子们》，第 4 页。
③ 从这一角度看，埃利亚斯提出的概念可以进一步扩展。
④ 参见《孙子兵法》。

人们甚至应该将本民族的优势聚集起来，成为一种凝聚力，从而振奋民族精神，改善国家形象。中国人便能做到这一点。没有哪个民族能够像中国人一样，提起国家和民族便滔滔不绝，尽管背负着沉重的历史包袱，但依然表现出令人吃惊的、强大的民族归属意识。作为正在崛起中的民族，他们对身上的历史包袱或许并没有明显意识。中国人的民族意识在东南亚、美国和欧洲等地的 6 千万海外华人身上同样可见。

民族归属感是促进社会进步、经济繁荣与政治稳定的重要因素之一。往往当"我群意识"出现动摇时，就像在当今德国，人们才开始意识到它的重要作用。德国前总统约翰内斯·劳（Johannes Rau）在 2004 年 5 月的卸职演说中说道："如果人民既不信任政府，也不信任在野党，这是人们从内心深处对我们的民主制度的偏离。对此我们不能袖手旁观。"① 他的继任者霍斯特·克勒（Horst Köhler）补充道："德国有力量改变自己。……为了发挥出我们的力量，我们必须克服恐惧，重新找回自信。在德国，我们可以做成很多事情，但首先必须对自己树立起更多的信心。"②

衡量国家竞争力的另一个尺度是国家权力。一个国家只有当权利和秩序得到保障时，才能正常运转。法律只有在得以贯彻，并使违法者受到惩处时，才能真正体现它的意义。如果民众认为政府不能代表他们的利益，便会自行掌握命运，以暴力方式发出抗议。这时，国家权力便会受到威胁。当政府没有能力提供稳定的法治环境时，外国投资者也会掉头而去。全球投资者的想法和普通老百姓毫无差别，就像德国歌手德根哈特（Franz Josef Degenhardt）在一首歌中所唱："不要和坏孩子玩，不要唱他们的歌，和你的兄弟们一样，到上流社会去。"

对许多德国人来说，全球化不仅没能使他们的能量得以释放，反而

---

① 据 2004 年 5 月 23 日在柏林的演讲。

② 据 2004 年 6 月 1 日的演讲。

令他们感到恐惧。他们的感觉是，自己只有所失而没有所得，因而感到恼怒而无助。2004 年秋天，德国基民盟政治家、虔诚的基督徒、畅销书作家海纳·盖斯勒（Heiner Geiβler）① 针对人们对世界变化的怨气发出响亮的声音："恐惧气氛笼罩着欧洲，并伴随着愤怒、憎恶以及对政治、经济与科技精英们的深刻不信任。这些精英同当年从封建社会向工业社会过渡时期的领导者一样，面对来势汹汹的经济全球化束手无策，不知如何使其变得更加人性化。他们以所谓的市场法则为借口，为混乱无序、肆无忌惮的经济秩序进行开脱。欧美国家有上亿失业者，而全世界则有 30 亿穷人，这些人的全部收入加在一起尚不及全球 400 名富豪所拥有的财富。这些人谴责那些'股东价值经济'的信奉者，因为'股东价值经济'除了供给与需求之外，不把任何其他价值放在眼里，这只能对投机商有利，而长期投资者的利益却受到损害；他们谴责西方国家领导者，听任跨国公司的讹诈，在其挑拨下相互倾轧，跨国公司则从中渔利；他们谴责经济学教授们和传媒界的共同观点：认为人类社会的运转也应当像戴姆勒—克莱斯勒公司一样，并拒绝承认市场需要规范，全球规则应当遵守，无限压低工资将对工作和产品质量造成损害。工业国家的工人和被大规模失业逼入绝境的工会组织，感觉自己正在为某种莫名的力量所摆布，而控制这种力量的，是一些被金钱的贪欲侵蚀了头脑的人。人们生活和工作在全球化经济当中，这是一个混乱无序的世界——没有规则，没有法律，没有社会契约；在这个世界中，企业、大银行和全部私人经济为所欲为。全球化经济同时也是犯罪分子和毒品贩子猖獗的世界，恐怖分子成为金融业股东，并以此为其恐怖袭击提供资金。"②

　　盖斯勒一番话表达出众多人的心声，但人们却未必会赞同他的观点。如果那些像盖斯勒一样有影响力的社会福利政治家把目光投向中国，他们

---

①②　海纳·盖斯勒：《你们的呼声在哪里？》，2004 年 11 月 14 日。

将会发现，自己正在见证一场大规模的财富再分配过程。外国对中国的投资，使财富以前所未有的速度和规模从第一世界涌入第三世界。除此之外，每一件"中国制造"的出口商品都会给这个国家带来收益。尽管财富在中国分配还不均衡，但是正如世界银行首席经济学家弗朗索瓦·布吉尼翁（Francois Bourguignon）所说，"中国最贫困人口在过去20年中的收入也翻了两番"。如今，中国人均年收入已经超过1000美元。仅在30年前，饥荒在中国还司空见惯，而现在则已经绝迹。布吉尼翁认为中国的上升势头还会保持下去："中国的发展前景令人看好。"①

由于一个国家的作用而改变全球收入分配的长远走向，这在人类有史以来还是第一次。1820年，世界最贫困与最富裕国家的人均收入比为1：3，1992年达到了1：72。② 世界财富分配在未来50年中将因为中国的崛起而趋向公平，在这一点上，一些诺贝尔经济奖获得者的观点罕见地一致：例如乔治·阿克尔洛夫（Georg A. Akerlof）认为，"在中国等一些国家，人均收入的增长速度将超过发达国家。"③ 他的同行米尔顿·弗里德曼（Milton Friedman）的观点与此相同，认为"造成世界不平衡的主要原因在于发达国家与发展中国家之间的差距，这一差距将因为全球化而缩小。"④ 劳伦斯·克莱因（Lawrence Klein）的看法也是一样："中国与印度的迅速发展，使得贫困在很大程度上大大减少。"⑤ 像威廉·夏普（William F. Sharpe）这样的著名怀疑论者也认为，财富分配趋向平均的可能性大约是60%。甚至连反全球化的领袖人物约瑟夫·斯蒂格利茨（Josef Stiglitz）也肯定地表示，"中国人的收入将会增加。即使中国未来发展速度低于过去25年，中国、欧盟与美国之间的不平衡也将大幅减弱。"⑥

这似乎是一个悖论：反全球化人士在示威游行中所发出的呼吁，在

---

① 《法兰克福汇报》，2004年1月20日，第10版。
② 参见 www.undp.org。
③④⑤⑥ 《12门徒》，参见《商报》2004年9月3日，第2版。

中国或因为中国的原因正在变成现实。如果看清这一点，他们或许能够冷静下来，因为即使没有他们，世界财富的再分配也在进行。促使世界发生变化的并不是反对者的政治压力，而恰恰是他们所抨击的全球化经济体系本身。从某种意义上讲，全球化正在吞噬掉它的反对者。第三世界许多国家，特别是亚洲国家，很快将可以凭借自己的力量发展，而不再依赖我们的帮助。在减少世界贫困人口问题上，中国起到了决定性作用。联合国千年发展目标之一是：到 2015 年，将全球人均每天生活费不足 1 美元的贫困人口减少一半。联合国前秘书长安南对此表示，"只要中国能够使本国所有人口摆脱贫困，即使大部分非洲国家的贫困人口比例不变，该目标也能够实现。"①

世界有可能向好的方向发展，这是一个好消息。如果在以往，人们在描述这种状况时可能会使用一个带有种族主义色彩的概念——"黄色威胁"。但是威胁我们的并不是中国人本身，而是他们巧妙地运用了我们所制订的资本主义游戏规则。

我们的人道主义价值观能否经受住这一考验，是未来的重大问题之一。首先必须认清的是，我们是否有足够的力量就世界新的变化作出调整，而不是对自己财富的减少和他人财富的增多一味怨天尤人。中国人不再任由我们决定什么是对错和好坏，他们将自己来决定一切。这样的世界对我们是一个巨大的挑战。可以肯定的是，中国人在许多事情上的做法将与我们不同，而我们对此却无力改变。面对目前世界资源短缺与环境问题的压力，我们能否要求德国每个家庭只买一辆汽车，以使中国人至少可以每 5 个家庭拥有一辆汽车呢？这只是需要解答的诸多问题之一。

这正是 21 世纪伊始带给我们的最大意外和最大尴尬：资本主义赋予了中国使世界财富分配更公平的能力，而我们的力量却越来越不重要。

———————————

① 据 2004 年 10 月 11 日在清华大学的演讲。

第二章
"我群"危机

　　全球化到达中国的时间相对较晚，17 世纪后半叶，满族人进入中原，于 1644 年推翻明朝统治，建立了清王朝。此后，中国开始一步步走向自我封闭，与世界相隔绝。但是直到 19 世纪，中国始终保持着经济繁荣、社会稳定的状态。由此导致的结果是，统治阶层的骄傲心理日渐膨胀，演变为一种妄自尊大的优越感。在他们看来，借助外部力量推动变革完全没有必要。或许可以说，中国的繁荣是一种内部的繁荣。正如乾隆皇帝 1792 年接见英王乔治三世派来与清廷谈判中英贸易的特使马戛尔尼勋爵（Lord McCartney）时所说："天朝物产丰盈，无所不有，原不籍外夷货物以通有无。"①

　　清朝早期的统治者对待外国的态度较为开放。他们与洋人关系密切，尽管这在当时往往被视为懦弱的表现，②并可能因此在政治上授人以柄。一个典型的例子是，年轻的顺治皇帝③与德国传教士汤若望（Adam Schall）关系笃密，视其为师长和忘年交，并在宫中赋予其某种

---

① 梅森·根茨勒：《变迁中的中国—自鸦片战争以来的中国历史》，第 23—28 页。
② 约·罗伯茨：《中国历史》，第 148 页。
③ 顺治皇帝是清朝第二位皇帝，生于 1638 年 3 月 15 日，卒于 1661 年 2 月 5 日。

特权地位。① 为此，顺治承受了巨大的压力。他的继任者康熙②幼年时曾因外国传教士的帮助治愈了天花，他在位期间曾在朝中任用了一批洋人建筑师、艺术家和数学家，并于 17 世纪末诏谕天下，允许外国传教士在中国传播基督教。然而，这些做法从一开始便广遭非议。1742 年，罗马教宗的特使与清廷就中国天主教徒应尊罗马教宗还是中国皇帝为最高权威问题发生冲突。此后，基督教的传播在中国再次被禁止。因为皇帝的"天子"权威绝不能因对其他权威的信仰而受到动摇。

即使是与洋人风俗习惯的接触，在中国统治者眼中也同样具有危险性。17 世纪中期，中国东部沿海出现了少数欧洲商人。依照清廷规定，与洋人的所有贸易活动均须经由朝廷指定的中国人来进行，这些人大多为英国官办的东印度公司的代理。当时的中国对外贸易，主要是洋人用羊毛和金属制品换取中国的茶叶。为了加强贸易监督，清廷自 1760 年起颁布规定，外国商人只能在指定月份，在广州口岸一地从事贸易活动。每逢此时，来自英国、葡萄牙、荷兰的欧洲商人乘船由葡萄牙殖民地澳门沿珠江而上前来广州，住到"沙面"——广州城外的一个小岛上。他们不得携带女眷，出行必须严格遵守规定的时间。每月 18 日和 28 日，允许他们以不超过 10 人为一组，在中国官吏的监视下，到广州各处园林观光游览。与以往一样，洋人的一切贸易活动仍须通过中国代理商，即所谓"行商"（Co－Hongs）来进行。此外，中央政府还指派"户部"分管中国与洋人之间的贸易。

中国的内部繁荣给国家带来了近两百年的和平，中国皇朝统治比历史上任何一个欧洲大国的政权都更加巩固持久。其原因一方面在于中国人根深蒂固的儒家观念以及由受过良好教育的文人儒士组成的官僚体制，另一方面则是因为，中国长期的经济繁荣创造了良好的社会气氛。

---

① 约·罗伯茨：《中国历史》，第 144 页。
② 约·罗伯茨：《中国历史》，第 150 页。

安逸富足的生活促进了中国的人口增长。仅在 18 世纪，中国人口便增长了一倍，达到了 3 亿。[①] 中国人长久以来形成的强烈的民族自豪感产生出巨大的凝聚力，将这一庞大的民族紧紧团结在一起，为皇帝巩固统治提供了帮助。中国人坚信自己是世界最优秀的民族，这一信念看上去牢不可破。

一个民族的"我群意识"是凝聚与激励民众的核心因素。无论国家的体制是专制还是民主，作为领导人都不能忽视这一点。如果专制者不能在民众中培养起强烈的"我群意识"，便只能依靠全面镇压的手段来维持统治，这样的政权注定将走向灭亡。"我群意识"并不等同于民族自豪感。它的核心是人们相互之间的共属感。它具有积极主动的特性，不仅有对他人的认可，同时也包含着彼此间的相互依赖。[②] 这正是德国社会学家拉尔夫·达伦多夫爵士（RalfDahrendorf）所说的"归属感"（sense of belonging），[③] 或如英国哲学家约翰·罗尔斯（John Rawls）所描述的是"一个互利合作的企业"。[④]

即使在政府通过民主方式选举的国家，民众的同舟共济精神以及全社会形成共识的能力，同样是实施深层改革、迈出大胆步伐的基本前提。在两德统一后的十几年里，没有一个德国政治家能够成功地在民众中培育起一种群体意识，以弥合东西部之间以及贫富之间的鸿沟。中国的情况与此恰恰相反，在进入 21 世纪后依然显示出牢固的凝聚力。特别是在国家陷入危机时，正是这种凝聚力将人民紧密地团结在了一起。

一个民族的进步在很大程度上取决于该民族的"我群意识"对危机的承受能力及其应变能力，这正是当今中国成功的秘诀之一。即使在某些历史时期，例如在明末清初（大约 1650 至 1830 年），当中国皇朝统治陷入危机，政权摇摇欲坠时，中国总体上仍然保持着平静和稳定。尤

---

① 约·罗伯茨：《中国历史》，第 157 页。
②③④ 《法兰克福汇报》，2003 年 6 月 10 日，参见卡尔·霍曼：《消除政治壁垒》。

其是清朝皇帝，由于他们本身不是汉人，而是属于少数民族的满族，因此他们深知作为少数民族融入庞大的帝国联合体的重要性。如果有谁试图从这一联合体中脱离出去，则要付出巨大代价。他将失去中国人的身份，自身超越其他民族的优势地位也会随之丧失。由于国家的强大和统一，对中国人来说，没有什么比做一个中国人更能令人感到自豪了。

从历史角度看，中国在成为大国的发展过程中很少遇到竞争。中国的少数民族不像欧洲的阿尔萨斯人和萨尔人那样始终处于相互厮杀之中。欧洲从近代开始直到第二次世界大战结束，一直形势不明，争斗不断。年轻的欧洲国家如同地质运动中的板块一样不断摩擦碰撞，各国统治者不停地挑起战争，并以此重新划定自己的疆界。生活在边境地区的人不得不习惯于今天属于这个国家、明天属于另一个国家的状态。除了下层人的明哲保身之外，他们很难形成一种群体归属意识。即使是上层社会，民族意识同样十分淡薄。相反，欧洲各国贵族之间的感情联系则往往超越了国界。[1] 对德国贵族来说，一个人是不是德国人并不重要，重要的是他有没有贵族身份。势均力敌的贵族家族之间的竞争，构成了欧洲历史的重要特征。各大家族之间争夺统治权的斗争最终导致了欧洲贵族的没落，以及 17 至 20 世纪期间欧洲版图的重新划定。由于各个王国都需将财力源源不断地投入扩张战争，他们必须依靠那些向其纳税或为其征敛赋税的中产阶层。这些人是市民阶层的精英，作为王室贵族的帮手，他们很快便不再满足于仅仅以金钱作为付给他们的酬劳，而是希望跻身社会上层。于是，传统的价值体系开始动摇，"人民臣服于上帝以及授命于上帝的诸侯"的观念逐渐瓦解，取而代之的是一种不论统治者还是被统治者都必须遵从的观念，即"对民族特性与传统的永恒价值的信仰"。[2] 一个民族不可能只由一个阶层组成，它包括了居住在这个

---

① 诺贝尔特·埃利亚斯：《德国人研究》，第 432 页。
② 诺贝尔特·埃利亚斯：《德国人研究》，第 176 页。

国家中的每个人，即每一位公民。谁为民族利益做出特别贡献，谁就有资格获得更高的身份地位。"爱国者"开始出现，给欧洲各国的扩张赋予了新的动力。从此，相互争斗的不再是各贵族家族，而是不同的民族国家。

在距欧洲万里之遥的中国皇宫里，人们对欧洲的群雄混战充满鄙夷。早在大约两千多年前，中国便已结束了四分五裂的状态。公元前221年，秦始皇统一了中国，成为中国历史上第一位皇帝。[1] 从此以后，皇帝的中央权威一直处于不可撼动的地位。尽管朝代更迭，皇帝轮换，天朝统治却始终不变。在中国统治者看来，只要欧洲在经济上仍然落后，只要欧洲贵族们仍然忙于彼此交战，自己便可以高枕无忧。不断从欧洲传来的关于战争、暴动与社会骚乱的消息，让中国统治者更加确信：那里生活着一群野蛮人。

美国历史学家彭慕兰（Pomeranz）认为，中国经济繁荣的一条重要原因在于，当时的中国经济具有与英国相类似的资本主义特征，或者说，两国经济在社会分工、复杂的商业机制以及国家规则的灵活性方面，达到了相似水平。彭慕兰以此印证了他的同行，伟大的历史学家费正清（John K. Fairbank）在20年前提出的观点："只要稍加观察，我们就会发现，19世纪的盎格鲁·撒克逊商人对中国经济的严谨结构是多么无知。"[2] 当时，中国的土地、商品与劳动力市场像英国一样开放。费正清将中国称为"一个规模庞大的自由贸易区"。[3] 中英两国的生产率也相差无几，只不过英国的制造业更先进，而中国农业更发达。两国政府都对经济给予大力扶持。中国的国内贸易如同欧洲各国间的贸易一样发达，两个地区的资本成本大体相仿，资金都很充裕。两者的区别在

---

[1] 杨宽：《秦始皇》。
[2] 费正清：《1800—1985现代中国的历史》，第54页。
[3] 费正清：《1800—1985现代中国的历史》，第57页。

于，欧洲经济的繁荣主要依赖于资本，而中国则主要依靠劳动。①

中国和欧洲这两个世界重要地区，在发展上都同样受到消费品和土地日益紧缺的局限。这一点在一百多年后为中国带来了巨大优势。中国和欧洲都有经济发展相对落后的地区，欧洲有包括俄罗斯在内的东欧地区，中国则有西部地区。中国与欧洲都必须设法保障现有的生活水平。当时中国人判断，英国在技术领域并没有领先于中国。这一判断是正确的。例如，中国的水利灌溉技术远远超过欧洲。18 世纪的欧洲专家对此早有认识。威尔士的一家农业改良协会所制订的目标是将技术提高到"像中国一样发达"的水平。② 在纺织业与瓷器制造业方面，中国人一直是欧洲的榜样。直到 19 世纪 40 年代，许多英国钢铁专家在提交总部的报告中仍然说，中国和印度的钢铁质量优于英国，而价格却不到后者一半。③ 即使是在欧洲达到登峰造极水平的蒸汽机，许多国家早在 18 世纪前便已有类似的产品出现。1671 年，一名传教士在中国宫廷中演示的具备不同功能的机械模型既参考了欧洲，也参考了中国的科技发明。用费正清的话说，"欧洲人之所以热衷于周游世界，葡萄牙人和荷兰人之所以要开辟印度以及中国和日本的贸易市场，这些只能说明，欧洲人缺少的东西太多了。"④

彭慕兰从中得出结论，欧洲人能够领先世界并最终在经济上将中国远远抛在后面，其凭借的优势比人们迄今所想象的要小得多。"欧洲的优势一方面基于地理上的偶然发现，另一方面基于技术能力，而不在于经济总体市场效率（或许并不存在）的优势。"⑤

不过，中国缺少了某些关键性东西。透过望远镜遥望欧洲的中国人无法看到欧洲崛起的一个重要因素，这也是使唯我独尊的中国皇帝最终

① 彭慕兰：《大分流—欧洲、中国及现代世界经济的发展》，第 9 页。
② 彭慕兰：《大分流—欧洲、中国及现代世界经济的发展》，第 33 页。
③⑤ 彭慕兰：《大分流—欧洲、中国及现代世界经济的发展》，第 68 页。
④ 费正清：《1800—1985 现代中国的历史》，第 18 页。

被推下銮座的主要原因：欧洲大陆各个民族国家民众的"我群意识"日益增强，欧洲的世俗化程度因此也越来越高。一切传统事物都被重新衡量，无论是勇敢、荣誉、忠诚于上帝等基本道德规范，还是各种旧式的宫廷仪轨。民族荣誉的重要性超过了个人荣誉；国家权力取代了由上帝安排的权力秩序。用马克斯·韦伯的概念来描述，生活变得更加"入世"。世俗化时代从此开始了。

新兴的"我群意识"彻底改变了欧洲的社会生活。统治阶层感到无所适从，民族主义意识虽然有助于增强权力集团的团结，然而为此付出的代价却太大了。统治者无法再依照"上帝——统治者——人民"的指挥链条来管教他们的臣民，而臣民反过来却要求分享权力。口号由"国王万岁"变成了"法国万岁"。议会作为民族群属意识的体现，取代了"天子"的独裁；代表公共利益的政府取代了世袭的王位。欧洲国家向现代化迈出的每一步，都是残酷的权力争夺的结果。在法国，大革命让人们经历了与历史最激烈的决裂，拿破仑称帝却又是最令人困惑的历史逆流。在英国，市民与贵族的冲突最终导致君主立宪制的产生。王室得以继续保持其尊贵地位，直至今日仍是民族意识的重要象征，但其实际权力却不断减少，逐渐转移到议会手中。在德国，制度的转型更是一波三折。在一次迟到而又短暂的议会制度试验——"魏玛共和国"失败后，希特勒将个人独裁与种族民族主义结合在一起，将德国推向一场毁灭性灾难。直到二战结束后，德国才在战胜国的强迫下走上了正确的道路。①

在 18 世纪初期至 20 世纪中期的近二百五十年中，欧洲人"我群意识"的发展使欧洲产生出新的政治活力、新型制度和新型社会。但是在中国，所有事物却仍然一成不变。皇帝怡然享受着至高无上的权力，而子民则享受着皇恩。经济依旧繁荣，民族自信心始终高涨。但是在进入

————————

① 塞巴斯蒂安·哈夫纳：《从俾斯麦到希特勒》。

19 世纪之后，中国的体制变得过于保守和僵化。在当时的统治者看来，中国社会已经发展到极限，只需重复现有的一切便可以永远保持强盛。"蛮夷"这一对外国人的称呼变得时髦起来，进而取代了以往"洋人"[①]的说法。中国人自我封闭式的"我群意识"[②] 不断强化，最终发展成为一种全面的自我优越感。

这一认识上的偏差很可能是中华帝国陷入动荡的重要乃至关键因素。一个国家不能因为民族自豪感而变得自我封闭。费正清将这一问题称之为"下层建筑与上层建筑的矛盾"，[③] 政府"缺乏变革的能力，而人口与经济却依然在迅速增长"。[④]中国不仅与世界经济相脱离，并且与只能在民族竞争中才能实现的政治体制的进步失之交臂。

这种情况对我们德国人来说并不陌生。当一个国家对自己的经济实力满怀自信时（例如 90 年代后期的德国），很难主动对自我进行调整。这时候，对自身能力的信心往往表现为不切实际的自我高估。而当经济数字明确无误地展现出相反的景象时，这种自我高估就更加令人感到不可思议。

直到 19 世纪初，中国各省之间的竞争尚不足以形成一场竞赛。各地区经济状况在清朝皇帝统治之下依然颇为良好。中国人对中央集权早已习以为常，中央政府有足够力量自上而下地贯彻其政令。直到 19 世纪末，中国仅发生了几次略有规模但各自分散的地方起义，都被朝廷镇压了下去。尽管存在人口过剩、自然灾害、贫困等诸多问题，但是民间的不满和怨言并不强烈，不足以引发一场政治变革。

稳定恰恰是中国陷入不利境地的原因。相反，身处困境的欧洲人则被迫寻找新的出路。由于供应短缺，成千上万欧洲人移民到了美洲"新大陆"。相比之下，中国的疆土太大，即便年景不好，背井离乡的人们

---

① 费正清，邓嗣禹：《中国对西方的回应》，第 18 页。

② 套用哈纳·阿伦特：《自我封闭的思想》。

③④ 费正清：《1800—1985 现代中国的历史》，第 56 页。

也总能在国内其他地方找到栖身之所。而英国人、法国人、西班牙人和葡萄牙人，在整个18世纪却不得不驾着帆船游历世界，以开拓新的疆域和市场。在所到之地，如偏远落后的非洲、南美洲和东南亚国家，这些殖民者强迫当地原住民向其臣服，逼迫他们按照其提出的条件制造产品，开采矿藏，然后贩卖到欧洲牟利。[①]

但是他们却无法凭借相同的手段征服中国，因为中国太大、太强、太发达了。英国人已在印度领教到，同一个大国进行战争不仅代价高昂，而且将会旷日持久。但是欧洲人并不甘心就此放弃中国市场，珠江三角洲的那个小小的商埠，已远不能满足他们的胃口。

在巧言劝说失败后，西方最终以粗暴野蛮的方式强行闯入了中国市场。西方承受着巨大的经济压力。中国人卖给他们茶叶、丝绸，并收取白银。英国人则急于用产品来换取中国货物，以免损失白银过多。在1800年前后，中国事实上已经在没有官方认可的情况下被动地融入了世界经济。[②] 此时，英国人发现了一种中国人没有，而又极受他们欢迎的商品，人们对其需求不断增加，购买时也需用白银支付，而且它的产地就在中国的近邻，英国最重要的殖民地——印度。这种商品就是鸦片。在欧洲，鸦片很早就引起了社会政策专家的关注，由于鸦片导致高额公共医疗费用，他们要求政府予以禁止。但在中国，政府在开始时对鸦片生意采取了不闻不问的态度。随着鸦片生意的兴隆，大发其财的不只是从事走私的外国鸦片贩子，还包括把鸦片偷运到内地的中国商人，因为在中国内地，外国人还没有建立起自己的销售网。19世纪40年代，中国沿海地区吸食鸦片的人数将近一百万人，占中国人口大约0.25%。到了19世纪末，中国烟民超过了1200万，[③] 对中国财力和社会稳定造成不可估量的损失。

---

① 史景迁：《中国的现代化之路》，第164页。
② 约尔根·奥斯特哈默：《中国与世界经济—自18世纪至今》，第147页。
③ 约尔根·奥斯特哈默：《中国与世界经济—自18世纪至今》，第146页。

直到 19 世纪初期，中国依然堪称为一个成功的国家。尽管中国皇帝已然察觉到英国商人越来越无视法规，为所欲为，给国家和社会带来了诸多危害，然而他并没有采取任何措施。以往曾是中国优势的"自由放任经济"（Laisser－faire），逐渐显现出其消极的一面。中国政府似乎陷入麻木状态，对鸦片贩卖既不明令禁止，也不使其合法化。这样一来，政府既无法向违禁者罚款，也不能向合法经营者征税，最终受到损害的是政府本身。西方利用鸦片贩卖的收入冲抵了本国由酒精和烟草带来的社会开支。清政府的昏庸无能还可以通过下述事例来证明：最终下令禁止鸦片贸易的不是中国政府，而是英国议会。20 世纪初，英国一个自由党派上台，该党取胜的一个原因是其在选举中承诺限制"不良贸易"。

1834 年，东印度公司对鸦片贸易的垄断被打破，中国面对着一个严酷的现实：鸦片贸易大部分落入私人商贩手中，英国商人威廉·查顿（William Jardine）是其中的代表人物之一，他与其他贩卖鸦片的商人一道向英国政府施压。这些人不甘接受中国朝廷委派的贸易官吏的管理，也不愿其内地鸦片生意继续受到中国"行商"的控制。对英国来说，鸦片贸易的意义非同寻常，它提高了英国在印度的购买力，因此巩固了对这一庞大的远东殖民地的统治。查顿在向英政府施压的同时，向中国政府极力游说，试图说服中国政府放宽对鸦片进口的禁令。

尽管中国朝廷在世界局势变化面前始终表现得无动于衷，但是它的一些臣民却早已意识到了时代的变化。他们利用清政府的昏庸无能大发鸦片财，中国各地的鸦片买卖日益猖獗，由此导致了灾难性后果。鸦片作为一个社会问题逐渐影响到国家经济。因为鸦片不仅使人上瘾，同时也会传染到经济，中国用大量白银换来的是无数烟民病夫。中国持续了一个半世纪的经济稳定开始动摇，通货膨胀急剧上升，白银出现紧缺，农民和土地所有者不得不用大量铜板交纳以白银计算的赋税。购买力严重下降，失业浪潮席卷全国，商人因缺少周转资金而无法维持生意，中国对外贸易出现逆差。使中国与世界联系起来的只有鸦片贸易这一粗大的"绳索"。鸦片是唯一的进口商品，其影响足以导致一个帝国的衰败。从此，中国只得听任世界经济的摆布。

中国的社会气氛一片低迷，只有在鸦片的麻醉作用下，人们才能暂时逃避现实的痛苦，而这反过来又进一步加速了国家的衰败。19世纪末，清廷重臣文人张之洞在描述当时情景时写道，鸦片流毒使"人人尫羸，家家晏起，怠惰颓靡，毫无朝气，在官者不修其职，食力者不勤其业"。① 烟毒破坏了社会稳定，削弱了军队的战斗力，动摇了国家权力和民族自信心，历经数世纪培育起来的"我群意识"渐渐淡薄。

中国朝廷必须采取行动，除此之外别无选择。1838年，清廷任命湖广总督林则徐为钦差大臣，前往广东查禁鸦片。上任之初，林则徐采取了较为谨慎的做法，从惩办中国烟商开始入手。三个月后，他决定采取强硬手段。他下令收缴外国商人囤积的所有鸦片，严格禁止一切鸦片交易，无数西方鸦片商遭到软禁。这一举动令英国人在其殖民史上首次对一个国家心生敬畏，于是英国人暂时作出让步，只通过英国公使向中国政府提出要求，对其贸易损失予以经济赔偿。

在中国人看来，这样的一次危机不会使中国脱离轨道，困难总是有的，过不了多久一切都会好起来。他们不屑于参与那些"蛮夷"的不公平游戏，他们相信，这些野蛮人迟早会自己栽跟头，正所谓"骄者必败"。没有人相信中国也可以被战胜，也没有人相信世界经济的新浪潮可以导致国内政权的灭亡。直到19世纪60年代，中国人仍未意识到自己国家的内部出了问题。他们忘记了中国思想家孔子的古训：如果你有能力治理好自己的国家，谁还敢欺辱你？②

1839年，林则徐在致英国女王维多利亚的信中（英国大臣们并未

---

① 费正清，邓嗣禹：《中国对西方的回应》，第170页。
② 费正清，邓嗣禹：《中国对西方的回应》，第187页。

将此信呈送女王），① 以类似欧洲两百年前王公贵族的口吻写道："既不使为害于该国，则他国尚不可移害，况中国乎！……谅贵国王向化倾心，定能谕令众夷，兢兢奉法，但必晓以利害，乃知天朝法度断不可以不懔遵也。"② 中国人没有认真研究世界力量对比出现的变化，也没有在与其他民族的竞争中求进步，而是顽固地相信，全世界都应当遵守自己的道德价值和游戏规则。在中国人眼里，英国不过是"西洋中的蕞尔小岛"，且"人口繁密，粮食不足"。③ 此时，欧洲人彼此的矛盾和竞争反而成为欧洲发展的优势，在相互竞争当中，欧洲各民族变得日益强大。

战争往往是国家竞争中达到政治目的的常用手段。长久以来，中国既未侵略过其他国家，更没有遭受过别国的侵略，清王朝对这种国家间的争夺早已淡忘。唯我独尊的清朝统治者甚至将公元前 4 世纪中国军事战略家孙子的战略思想也抛在了脑后。他们既然看不到眼前的问题，所谓"取彼之长，补己之短"、"化弱势为优势"便无从谈起。④ 他们一味地抱怨洋人破坏了"天道和谐"，这里所讲的"和谐"的内涵包罗万象，远远超出了其概念本身。

对一些从鸦片生意中牟利的中国商人来说，只要能赚钱，便无须考虑因此给国家带来的危害，同时也可以置对国家的感情以及对天子的忠诚于不顾。但是也有一些中国人，特别是那些与洋人有直接接触的人，这时则表现出激烈的民族主义意识。他们痛恨自己国家的无能，发出了激愤的言辞："我们要把你们统统杀光，砍下你们的头，把你们烧死。我们要剥你们的皮，食你们的肉，让你们知道我们有多么强大。对你们

① 参见 www. web. jjay. cuny. edu。
② 费正清，邓嗣禹：《中国对西方的回应》，第 25 页。
③ 费正清，邓嗣禹：《中国对西方的回应》，第 42 页。
④ 克劳斯·莱布尼茨：《孙子的战争艺术》，第 51 页。

这些目不识丁的蛮夷，我们只能用夸张的、粗鲁的言辞来教化你们。"①

英国人渐渐失去了耐心，通过外交途径理智地进行交涉已经行不通。1839 年，英国人最终决定动用武力，战争由此爆发。哈佛大学历史学家詹姆斯·波拉切克（James M. Polacheck）在一份研究报告中说，这是一场没有人希望看到的战争。② 这不是一场"文明的冲突"，③ 而是一个落后国家与一个发达国家之间的较量。英国人为全球自由贸易而战，中国朝廷则是为了捍卫"天道和谐"以及自身的和平。

受英国政府派遣前来交涉中英贸易问题的英国全权代表义律（Admiral George Elliot），从一开始便决定，尽量避免激烈的武力行动。虽然在他身后有西方国家和不少中国鸦片商撑腰，而且有先进的武器作后盾，但是他必须考虑到，一旦战争爆发，中国人将会为了祖国而进行殊死抵抗。因此，当他率领英军抵达广州港外后，便重新开始与清廷进行谈判。1841 年 1 月，中英双方签署了一份和约。该和约不过只是一纸空文，双方很快都感觉自己吃了亏。英国政府撤回了两位迟疑不决的谈判代表，4 个月后，战争进入了下一轮。一支英国巡逻队遭到中国士兵袭击后，英国军队展开了大规模进攻，一个接一个地攻占了中国沿海口岸。在交战中，他们遇到中国人的顽强抵抗。遭受到外国侵略被中国人视为耻辱，广东闸坡的许多百姓宁肯选择自杀，也不愿落入"蛮夷"之手。中国人的民族意识之深由此可见一斑。

但是中国人最终未能抵挡住英国人的枪炮。大约一年后，1842 年 8 月，英军占领了上海和南京，并封锁了中国最重要的交通航道大运河。这时，清朝皇帝决定向英国人求和。根据两国签订的《南京条约》，中国向英国开放五处沿海城市作为通商口岸，中国政府几乎不再向英国人征收关税，英国商人在口岸内不受中国法律管辖。中国的大门被彻底打

---

① 费正清，邓嗣禹：《中国对西方的回应》，第 36 页。
② 詹姆斯·波拉切克：《内部的鸦片战争》，第 102 页。
③ 塞缪尔·亨廷顿：《文明的冲突》。

开。法国与美国分别于 1843 年和 1844 年以最惠国待遇为借口，迫使中国赋予其与英国同样的特权。

这些不平等条约反映了新的世界力量对比的变化。但是从条约中可以看出，英国人在鸦片问题上感到心虚。尽管他们强迫清廷对收缴的鸦片予以赔偿，但是"鸦片"一词在条约中并未出现。鸦片是否只是英国对中国实行殖民征服的一个政治借口？抑或只是出于自身经济利益，以推行其经济自由主义为目的？历史学家对此看法不一。费正清认为，鸦片只是引发战争的导火索，而不是战争的根源。英国历史学家大卫·费尔德豪斯（David K. Fieldhouse）则认为，鸦片贸易是当时英国总体经济不可或缺的组成部分。① 澳大利亚历史学家约翰·格雷戈里（John S. Gregory）的观点则是，英国的主要目的是为商人、投资者和外交官有效而长久地打开中国大门，而不是进行殖民统治。他认为，"从总体趋势来看，西方人的行为宗旨是帝国主义，而不是殖民主义。"②

中国朝廷感到尊严受到了损害，采取了抵抗的做法。它试图逃避条约的规定，尽其所能对贸易活动加以阻挠。1850 年，批准签署《南京条约》的道光皇帝去世后，他的继任者咸丰皇帝对外重新变得强硬起来。他希望树立起一个强有力的统治者形象，期望以新的政绩来重新强化中国人的"我群意识"。对咸丰皇帝来说，实现目标并非毫无机会，因为此时中国已经不再是英国人的主要目标。英国首相巴麦尊（Lord Palmerston）甚至因为其强硬对华政策遭到否决而下台，直到他再次上台之后，才为其对华政策寻找到支持。但是尽管如此，印度对英国人来说仍然比中国更为重要，而英国军队正在那里忙得首尾难顾。在此后的 15 年中，中国与英国殖民者之间只有一些小的冲突和摩擦。直到 1856 年，英国与法国联手对中国发动了大规模攻击。中国皇帝这一次切身感受到，自己不再是可以号令天

---

① 约·罗伯茨：《中国历史》，第 168 页。
② 约翰·格里高利：《1500 年的西方与中国》，第 89 页。

下的帝国主宰。英法联军攻占了北京，皇帝仓皇出逃。英法殖民者占领了从南方的广州到北方的天津之间的所有重要口岸。美国人、俄国人和日本人随后也打开了进入中国的大门。鸦片战争后签订的一系列条约对中国与外国的关系，特别是对中英、中葡关系的影响，直到 20 世纪 90 年代中国收回对香港和澳门的主权才彻底结束。

经历了惨痛的失败后，中国人本应对新的世界力量对比作出现实的判断。然而朝廷的封建官僚们既难改妄自尊大的积习，同时又感到束手无策。除此之外，中国还具有所有强大帝国的一个共同特征：对变革的惰性。于是，中国在错误的轨道上越走越远。又过了几十年之后，清朝政府才渐渐接受了一个现实：中国只是世界众多国家中的一个，即使作为大国，也必须同其他国家彼此适应和协调，特别是在世界进入工业化时代后，不与西方打交道已不可想象。

中国并非一向闭关自守。事实恰恰相反，早在哥伦布等探险家启程航游世界一百多年前，中国航海家郑和便已率领比哥伦布的"圣玛丽亚号"大出五倍的巨船组成的庞大船队扬帆出海，足迹远至波斯湾和非洲南部海岸。[①] 船队满载瓷器、丝绸和漆器，在所到之处交换当地出产的香料、象牙、犀牛角、珍贵木材、珍珠和钻石等奢侈品。在 1405 年至 1433 年期间，中国人七次出海远征。船队规模浩大，包括近百艘船只以及 28000 名水手和士兵。中国船队很可能曾经到达澳大利亚——比库克船长早了 300 年。当时，中国人对欧洲的了解主要来自于阿拉伯商人的描述。从讲述的情况看，欧洲不是一个有吸引力的贸易伙伴，因为那里除了葡萄酒和羊毛，没有什么其他可以用来交换的产品。[②] 郑和与达·伽马的航海时间仅仅相隔了 80 年。美国作家李露晔（Louise Levathes）在她的书中提出如下设想：假如他们两人在海上相遇，将会是什么情形？如果达·伽马乘着他那胡桃壳般的小船与中国庞大的船队在海上相遇，他还"敢不敢继续穿越

---

①② 李露晔：《当中国称霸海上》，第 20 页。

印度洋呢"?① 可以想象的是，非洲马林迪（Malindi）小镇的居民在看到欧洲人的船只靠岸时一定非常失望，因为他们的祖辈曾经描述过，当年来到这里的船队是如何庞大壮观。②

中国统治者之所以决定收敛起探险世界的好奇心，并非出于战略考虑，而是由当时错综复杂的国内局势所致。中国航海技术的进步，成为朝廷中两大派系——儒家士大夫与宦官集团权势斗争的一大核心。③ 宣德皇帝朱瞻基在位时成功维持了两派势力之间的平衡。1435 年宣德皇帝驾崩后，他的继任者——一位年幼的儿皇帝登基后，宦官集团趁机篡夺了朝中大权。他们独霸航海事务，并控制了厂卫特务机构以及国家税收渠道。中国经济在宦官专权下陷入了严重危机。儒家士大夫集团从中看到了削弱宦官势力的机会，这些 50 年前还曾热心支持航海的大臣们，为了权势斗争摇身一变，成为航海的反对派。负责向皇帝奏报朝臣意见的大臣黄骥曾经试图说服皇帝，中国文明遥遥领先于世界，完全不必开展国际贸易。他在奏折中写道："使中国之民休息，俾各事其职于士农。……远人心悦臣服，远地同风，吾朝必传万岁。"④然而皇帝没有为之所动。两年后，另一位朝廷重臣杨士奇以更加激烈的言辞谏言道："何用与此豺豕辈较得失耶!"⑤1433 年，宣德皇帝颁发谕旨，禁止一切商船和军事船只出海航行，违者以死罪论处。1477 年，颇有权势的太监、东厂首领汪直试图重振中国航海业，但未能成功。当他向兵部索取当年郑和航海的文件档案和造船图纸时，得到的答复是"已失"。一位兵部郎中回答说：这些资料要么是丢失了，要么是被毁掉了，⑥人们为航海投入了许多钱财和人力，可带回来的东西却毫无用处。

可以说，航海业这一中国在世界竞争中的重要优势，最终葬送在儒家士大夫集团的手中。"讽刺的是：中国从海上撤退之际，正值欧洲强

---

① 李露晔：《当中国称霸海上》，第 21 页。
② 李露晔：《当中国称霸海上》，第 20 页。
③④⑤⑥ 李露晔：《当中国称霸海上》，第 179 页。

权离开地中海安全的避风港，一步一步向前冒险，试图发现一条到达远东的通道之时，"李露晔在书中写道。直到 1521 年，麦哲伦才首次到达中国海。20 多年后，葡萄牙人抵达并长期占领了中国的门户——澳门。尽管中国先进的航海技术被迫沦为政治斗争的牺牲品，但航海业的成就增强了中国人的我群意识。下述故事即为一个例证。创作于 1615 年的一出明代杂剧，生动地描写了郑和船队抵达印度尼西亚时的情景：当印度尼西亚番王们向郑和索要瓷器作为"买路钱"时，郑和答道："你只是要些瓷器，有何罕哉？"

"你这些宝贝，是什么做的？"苏禄国王问。

"你不知道？"郑和回答说，"都是树儿上自家结的。你若不信时，我取一棵瓷器树儿，你看。"

"好啊"，番王们回答说。

于是好奇的番王们走进船舱去看"瓷器树"，郑和手下的士兵借机将他们捉拿起来。

实际上，不仅是 15 世纪的儒家士大夫集团，同时也包括作为统治指导思想的儒家思想本身，对中国的现代化而言，阻碍远大于益处。到了 19 世纪，这一问题变得尤为突出。中国人内心中根深蒂固的以"忠信"为核心的儒家观念，首先是为统治者教化人民臣服于国家服务的。但对中国老百姓来说，不仅有高高在上的皇权，而且身边还有其他反抗皇帝的势力。在联系紧密的大家族之间，建立在朋友、婚姻、生意关系等错综复杂因素基础上的效忠与依赖关系，远比传统的儒家思想复杂得多。人们不仅要恪守君臣父子长幼尊卑等伦理道德，还要建立并维系复杂的人际关系网络。以儒家思想为主要内容的"我群意识"与中国日常生活的复杂性并不完全吻合。根据社会学家埃利亚斯的观点，这种社会关系的交织体将随着人类的发展变得更加广泛而紧密，[1] 因为它能使生

———————

[1] 诺贝尔特·埃利亚斯：《参与与逃避》，第 19 页。

活变得简单而安全。在中国历史上，在所有涉及儒家重要思想的问题上，社会现实总是与儒家的愿望背道而驰。社会并不像他们所想象的那样可以人为设计，并按照自上而下的秩序来控制。埃利亚斯曾在书中写道："没有人引导，没有人身在局外，没有人可以操控整体发展趋势，除非社会中的大部分成员有能力认清由他们自身共同组成的复杂结构，仿佛是从外部去观察。"[1] 明朝灭亡后，中国文人在分析明朝失败原因时得出结论：中国社会具有某种"极端个人主义"[2] 的特征。这一概念与儒家思想是完全相悖的。埃利亚斯提出，如果以为某个民族、某个权力集团或者某一个人可以左右整个社会的发展，这种想法纯粹是一种幻想。埃利亚斯的上述观点正是从现代角度重新认识"我群意识"的基础。即使是大权在握的专制者本身，也是社会体系中的一分子，并且依赖于这一体系。他也需要培养民族的凝聚力，也需要与其他人一道决定民族自豪感的内涵与程度。埃利亚斯认为，在任何统治形式中，社会都是由无数彼此竞争的个体的经验、愿望和计划所构成，在长期的发展进程中，它们逐渐相互融合统一，并由此决定了社会发展的走向。世界发展的规律同样如此。中国人必须摒除其民族意识中的优越感。中国是由各民族组成的复杂体系中的一员，不可能从中脱离出去。直到 19 世纪最后 20 年，这种认识才逐渐被中国皇帝所接受。

清末思想家薛福成是最早拥有上述思想的先驱者。1879 年，他对中国的世界地位做出了清醒的论述："泰西之国……环大地九万里，罔不通使互市。虽以尧舜当之，终不能闭关独治。……于是华夷隔绝之天下，一变为中外联属之天下。"[3] 这段话是中国近代史上最早关于全球化的著名论述。历史沿袭下来的"汉夷二元论"开始瓦解，逐渐为主张社会变革，融入竞争的主张所取代。正如薛福成所说，"世变小，则治

---

① 诺贝尔特·埃利亚斯：《参与与逃避》，第 21 页。
② 费正清，邓嗣禹：《中国对西方的回应》，第 124 页。
③ 费正清，邓嗣禹：《中国对西方的回应》，第 142 页。

世法因之小变；世变大，则治世法因之大变。……彼其所以变者，非好变也，时势为之也。……若夫西洋诸国，恃智力以相竞，我中国与之并峙，商政矿务宜筹也，不变则彼富而我贫；……不变则彼协而我孤，彼坚而我脆。……夫欲胜人，必尽知其法而后能变，变而后能胜。"①

此时的问题是，如何说服朝廷中的顽固派将这一认识付诸行动。19世纪70年代，朝中一位宠臣成功地说服慈禧太后，推行一系列改良措施，以缩小与西方之间的差距。措施包括：成立"轮船招商局"，向美国派遣留学生，将伦敦至上海的海底电缆延长至京津两地等。但是改良进程举步维艰，保守的清政府官员实施改良的目的并非一心一意使中国融入世界竞争，而是为恢复中国的昔日地位。因而这次改良运动的口号是"自强"，② 不是"以竞争而图强"。中国学者冯桂芬应当是第一个在改良运动中提出"自强"概念的思想家。1860 年，他通过对欧洲殖民国家的观察分析，提出了一个关键性问题："彼何以小而强，我何以大而弱？"③

中国近代著名文学家梁启超④说过的一段话，也许是对这一问题的最好回答："上下千岁，无时不变，无事不变，公理有固然，非夫人之为也。……言治旧国必用新法也。为不变之说者，犹曰'守古守古'，坐视其因循废弛，而漠然无所动于中。……《易》曰：'穷则变，变则通，通则久'。"⑤

一场为时短暂，但激烈异常的战争使这一主张变得更加现实而紧迫。1894 年 7 月，日本不宣而战，在黄海丰岛海面击沉中国运兵船"高升"号，同时日本陆军响应朝鲜政府要求协助镇压农民起义而向驻牙山

---

① 费正清，邓嗣禹：《中国对西方的回应》，第 142 页。
② 冯桂芬（1809—1874），参见《中国对西方的回应》（费正清/邓嗣禹），第 50 页。
③ 费正清，邓嗣禹：《中国对西方的回应》，第 52 页。
④ 生卒年份：1873 至 1929 年。
⑤ 费正清，邓嗣禹：《中国对西方的回应》，第 155 页。

的中国军队发动了进攻，挑起了侵略中国的甲午战争，至 1895 年 1 月结束。中国军队在战争中一败涂地，中国彻底丧失了对朝贡国朝鲜的控制权。除此之外，根据战后签订的《中日马关条约》，中国还须向日本赔偿两亿两白银，增开包括内陆城市重庆在内的四个通商口岸，并将台湾与辽东半岛割让给日本。

连续的惨败严重侵蚀着中国人的"我群意识"。思想激进的谭嗣同①等人提出了维新变法的主张，呼吁清王朝打破因循守旧的治国方式，废除与外国的不平等条约。1898 年，谭嗣同在一篇文章中指出，只有做到中外、上下、男女、人我"四义"相通，变法才有可能成功。② 在他看来，"通"对于国家的重要性甚至超过儒家的君臣思想。他的观点逐渐赢得越来越多的人认同。此外，谭嗣同主张与西方开展贸易，认为贸易能给中国带来好处。皇帝及其身边保守势力逐渐趋于下风。谭写道："在世界洪流之中，固步自封只能加速衰亡，唯有勇于变革之民族，才能把握竞争机遇而求得进步。"③

1898 年，光绪皇帝颁布《明定国是诏》，该诏书被后世的历史学家称为"中国历史上最具革命性"的谕诏。④ 在维新派谋士支持下，光绪皇帝决定实行变法维新。他在诏书中写道："嗣后中外大小诸臣，自王公以及士庶，各宜努力向上，发愤为雄……须博采西学之切于时务者，实力讲求，以救空疏迂谬之弊。专心致志，精益求精……总期化无用为有用，以成通经济变之才。"⑤ 尽管这篇中国王朝末期的"鼓动性演说"言辞激昂，但是中国的领导者真正向世界打开国门，则是将近一个世纪之后的事。

19 世纪与 20 世纪之交，保守僵化势力暂时赢得胜利。新政施行百

---

① 生卒年份：1865 至 1898 年。
② 费正清，邓嗣禹：《中国对西方的回应》，第 157 页。
③ 费正清，邓嗣禹：《中国对西方的回应》，第 154 页。
④ 约翰·格里高利：《1500 年的西方与中国》，第 75 页。
⑤ 约翰·格里高利：《1500 年的西方与中国》，第 74 页。

日之后，慈禧太后利用军队发动政变，结束了短暂的变法维新运动。一部分维新派人士侥幸得以出逃，另有六人被处以极刑。维新诏书被宣布作废。清廷重新恢复了其高高在上的自我感觉，这与当时中国的现状已完全格格不入。虽然统治者已经看到无法逃避西方的影响，但要实行彻底的变革，不仅需要执政者对现实的清醒认识，而且需要整个官僚体制对此达成共识。19世纪的惨痛失败，在包括统治者在内的所有中国人的集体记忆中留下了深刻烙印，一个核心问题是：如何找到学习西方与独立自主之间的平衡点，从而保证国家的统一、安定与昌盛？直到今天，这一问题在中国所有政治经济决策中仍然发挥着重要作用。

技术与经济的落后并不是阻挡中国追赶其他民族进步步伐的障碍。日本的成功经验证明，即使军事上的差距也可以缩小。另外，中国19世纪并不缺少具有进步思想的政治家，他们希望改变僵化的政治体制，推动根本变革。真正阻碍中国进步的，是中国人保守的"我群意识"，这种意识在国家处于危机之中时变得愈加强烈。

中国人不愿对自己国家在世界上的地位作出现实判断，使人不禁联想起德国前总理施罗德在距此一个世纪之后于2004年秋的一篇政策性讲话。施罗德称，将德国经济描绘得漆黑一团是"没有任何理由的"。德国仍然是世界第一大出口国，即使在经济停滞时期，德国仍成功赢得了新的市场份额，这充分显示出德国经济的实力，说明德国经济并没有衰退。每一个德国人都应当鼓起勇气，推动趋势向更好的方向发展，而不是相反。德国现任总理默克尔的讲话口吻与施罗德颇为相似："我们在为德国的利益，为我们国家的劳动者而工作"。她对致力于"改善德国状况"的"爱国劳动者"表示赞扬，并表示，她希望德国成为"一个强大的德国，一个推动而不是阻碍欧洲进步的德国，一个人人向往的国家；那里的人民友好、宽容和快乐，为这样一个国家工作是值得的。"①

---

① 《法兰克福汇报》，2004年11月22日，第3版。

　　中国历史证明，顽固的自负心理会成为陷阱。只有认清自己的弱点，才能作出现实的自我判断，只有在这一前提下，才能重新赋予"我群意识"以积极的意义。当然，认清自身优势同样重要，因为这是发展的基础。

　　民族优越感既是中国成功的秘诀，也是中国衰落的根源之一。21世纪的德国正在重复着当年中国人曾经犯过的错误。那时的中国领导者对人民宣称："我们是强大的！"然而他们忘记了一点：只有充满活力、乐于与其他民族竞争的"我群意识"，才拥有真正的民族凝聚力。"处理不好自家的事情，就不可能利用全球化的机会"，德国前总理施密特（Helmut Schmidt）在德国储蓄银行的一部广告宣传片中说。[①] 其实，更符合现实的表述应当是："不利用全球化的机会，就不可能处理好自家的事情。"这一问题很可能关系到国家权力的兴衰。

---

① 2004 年夏，德国储蓄银行广告片。

第三章
国家权力的瓦解

一旦人们对和平变得浑然不觉，危险便已悄然临近，特别是在经历长期和平之后，人们往往会忽视一点：和平并不是天经地义的，它必须依靠国家权力予以维护。国家对行使权力的垄断，是现代民族国家的重要发展成果之一，离开了国家权力，社会将无法运转。如果民众感觉政府不能继续代表他们的利益，国家权力便将面临瓦解，其速度之快，往往超乎人们的预料。

国家权力对维持一个国家的正常运转之所以重要，是因为它直接关系到国家对税收渠道的垄断。国家为公民提供安全保障，为此向其征收税赋。政府可以利用税收提供更多的保障，并以此为公民创造更多的自由。国家税收的减少往往是一个国家濒临危机的前兆。这是因为，国家在财政紧张时必然缩减财政预算，减少社会福利的开支，这反过来将会加重老百姓对政府的不满，由此导致一种恶性循环。于是，维护国家稳定的两种力量——"我群意识"与国家权力逐渐衰退，埃利亚斯所描述的状况便会出现："人们感觉自己从一个面临解体的社会中脱离出来，变成一个局外人；他们认定社会正在走向崩溃，甚至从内心盼望着崩溃的来临。"① 当中国

---

① 诺贝尔特·埃利亚斯：《德国人研究》，第253页。

在 19 世纪中叶走向衰落时，中国的民众便是这样一种心态。

"我群意识"与国家权力之间是一种相辅相成的关系：在一个群体意识强大的社会中，政府在统一社会行为规范时可以减少资源的投入；而各种社会差距愈悬殊，国家维护法治与社会秩序的成本愈高。一个国家权力稳固的政府应该是一个具有"我群意识"的政府。一个压制人民的恐怖政府，其统治者只能依靠威胁恐吓的手段来胁迫人民。在这种环境下出现的"我群意识"不仅不会给政府带来帮助，而且将成为政府的反对力量。在这样的社会里，人民对国家权力的服从系出于被迫，而不是出于对政府的信任。目前在德国，人们对国家权力的服从虽然仍是出于信任，但他们的内心却与当政者渐渐疏离。一个"我群意识"虽然强大、国家权力却相对薄弱的国家，将会陷入迷乱而失去方向。

国家权力的实现依赖于规则与政令的贯彻，而强大的"我群意识"则以理性和自律为基础。无论在民主还是专制的国家，国家权力与"我群意识"之间的平衡，都是国家实现和平繁荣的首要前提。政治制度只是手段，和平繁荣才是目的。

当"我群意识"和国家权力同时受到削弱时，老百姓便会产生不安全感，不愿接受必要的改革，也不情愿纳税。由此导致的结果是，政府用于维持社会秩序的经费不足，对政府不满的激进分子将会冲破警方控制，进而引发社会混乱。因此，政府须尽一切力量维护国家权力，而公民则不应损害国家权力，除非发生极端情况。即使国泰民安时，人们也不应忘记，社会秩序需要不断完善，稳定亦非一成不变。生活水平的保持只能以社会正常运转为基础。19 世纪中叶的中国执政者没能认清上述各种因素的关联，已经进入 21 世纪的德国人也同样如此。形势比我们想象的严峻得多，也就是说，情况有可能（并非绝对）将会进一步恶化。

尽管国家权力有利于维护稳定，但人们常常对它持一种不信任态度。因为领导者有可能利用暴力，恣意对待赋予其权力的人民。因此，

发达国家普遍设立了监督机构，防止政府滥用权力。但是这种危险并不
能绝对避免，关于警察国家的争论便说明了这一点。① 这正是国家权力
的代价。今天，在西方国家的缺陷逐渐显现的背景下，美国政治经济理
论家弗朗西斯·福山（Francis Fukuyama）呼吁加强国家机构的权力并
不是偶然的。他在《国家政权建设》一书中写道："将建设国家政权列
为我们的首要日程，而不是削弱国家的作用，这种想法在某些人看来似
乎是荒谬的。对过去一代人来说，世界政治的主流趋势是批评'大政
府'，试图将国家的行为转交给自由市场或者公民社会。"② 福山以此指
出了一个核心问题：在一个国家中，如果人们无惧惩罚而漠视法律，如
果其生活与叛乱者的枪炮声相伴，就无法建立起一个强大的社会共同体
和稳固的"我群意识"。"国家的削弱既是国内，同时也是国际的首要问
题。无论对国家还是对国际社会来说，国家权力的衰退都不会将人们带
向乌托邦，而是引向灾难。"③

　　无论是警察国家的反对者，还是强化国家权力的支持者，在下述观
点上是一致的：国家权力的正常行使是建立一个具有活力的"我群意
识"的公民社会的前提，反之亦然。④ 德国《时代周报》1999 年 2 月的
一篇文章中写道："国家的作用重新得到重视，它通过下述方式为公民
提供保护：消除不公，减少失业，应对风险，反对剥削。对这一问题讨
论的基调发生了骤变。"

　　如果在一个国家里，人民生活安定，冲突只在极端情况下才以暴力

① 参见：艾哈特·丹宁格、罗尔夫·戈斯纳：《当正义转向非正义》，转引自《在一个富
　裕的国家里—社会日常烦恼的见证》（君特·格拉斯/丹妮拉·丹恩/约哈努·施特拉
　泽），第 505—522 页；以及《国家暴力与和平社会》（沃尔夫·迪特·纳尔），转引自
　《隐蔽的暴力—为"内心平和"辩护》（彼得·阿莱克斯·阿尔布莱希特/奥托·巴克
　斯），第 58—63 页。
② 弗朗西斯·福山：《国家政权建设—国际政治的新挑战》，第 7 页。
③ 弗朗西斯·福山：《国家政权建设—国际政治的新挑战》，第 89 页。
④ 《时代周报》，1999 年 2 月 24 日，第 47 版。

方式来解决，人们对个人的财产拥有安全感，相信国家有能力保障他们的生活水平，那么大家对集体成就的自豪感便会增强。这样的"我群意识"反过来也会减轻国家权力的压力。

西方殖民国家 19 世纪对中国的军事行动使中国国家权力与"我群意识"的失衡暴露出来。鸦片战争并不是中国危机的根源，如马克思在给《纽约每日论坛报》撰写的文章中所说："清王朝的声威一遇到不列颠的枪炮就扫地以尽。"① 鸦片战争加速了清王朝业已开始的内部崩溃过程。假如中国的民族自信心依然强大，英国人的枪炮也将对其奈何不得。正是由于那些无视国家利益，一心只想从与洋人的贸易中牟利的内奸，西方才得以在中国获得殖民地、租界和种种贸易特权。道光皇帝显然意识到国家权威与"我群意识"之间的关联，他在 1878 年的一篇诏书中说，安抚民众情绪乃是当务之急，只要百姓恭顺守法，便定能战胜蛮夷匪盗。②

道光面临着诸多历史遗留问题：在 18 世纪的太平盛世，中国人口增长了一倍，达到 3 亿。沉重的人口负担在世纪之交使中国经济陷入停滞。此时，鸦片贸易应运而生。被中国商人视为赚钱良机的鸦片生意，在之后的几十年中彻底葬送了国家权威。这是全球化迫使中国付出的最初代价。由于鸦片以白银支付，因此造成白银紧缺，银价飞涨，铜与白银的比价暴跌。受害最深的是中国内地的农民，因为他们收入铜板，却必须用白银来缴纳税赋。因此，尽管税赋名义上虽未增加，但农民的负担却大大加重。正如目前德国的情况一样，黑工与逃税问题泛滥。越来越多的人相信，只有摆脱或者反抗国家，才能保证自己的利益。于是，贪污腐败之风日盛。

自 1810 年开始，嘉庆皇帝采取各种措施，治理贪污腐败以及朝廷内部的奢靡浪费。但是，此时皇帝已经失去贯彻其意志的能力。贡粮制

① 卡尔·马克思：《纽约每日论坛报》，1853 年 6 月 14 日。转引自卡尔·马克思：《马克思论中国》。
② 史景迁：《中国的现代化之路》，第 210 页。

度的改革为时已晚。负责将征缴来的稻米从长江三角洲运往北京的官府机构横征暴敛，恣意妄为，不再遵从朝廷的命令。从 19 世纪初开始，国家的食盐专卖也落入走私商手中。各地税收大量流失，无法进入国库。国家行政管理机构财力匮乏，入不敷出。在历史上，中央集权体制曾经是中国的一大制度优势。早在公元 10 世纪末，当亚欧大陆另一端的罗马帝国仍然依靠强大的个人势力来维持政权时，中国已经拥有一套有效的封建体制。除此之外，陈旧僵化的科举制度此时也暴露出种种弊端，国家所急需的具有先进思想的年轻人无法受到器重。而少数通过科举考试进入官场的人当中，许多人看到清王朝大势已去，于是纷纷背着朝廷另行其是。正如中国历史学者史景迁（Jonathan Spence）在描述清朝衰败过程时所说："很多朝中大臣开始在官僚机构中建立自己的关系网，肆意掠夺公共资源，将之据为己有。"① 国家经济形势愈差，人们改善生活境况的欲望则愈强。在国家权力瓦解后的权力真空下，土匪、地方诸侯以及秘密社团等势力日益猖獗。

林清是清末众多起义首领之一，他给帝国带来了一场动乱。1808 年，林成立了"天理教"，自称要"奉天开道"。② 同新经济时期那些口若悬河的基金管理者一样，林清向农民收取所谓"根基钱"并许诺他们，一旦"天理教"夺取政权，将十倍返还。但是，他没能有机会兑现他的承诺。1813 年，林清率教众发动起义，冲进紫禁城，企图刺杀皇帝。起义失败后，林清被俘，清廷命令将其凌迟处死。

中国皇帝推崇的"太平之治"此时已危在旦夕。统治者与被统治者认可的社会契约失去了效力。为掩饰国家权力的衰落，皇帝口头上表示将实行变革。与当今德国人不愉快的经验一样：政治承诺虽多，付诸行动却少。

———————————

① 史景迁：《中国的现代化之路》，第 206 页。
② 林清（1770—1813），参见 www.asianlang.mq.edu.au。

开始时，老百姓只是对清廷略显不尊，但它却侵蚀着中国人曾经牢固的"我群意识"。没过多久，民众与政府的关系便告破裂。一篇主张变革的檄文中写道："人民以往爱戴其君主，视其为父母，尊其为天，如今却怨恨他们，视之为敌，称之为'屠夫'。"[1] 作为政治观察家的马克思于 1850 年写道："说不定，人们到达万里长城时，会看见这样的字样：中华共和国——自由，平等，博爱。"[2]

尽管法国人与中国人都对统治者感到不满，但对未来的设想却大相径庭。对中国人来说，政治制度的彻底变革是完全不可想象的。他们将法国大革命视为"犯上作乱"。[3] 因此，当法国人为争取公民自由与民主以及为推翻封建制度抗争时，中国人却将希望寄托于出现一位新的、强有力的领袖人物。一时间，所谓"救世主"受到拥戴，他们在帝国中建立起自己的独立王国。其中最著名的是太平天国领袖洪秀全（1814—1864）。[4]

1843 年的一天，洪秀全做了一个梦，梦见自己是上帝之子，与天父和天兄耶稣一起，手执利剑，并肩作战，以将中华帝国重新引入正确道路。在现实生活中，洪是一位不得志的书生，曾在科举考试中四次落第。做了这场灵异之梦后，他彻底放弃了通过科举进入仕途的打算，创立了"拜上帝会"。最早相信洪秀全的臆想并成为其最初信徒的两人，一个是他的族弟，另一个是他的老师——在广州创建教会的美国新教教士罗孝全（Issachar Roberts），后者曾向洪秀全传授过基督教教义。此后，洪秀全带领他的两位门生开始四处搜罗信徒。很快，罗孝全便在农民中发展了大量教徒。当他们在广西的教众达到两千人时，罗因策动谋反罪被逮捕。洪秀全很快安排两位口才出众的农民替代了罗，封他们为

---

① 查默斯·约翰逊：《革命：理论与实践》，第 126 页。
② 梭罗莫·艾维尼里：《马克思论殖民主义与现代化》，第 49 页。
③ 费正清，邓嗣禹：《中国对西方的回应》，第 8 页。
④ 费正清，邓嗣禹：《中国对西方的回应》，第 56 页、第 134 页。

教派中上帝与基督的代言人。不久，洪秀全便成为 19 世纪全世界最大规模群众运动的领袖。1850 年，洪的信徒已经发展到两万人，后来甚至超过了 100 万人。除教众外，洪还拥有无数暗中支持者。曾见过洪秀全的英国传教士称其为"一位疯狂而毫无领导能力之人"。[1] 他所提出的宏大目标是：驱逐与上帝作对的满清妖魔，建立"太平天国"。[2]

　　洪秀全的迅速发迹既是中国人"我群意识"的病态反映，同时也是国家政权瘫痪的体现。清政府对这位"教主"已经无能为力。拜上帝会教众当中大部分是穷人，沉重的赋税使他们囊中空空，难以维持生计。另外，人口激增造成粮食短缺，基本生活开支飞涨。这些无钱者，与洪秀全一道上街反对吸烟、酗酒、抽大烟、赌博和卖淫。作为法国大革命标志的自由主义思潮，在中国则毫无迹象可寻。

　　当太平天国的信徒们看到清政府对其束手无策时，他们进而拿起了武器。在太平军中，包括由客家女组成的勇敢的妇女军团。清政府派军队镇压起义，以维护清政府的权威，但却遭到惨败。太平军从内地偏僻的山区出发，一路所向披靡，于 1853 年 3 月攻打到古都南京城下。太平军的先遣队化装成僧人混入城中策应，炸开了坚固的城墙。不久之后，洪秀全将太平天国总部迁入昔时的明朝皇宫中。

　　19 世纪中期，清王朝之所以得以逃脱覆灭的命运，是因为骄横狂妄的洪秀全本身犯下的错误。[3] 洪秀全作为布道者深受老百姓爱戴，但是当他试图收缴私有财产，实行一切归公的"圣库"制度，并在太平军所占领的城市中进行市场整顿时，他顿时失去了大部分人的拥护。老百姓虽然渴望拥有一位强势领袖，但是社会主义式的经济制度在当时并不受欢迎。即使是洪的"均贫富"主张，也很少有人赞同，因为这意味着首先要把自己的积蓄拿出来充公。由于反对力量不断增强，洪不得不更

---

① 　约翰·格里高利：《1500 年的西方与中国》，第 106 页。
② 　约·罗伯茨：《中国历史》，第 176 页。
③ 　约·罗伯茨：《中国历史》，第 179 页。

多地使用暴力巩固统治。过快的发迹使洪变得目空一切，失去了对自身实力作出客观判断的能力。他拒绝与其他几支起义军联合，共同推翻清王朝统治。他企图独霸一切，但渐渐失去了对自己教派的控制。尽管太平天国的势力已经控制了整个长江中游地区，并几乎攻占了上海，但经过短短7年，洪秀全的资本已然枯竭。这时他试图仿照满清统治者的做法实行改革，然而已无力贯彻其改革措施。信徒们失去了对他的兴趣，这位"上帝之子"最终在绝望中自杀。1864年，清政府军队重新夺回了南京。[①]

紫禁城中的清朝统治者再次侥幸躲过一劫。太平天国起义给他们带来的威胁并不像几年前西方联军洗劫圆明园那样严重，其原因或许是因为国内的农民起义大多发生在离北京较远的偏僻地区。然而实际上，与太平天国运动相比，西方殖民者对中国的侵略给清政府所带来的危险要小得多。因为外国人只想将中国变为任其摆布的贸易对象，而太平军则是要推翻清王朝，将皇帝赶出皇宫，夺取统治地位。太平天国距离其目标实际上已近在咫尺，但却最终败给了自己，而不是败在清军手中。然而不可救药的是，皇帝身边的大臣们却一直制造着天下太平的假象。他们向皇上报告说："今则民闻贼至，痛恨椎心，男妇逃避，烟火断绝。贼行无人之境，犹鱼处无水之地。"[②] 这番话究竟是为了安慰皇帝，还是由于对形势严峻性估计不足，现在已不得而知。

国家形态的发展以及国家权力的特征与更广泛的人类文明进程紧密相关。埃利亚斯经过大量研究得出结论：所有国家的"文明的进程"都具有相似的趋势，只是速度有所不同。在人类发展史上，人们控制周围世界的欲望逐渐增强。埃利亚斯提出了"基本控制的三段论"：[③] 第一阶段是人类对自然的控制能力不断提高的阶段。仅仅在几百年前，每当

---

① 约·罗伯茨：《中国历史》，第182页。
② 史景迁：《中国的现代化之路》，第221页。
③ 诺贝尔特·埃利亚斯：《社会学是什么》，第173页。

雷电交作时，人们还会以杀牲来供奉天上的神灵，而现在却连电视机插头都懒得从插座上拔下来。仪器、机器和房屋可以保护人们免受自然的侵害。第二阶段是人类组织共同生活的阶段。他们建立起各种机构与行政部门，对庞大的社会进行协调，为此制订出共同的行为规范，并监督规则的执行，对违规者施行惩罚。人们最终得出结论，应将惩罚社会成员的唯一权力赋予国家，国家权力由此形成。从此，人的错误行为可以被客观衡量，并由独立的司法机构施予惩罚，对社会每个个体的压力也随之增大。在控制自然与控制社会两个阶段之后，是每个个体的自我控制阶段。谁能在所处的社会环境中最早看准机会与风险，并为己所用，谁就能在日趋复杂的社会中取得更多成就。社会地位优越者虽不情愿，但也不得不接受这一新的现实。埃利亚斯写道："对丧失或损害自身社会声望的恐惧，是推动社会深刻变化的最强动力之一，而变化的出现是未经计划的。"[①] 最初，决定社会和国家特征的主要是被动接受国家强制的个体，经过时代变迁以及诸多非计划的外力作用，上述情况逐渐发生演变，自我约束的多数个体成为社会的主导力量。在某种程度上，强制为良知所取代。不过倒退和突变仍会反复出现，有时社会中部分人的步伐也会略快一些，然而不论出现何种阻碍，总有一天所有人又会回到最初的方向。

　　在上述进程中，人变得越来越独立，但责任也越来越多。他们必须学会从更广泛的角度去思考问题。在经济领域，出现了社会分工。生活中日趋复杂的相互关联迫使更多的人根据集团利益进行自我调整，由此产生出社会网络。那些适应速度最快并"更有针对性、更均衡、更稳定"[②]地调节自身行为的个体，享有更大优势，比那些反应迟缓的人更容易获得成功。

　　历史经验证明，国家的情况同样如此。采取前述做法的国家，在经

---

①② 诺贝尔特·埃利亚斯：《社会学是什么》，第173页。

济上取得了更大成就。国家应当利用其拥有的权力推动社会进步，并以惩罚违规行为的方式为社会提供安全保障。通过国家的强制以及社会的召唤，自我约束最终成为人的习惯。于是便产生了"超我"。这是弗洛伊德在 20 世纪初不无偶然地提出的著名概念。当时，在一些欧洲国家中，个体内心的自我约束开始成为生活的重要部分。每个个体都要肩负更多的公共责任。这一变化虽然亦未经计划，但不无其独特的秩序，"它比个体形成的意志和理性更具有强制力。"[1] 人们越来越多地依靠自身（而不是政府）的力量来实现相互之间的和平相处。其强制力出自良知和理性。人类进步程度愈高，国家权力便愈显得顺理成章。

在国家处于危机的情况下，当政者必须向民众提出与社会发展水平相适应的解决方案。一个简单的法则是：如果多数人希望获得更多的政治自由和独立，便意味着自我约束达到了相当高的程度。如果国家在此时要求民众服从自己的意志，表明它是落后于人民的。如果民众希望拥有一个强有力的领袖人物，说明人们仍需要外力约束。如果这时国家却提出实行自由选举，便会导致新的不稳定。当国家权力需要巩固时，或者说，在危机时刻，当需要国家有效地行使职能时，民主、自决与独立绝非万能药方。

人们所遵循的以及社会赖以维系的规范，经历了数百年的发展。尽管在过去的中国统治者中可能有些并不精通上述社会学理论，然而其中不乏政绩出众、治国有方者，原因是他们的领导方式符合了当时的社会发展水平。他们深知政权必须建立在稳定的国家权力基础之上，而对国家权力行使的程度必须以符合民众利益为准，只有这样才能保持基础的稳定。若要找出社会动乱产生的根源，认清社会中自我约束与外部约束的关系十分重要，而做到这一点并非易事。依赖外部约束的人之所以造反，是因为他们需要一个能负起责任并令人信服地指明方向的、新的领

---

[1] 诺贝尔特·埃利亚斯：《社会学是什么》，第 173 页。

袖。强调自我约束的人则要求更多的自由、独立与参政权。这两种运动本质上都是自由运动：前者要摆脱失去民众信任的领导者，后者则要摆脱过多的外部约束。对于竭力挽救自身统治地位的当权者来说，混淆上述两种情况将意味着其统治已接近终点。当人民需要一个强势领袖时，却给予他们更多的公民权利，那么现有秩序将遭到破坏，国家将会陷入混乱。反过来，当人民需要更多自由时，反而加强对他们的控制，必将招致坚决的反抗。

但是，一个国家在达到某种发展水平后也有可能出现倒退。历史上曾多次出现富于煽动性人物登上权力舞台，并获得社会多数人拥戴的事例。洪秀全对民众的巨大影响力，说明在 19 世纪中期的中国，人们的自我约束远未达到法国的水平。那些承诺稳定秩序、铲除弊端和重建道德规范的领袖式人物，很容易赢得民心，使人们放弃为昏庸无能的皇帝效忠，转而站在他们一边。与西方殖民国家相比，中华帝国的社会发展水平落后了。它被西方殖民者突然间拖入全球化漩涡，被迫加入了国际竞争。

在世界竞争的压力下，中国必须打破内部僵化体制，以实现更快的发展。人们渴望能够出现一位现代改革者、一位强大的领袖人物，以重新唤起民众支离破碎的"我群意识"。直到 100 年后毛泽东的出现，人民的愿望才最终得到满足。

那些留洋回国的中国知识分子，对改变中国社会落后状态的愿望尤为迫切。例如，生活在上海租界中的年仅 20 岁的政治异见者邹容，呼吁同胞推翻清朝专制，将国家命运掌握在自己手中。他写道："尔有政治，尔自司之；尔有法律，尔自守之；尔有实业，尔自理之；尔有军备，尔自整之；尔有土地，尔自保之；尔有无穷无尽之富源，尔须自挥用之。"[1] 邹的言论在中国人，特别是海外华人中间产生了强烈反响。

---

① 史景迁：《中国的现代化之路》，第 294 页。

中华民国的创立者孙中山将邹的文章复制了数千份，在新加坡和旧金山的华人中间广泛散发。邹容和他的支持者满怀自信地认为，只要调转船头，中国不久便可以像西方一样进步。但是他们忽略了一点：即使是经济发达的社会发展成为自由的社会，也是需要时间的。邹容的革命尝试最终以悲剧告终。他被中外法官组成的联合法庭判处两年徒刑，最后死在狱中。无论清政府还是上海租界中的洋人，对他反抗国家权力的行为都大为恼怒。

尽管中国革命的时机尚未成熟，但全国各地起义早已此起彼伏。往往无需出现宗教领袖，只要有人振臂一呼，便可拉起一支 3 万至 5 万人的队伍。这些人大多是由经济危机的受害者组成的乌合之众，有因庄稼歉收而无法养家糊口的农民，或是一些因男女人口比例失衡而娶不到老婆的单身汉。他们在所到之处烧杀抢掠，为非作歹，使中国陷入连续多年的恐慌之中。发生在中部地区吉安的一场暴动持续了 17 年，才被政府军队平定下去。

外国人对中国局势深感担忧。他们清楚，只有中国恢复安宁与秩序，才能扩大对华贸易。于是，他们改变了做法，采取较为审慎的态度。第二次鸦片战争时，西方国家只想威慑清政府屈服和顺从，并未想过要推翻它。① 在它们看来，除了皇帝之外没有人能够给中国带来稳定——尽管这对皇帝来说已是勉为其难。

出于同一原因，洪秀全领导的起义使西方人感到不安，虽然起义分散了朝廷的注意力，而且不管方式是否极端，洪秀全毕竟勉强算得上一位基督教传播者。开始阶段，殖民者采取了完全观望的态度。② 随着太平军的壮大，再加上太平军是鸦片的坚定反对者，西方对经济稳定越来越感到担忧。1862 年，西方人决定出面帮助清政府军队守卫上海。他

① 史景迁：《中国的现代化之路》，第 224 页。
② 约·罗伯茨：《中国历史》，第 180 页。

们组建了一支洋人队伍，名为"常胜军"，由一位美国探险家率领，之后换成一位英国炮兵军官。① 国家权力对经济稳定的异常重要的意义，使两个仇敌走到了一起，并肩作战。

但是随之而来的短暂平静对清王朝来说不过是苟延残喘，而不是统治的稳固。国家重新掌握了国家权力，但在表象之下却潜伏着比以往任何时候都更为严重的危机。以英国为首的西方殖民国家在帮助中国皇帝维护统治的同时，亦加大了对清政府的压力，强迫其履行西方经济单方面受益的不平等条约。

民族耻辱在中国人内心打下了深刻烙印。清廷急不可耐地寻找对策，以摆脱外国控制。由于清政府无法依靠自己的力量做到这一点，因而宁愿将部分权力暂时交给地方势力，也不愿交给洋人。此后，厘金制度开始实行。地方官吏得到税收特权，通过征收厘金将中央财政收入的一部分纳入私囊。在享受特权的同时，他们须承担维护地方治安、平息暴乱的责任。英国历史学家约·罗伯茨（J. A. G. Roberts）认为，"虽然没有形式上的权力再分配，然而实际上，传统官僚体制与地方诸侯之间的力量平衡逐渐向地方势力一边转移。"②

皇帝原本希望以此巩固国家权力，但事实上却丧失了更多权力。为与社会发展保持同步，统治者亟待实行政治经济改革。但是中央政府此时缺乏适当的经济改革方案。罗伯茨指出："所有经济措施只能说明，具有改革愿望的统治者除了自给自足的农业以外，对其他经济一窍不通。"③ 皇帝的维护者们将中国失败的原因归咎于武器的落后，呼吁改进军队装备，建立一支强大的海军。费正清在描述当时状况时指出，中国具有某种"历史的惰性"，④ 长期以来，它曾对中国统治者的政权起

---

① 史景迁：《中国的现代化之路》，第221页。
② 约·罗伯茨：《中国历史》，182页。
③ 约·罗伯茨：《中国历史》，第184页。
④ 费正清：《1800—1985现代中国的历史》，第49页。

到稳定作用，如今则成为一种阻碍。

几经迟疑，朝廷当权者终于承认，中国虽是泱泱大国，但也应当向西方学习。总理大臣李鸿章提出"中学为体，西学为用"的口号。[1] 这并非是一种政治妥协，而是封建统治者们多年来论争的结果。一位大臣提出，应当"师夷长技"；另一位大臣则认为，应"以中国之伦常名教为原本，辅以诸国富强之术"。[2] 但是对这些因素之间的相互关联，他们则茫然不知。他们没有认识到，国家实力必须以新的标准来衡量；他们也没有认识到，在世界竞争中，一国与世界经济的联系可以起到平衡国家疆域大小和人口规模的作用。中国领导者思想上的进步如同缠足的古代中国妇女一样步履缓慢，而且每一步都伴随着巨大的痛苦。

朝廷终于决定推行的经济改革措施，与其思想观念一样半生不熟。人们以为，只要拥有西方的先进技术和机器便可以克服危机。中国与外国私人企业成立了第一批联合企业，这一经济形式的好处于 19 世纪 80 年代在中国得到了完美发挥。在法国人的帮助下，中国制造出一些昂贵而落后的船只。中国与总部设在香港的英国贸易公司——怡和洋行合作，开办了轮船招商局。中方还聘请了英国工程师，对煤矿进行现代化改造。为打破 10 年来西方殖民国家对纺织业的垄断，上海建立了中国第一家现代棉纺织厂。

零星的改革措施并未取得多少效果。各省诸侯都在忙于更重要的事，无心与中央政府探讨新的经济模式问题。他们关心的首要问题是巩固自己的权力。仍在勉强运转的厘金制度，已纯粹成为对私人工商业者最大限度盘剥的工具。因此，没有人愿意进行长期性投资。另外，北京精英阶层的思想还远远未被中国中下层官吏所接受。1866 年，清廷朝野上下就京师同文馆增设天文算学馆一事展开激烈争论，便说明了这一点。

---

[1] 约·罗伯茨：《中国历史》，第 185 页。
[2] 约·罗伯茨：《中国历史》，第 184 页。

　　朝廷清楚地知道自己的旨令大多未能得到贯彻。19 世纪末，一些激进的改良派博得了皇帝的信任。在六位改革者的劝说下，皇帝一改以往在各派力量间充当平衡者的传统角色，完全倒向改革派一边，推出一系列以西方为模式的改革措施。数百年来，中国第一次下决心向邻国学习，将 30 年前日本借以实现国家振兴的明治维新作为榜样。年轻的光绪皇帝于 1898 年 6 月 11 日颁布的那篇非同寻常的诏书，堪称是一篇建立现代化新中国的宣言。

　　在一系列诏书中，光绪皇帝提出了教育、经济、军事以及封建体制改革的具体措施，这些往往是国家出现危机时急需改革的领域。例如：废除僵化的科举制度，引进数学、物理等西方学科，积极提倡和鼓励兴办实业，由户部负责拟定预算，增建一支由 30 多艘现代化军舰组成的舰队，按照西方模式对军队实行标准化训练。此外，光绪还下决心根除腐败，整顿吏治，将被精减的官吏转到新的经济规划部门。

　　然而改革尚未真正开始便惨遭扼杀。满怀革新热情的年轻皇帝缺少制度改革所需要的权力斗争经验，没有预先取得更多的支持。面对强大的反对力量，光绪落入了孤立无援的境地，在短短一百天之后，便被剥夺了权力。曾在光绪亲政之前垂帘听政的慈禧太后，于 9 月 19 日颁布谕令，宣布应皇帝请求再次"临朝训政"。[①] 光绪遭到软禁。此后，陪伴在皇帝左右的将不再是那些年轻知识分子，而只有他的后宫粉黛。六名激进的改革辅臣被逮捕，后被处以极刑。

　　坚决反对改革的不只太后一人。朝廷官员和地方士绅也不愿因改革牺牲自己的特权。他们宁愿各自为政，与洋人时而联手，时而反目，但与昏庸麻木的朝廷则始终为敌。

　　慈禧太后害怕光绪皇帝的改革将带来混乱，这种担心或许不无道理，不过在她"临朝训政"后，国家政权的稳定也仅维持了短短几个

————————

① 　史景迁：《中国的现代化之路》，第 286 页。

月。卷入世界经济的程度愈深，中国便愈暴露出自身的落后。

新的邪教组织、秘密帮会和抗议运动纷纷在各地出现。清朝帝国侥幸逃过的最后一劫是被称为"义和拳"的运动。这一组织 1896 年最早出现在山东，其成员操练拳术，恪守一些诸如尊敬父母、邻里和睦等简单通俗的儒家准则。① 当时的山东省是一个人口极度过剩、饥荒和洪灾泛滥、土匪猖獗并不断遭到西方殖民者掠夺的地区。拳民造反的目的并非要推翻皇帝，而是把洋人赶出去。在他们眼中，洋人是中国人所遭受的一切不幸的根源。暴力事件频频发生，1897 年两名德国传教士被杀事件便是其中之一。该事件为德国人提供了一个难得的借口，可以借机侵入中国并将港口城市青岛变为德国的殖民地。于是，两个均无妥协余地的民族发生了正面碰撞：② 一边是不惜一切想要重振民族意识的中国人，另一边是因后来居上而自我陶醉、迫不及待地希望尝到殖民滋味的德国人。

德国人落脚的山东省正是义和拳的发源地，于是，德国人成为拳民发泄仇恨的对象。1900 年 6 月 20 日，德国公使克林德（Klemens Freiherr von Ketteler）在北京使馆区大街上被一名清军士兵杀死，使馆区随后陷入激烈的枪战，由此引发了所谓"义和拳战争"。清廷既不情愿，也无能力平息暴动，西方殖民国家趁机派出自己的军队解救受到围困的外交官。在这些国家中，德国的表现尤为兴奋。德国威廉二世皇帝在不来梅港发表了臭名昭著的"匈奴演说"。他以暴发户式的刺耳腔调向衰落的中华帝国发出威胁，以此煽动德国士兵的情绪："你们如果遇到敌人，就把他杀死！不要手下留情，不要留活口！谁落到了你们手里，就由你们处置。就像一千年前埃策尔国王麾下的匈

① 约·罗伯茨：《中国历史》，第 201 页。
② 威廉二世皇帝 1895 年曾指示画家赫尔曼·科纳克福斯绘制一幅表现欧洲各民族抗击中国的油画，并将其作为礼物送给俄国沙皇。在画面上，代表德国出战的是胸肌发达、手持盾牌和利剑的天使圣米歇尔。

奴在流传迄今的传说中依然声威显赫一样，德国的声威也应当通过你们在中国流传上千年，以至于再不会有哪一个中国人敢于对德国人侧目而视。"①

中国人明显感觉到，恰恰是德国这一欧洲弱国的反华气焰最为嚣张。德国皇帝的狂妄腔调与喜欢口出狂言的德国驻华外交官如出一辙，而那些外交官夫人们的表现，更比她们的丈夫有过之而无不及。奥地利驻华公使罗斯托恩（Arthur von Rosthorn）在发往维也纳的电报中写道："这些夫人们堪称'超级爱国者'，她们发誓每人要生十个儿子，让他们报效祖国。他的太太保拉的话颇有道理：这种情感表达方式要么是装腔作势，要么是对某种惨无人道行为的见证。"②

在此情况下，清政府与外国列强之间无法达成共同的"暂行架构"（Modus Vivendi）。慈禧太后试图把民间颇有影响力的义和拳当作催化剂，重新唤醒中国人的"我群意识"。1990 年，她在一篇诏书中明确道出对暴动者的偏袒："今日中国积弱已极，所仗者人心耳，若并人心而失之，何以立国?"③

由于清朝政府对种种经济问题毫无对策，反洋运动来得可谓恰逢其时。清廷的一篇诏书中写道："（洋人）恃我国仁厚，乃益肆枭张，欺凌我国家，侵犯我土地，蹂躏我人民……我国赤子，仇怒郁结，此义勇焚烧教堂，屠杀教民所由来也。"④ 当义和团在街头殴打洋人时，官府往往采取视而不见的态度。罗斯托恩公使曾经描述道："只要是见过那些拳民的人，一眼就会看出，这些粗壮的农民汉子对欧洲人并没有什么恩怨，甚至很可能连洋人都没见过。他们往往用天真好奇的目光打量这些长相奇特的人。在他们眼里，这些人的模样毫无区别，穿着都很讲究。

---

① 据联邦政治教育中心文献资料，第 274 卷，第 357 页。
② 格尔特·卡明斯基：《如果我是中国人，我会加入义和拳》，第 42 页。
③ 史景迁：《中国的现代化之路》，第 290 页。
④ 史景迁：《中国的现代化之路》，第 291 页。

由此起码可以得出结论，这场反洋运动并不是一场突如其来的运动，而是得到了上层的鼓动和支持。"①

按照史景迁的观点，一种"同仇敌忾的意识"由此产生，"它包含着中国人民团结一体，谋求生存的相应思想。"② 慈禧太后将义和拳称为"义民"，其所谓"民族大义"实际上是受到严重损害的中国人"我群意识"的另一种表现。这种意识并非建立在现实基础之上，而是表现为一种被拔高的自我理想化。这样的民族意识不仅反映在精英阶层，在街头巷尾的老百姓中间同样可以感觉到。无论"小贩、人力车夫、轿夫、船夫、磨刀匠还是剃头匠"，③这时无不同心协力。

与洋人之间的每一次暴力冲突，都使清廷变得更加羸弱。中国陷入了无政府状态，洋人和异教徒为所欲为，朝廷则逃到西安避难。为显示决心，慈禧太后下令以叛国罪将五名大臣斩首。在欧洲本土并不和睦的八个殖民国家，组成联合军队攻向北京。刘坤一、张之洞等人恳求慈禧太后向洋人求和。当看到义和拳的所谓神拳法术在八国联军的枪炮下毫无招架之力后，慈禧不得不再次期待洋人的支持。

被困的外交官听到战争出现转机的消息后，一心盼望尽快得到解救。罗斯托恩在报告中写道："八月初，我们突然得到以太后名义运来的一车西瓜，我们这些躲在法国公使馆的人也分到了几个。"但是朝廷的这一举动并未换来洋人的尊重。洋人甚至搞起恶作剧，他们"把西瓜瓤吃掉后，在瓜皮上刻上一张脸的形状，到了晚上，在里面点上一支蜡烛，然后放到德国人修的街垒上。中国人在看到它时，要么认为是一种嘲讽，要么迷信地以为是一只鬼，然后他们就会情绪异常激动，之后便传来大叫大嚷和胡乱扫射的声音。"④

8月，法国人、日本人、英国人、德国人、俄罗斯人以及印度锡克

---

① 格尔特·卡明斯基：《如果我是中国人，我会加入义和拳》，第47页。

②③ 史景迁：《中国的现代化之路》，第287页。

④ 格尔特·卡明斯基：《如果我是中国人，我会加入义和拳》，第70页。

教徒与拉其普特人将一群"个子高大、面容黝黑、缠着厚厚围巾的人"[1] 解救了出来。当联军总司令、德国元帅瓦德西（Alfred Graf von Waldersee）发出正式命令时，解救行动早已结束。慈禧应当感到庆幸的是，欧洲军队此时仍然相信，由清廷执掌国家权力是最佳选择。然而他们要求中国支付巨额赔偿，[2] 以此作为帮助其恢复国家秩序的条件。在所谓《拳乱协定》（即《辛丑条约》，译者注）中，中国被迫支付相当于中国全年财政收入四倍的赔偿。[3] 此外，要求中国允许外国在华派驻军队，而清朝政府则须削减军事设施。

　　西方显然没有真正意识到清朝政府已衰弱到何种地步。殖民经验尚显不足的德国人也低估了中国人的"我群意识"的危险性。他们要求清廷派代表团专程到德国赔罪，这使中国人受到的屈辱达到了顶峰。1901年，由一位亲王率领的赔罪团前往柏林，为克林德公使被害一事向德国道歉。另外，德国还要求清政府在克林德遇害处修建一座纪念碑。

　　义和拳运动虽然被镇压了下去，但是朝廷却陷入了比以往更大的困境，对地方和外国势力都失去了控制能力。这种状况在中国历史上留下了深刻的烙印。20 世纪末，当中国再次向世界经济敞开大门时，中国领导者始终遵循的一条基本法则是：任何经济利益的付出都必须以换取自身地位的提高为前提。当年清王朝在走向灭亡时的做法与此迥异，由西方强加的现代化动力给中国带来的好处寥寥无几。日本则早在 1894年便将外国直接投资合法化，并通过法律形式予以保障。在此后的 10年中，外国对日本直接投资增长了 10 倍，达到 9.62 亿美元。[4]

　　西方控制着中国的造船业以及烟草生产，电力与天然气也掌握在西方手中。仅一家美国电力公司的发电量便超过了所有中国电力公司发电量的总和，一家美国肥皂制造商的产量相当于中国厂商总产量的一半以

---

① 格尔特·卡明斯基：《如果我是中国人，我会加入义和拳》，第 71 页。
② 其中包括建立固定的外国法庭。
③④ 约·罗伯茨：《中国历史》，第 188 页。

上。西方控制着 47% 的棉纺业以及 93% 的机械采煤。当时没有丝毫迹象显示，中国在大约 100 年之后拥有的重要产品的世界市场份额会达到与此相似的水平。

1900 年，通商口岸的数目由 1870 年的 15 个增加到 40 个。① 正如费正清所说，通商口岸贸易的增长"在很大程度上只是中国业已十分活跃的贸易活动的延续"，② 因此并不能给中国人多少安慰。经过 1894 年短暂而激烈的日俄战争后进入满洲的俄国与日本，在中国北方的势力不断扩大。

一段有关慈禧太后在义和拳运动平息后邀请西方使节夫人去宫中喝茶的荒诞历史记载，显示出清廷的权势已经沦丧到何种地步。皇帝家族直到 18 世纪末一直有着至高无上的尊贵地位，而此时，这种尊卑关系几乎颠倒了过来。一位奥地利外交官的夫人回忆道，太后"坐到我的身边，给我夹菜。她把自己的筷子在嘴唇上擦了擦，意思是告诉我，筷子是干净的，然后她亲自把菜夹起来放进我的嘴里。她对我说，她为义和拳的事感到遗憾，并且说，这些事情的发生完全违背了她的意志。"③ 那天，甚至连桌子都按照欧洲的习惯铺上了桌布，"餐巾是一种印花棉布手帕，我那块餐巾上面还贴着标签，上面写着'德国制造'。"④

皇帝在自己的宫中成为一个配角。一位受到太后邀请的奥地利使节夫人讲到："有一次，我不知道该把手里的茶杯放到哪里，于是我就把它交给了身边一个站立着的年轻男人，我以为他是一位侍者。他拿着茶杯，不知所措地四下看着，像是在寻找帮助。这时，一群太监冲到他的面前，把茶杯拿走，然后跪下来向他磕头。我吓了一大跳，原来我把茶杯递给了中国皇帝，让他把茶杯端走。"⑤

---

① 路爱国：《1840 年以来的中国与全球化经济》，第 23 页。
② 费正清：《1800—1985 现代中国的历史》，第 67 页。
③ 格尔特·卡明斯基：《如果我是中国人，我会加入义和拳》，第 106 页。
④ 格尔特·卡明斯基：《如果我是中国人，我会加入义和拳》，第 105 页。
⑤ 格尔特·卡明斯基：《如果我是中国人，我会加入义和拳》，第 107 页。

拥有两千多年历史的中华帝国走到了尽头。这时的慈禧太后落魄到像是一个大公司的食堂领班。为了维持政权，清廷不得不同八国联军就贷款问题进行谈判。[1] 1906 年，在一些封建官僚的建议下，清廷决定实行某种意义上的君主立宪制。

但是清政府的醒悟为时已晚。在中央、各省和地方各层都出现了与朝廷分庭抗礼的政府，其预算大部分由洋人支持，洋人随时可以切断资金供应。旨在平衡中央与地方权力的行政改革遭到地方势力的阻挠。掌管着官办企业和商行的朝廷高官纷纷创办了自己的企业，将官办企业的资金和设备据为己有。史景迁总结道："这些改革措施所显现的问题说明了初创时期的民主制度的脆弱，以及在毫无基础的条件下建立民主制度的困难。"[2] 在外力约束仍发挥主导作用的情况下，鉴于此时的清王朝已经奄奄一息，人们只好设法自救。1905 年，中国商人发起了持续 4 个月的抵制洋货运动。这次联合排外运动大大提高了中国人的民族凝聚力。1904 至 1907 年，一些中国商会组织发起了"收回利权"运动，力图从洋人手中收回铁路与矿山等国家经济命脉，但他们却缺乏相应的资金。

1908 年 11 月，在光绪皇帝死后第二天，年迈的慈禧太后去世了。儿皇帝溥仪登基后，他的父亲醇亲王在摄政期间试图给改革以新的动力。他对朝廷内阁进行了调整，但却已无力挽回清朝的败势。仅有的几项取得成效的现代化措施，例如从外国经营者手中赎回铁路路权的运动，最终仍由洋人出资。对外国资本的依赖成为一个致命问题：没有资金无法实行改革，离开洋人便没有资金。为了得到外国贷款，清政府不得不按照对方的条件一再作出让步。清廷彻底丧失了重新控制税收和恢复国家权力的力量。[3]

---

[1] 约·罗伯茨：《中国历史》，第 204 页。
[2] 史景迁：《中国的现代化之路》，第 307 页。
[3] 史景迁：《中国的现代化之路》，第 318 页。

结局在任何地方都是雷同的。终有一日，军队也不愿继续效忠于软弱的政府。即使是思想进步、善于交际的陆军大臣荫昌也无法将清兵长期笼络在自己周围。荫昌娶了一位德国太太，讲一口流利的德语，他对德国士兵之勇猛和武器之先进深为迷恋，决心将中国军队按照德国的模式进行整顿。然而清政府却缺少购买新式武器的资金，旧式军队虽被重新整编，新式军队却始终没能组建起来，招募新兵时的种种承诺亦未能兑现。① 其结果是，许多士兵被海外留学生争取过去，加入了推翻清王朝的革命运动。到 1911 年秋，武汉的各种革命团体已从湖北的新军中吸收了大约 6000 名会员，约占军队总人数的三分之一。同年 10 月 9 日，在一次炸弹爆炸事件后，当局展开了搜捕行动，三位革命党人被处决。第八工程营的士兵决定发动兵变。当晚，其他三支新军部队以及几年前刚刚由清政府设立的湖广总督署也加入了暴动行列。随后，全国各地的军队如秋风落叶一般，纷纷宣布脱离满清政府。

中国持续了两千多年的帝制受到的致命一击并非来自军队，而是来自经济。曾在国外攻读医学的革命家孙中山在 20 世纪初决心以西方为榜样，聚集了大量年轻支持者，策划发动军事政变。他说服英国人不再向清廷提供高额贷款，以此切断了朝廷的资金来源，将皇帝逼入绝境。1911 年 12 月底，孙中山被任命为"临时大总统"。1912 年 1 月 1 日，孙中山宣布中华民国成立。强大的王朝彻底崩溃了，它并非被外部力量所战胜，而是败给了自己。100 年前，中国皇帝仍自以为是"世界的中心"；19 世纪后半叶，皇帝仍勉强维持着国家权力；在世纪之交，慈禧太后的权威基本仅限于北京；到了最后，朝廷则完全依赖于外国资金，连保全自身已无法做到。

1912 年 2 月 12 日，末代皇帝宣布退位。当时的中国社会状况正如史景迁所述："在自治方法和制度上几乎没有任何经验的中国人民获得

---

① 史景迁：《中国的现代化之路》，第 318 页。

了在这个充满戒备和危险的世界里设计自己未来的机会。"① 这是一个前所未有的历史性时刻：外部约束机制失去了作用，自我约束机制尚未建立起来。

在国家发展进程中，这一阶段颇具典型意义。埃利亚斯曾经说："对权力精英的专制统治——无论君主制还是个人独裁——的服从，将成为一种根深蒂固的习惯。养成了这种习惯的民众，即使对统治者极度不满，也往往难以接受其他的统治形式。向非集权政府的过渡，要求人们必须学会新的处理社会问题的技术与能力，它对人的判断力和自我控制力提出了更高要求。通常情况下，养成了这种积习的民族，其摆脱长期的专制历史的过程总是缓慢的，一旦遇到严重的危机，他们很可能重新退回到专制阶段。这种情况在过渡时期极为普遍。"②

几乎没有一个国家像中国一样，帝制的崩溃来得如此猝不及防。整个社会危机四伏。民众中建立以广泛自决权为基础的政权的愿望并不普遍。按照埃利亚斯的推断，中国将进入一个动荡时期。皇帝退位后，人们丝毫没有一种从君主制桎梏中解放出来的感觉，盛大庆祝场面没有出现。中国百姓的这一反应预示着，埃利亚斯的分析是正确的。

无论此后中国将实行何种政治制度，都必须建立在清王朝遗留下来的废墟之上。数百年来使帝国得以维系的民族意识已病弱不堪，老百姓不再认同于自己的国家，他们宁愿牺牲国家经济利益与洋人做生意，或者投靠于身旁的地方势力。此外，国家完全丧失了偿付能力。这一情况绝非实行全面政治变革的好时机，对经济改革来说更是如此。中国成为任由全球化摆布的玩偶。中国与世界的全部重要联系都控制在外国手中，西方决定着中国的未来。③

---

① 史景迁：《中国的现代化之路》，第 332 页。
② 诺贝尔特·埃利亚斯：《德国人研究》，第 441 页。
③ 约翰·格里高利：《1500 年的西方与中国》，第 103 页。

就像今天的工业国家已无需大规模罢工，只要几家关键性行业实行罢工便可使所有行业陷入瘫痪一样，西方盟国在中国进行了一场高度现代化的战争，它们以极少的军事投入，成功控制了整个中国。中国有史以来第一次被社会、科技和政治等各领域与自己相当或优于自己的外国列强所占领。这些入侵者没有在中国内地耗费过多精力，而是通过控制贸易关税及各种税收，像门卫一样牢牢把守着中国的门户。中国革新的动力也主要来自于洋人。上海之所以能够在 19 至 20 世纪成为耀眼的世界大都会，很大程度上归功于西方的影响和作用（而上海在 21 世纪之交成为与纽约、东京和伦敦齐名的国际化都市，则是中国战略和建设能力的一个杰作）。清王朝交出了中国这艘大船的船舵，"外国资本实际上控制了中国经济的所有战略性领域。"①

上述历史使中国人深感耻辱，并给中国烙下深刻的印记。中国领导人在 21 世纪之初的入世谈判中显得极为谨慎，唯恐失去国家对进出口的控制权。与其他国家一样，中国通过各种隐性规定随时控制着外国企业的影响。外国人应当带来资金和技术进步，可以在这个骄傲的国家作为客人，但是绝不能再由他们决定中国的发展方向。实际上，19 世纪时阻碍中国现代化的并不是西方帝国主义者，而是固步自封的清廷本身，是他们自己破坏了国家的基础。中国自己落入了陷阱，这也是所有稳定和成功国家都可能面临的最大陷阱：一旦人们对和平变得浑然不觉，危险便已悄然来临。

中国帝制的衰落遗留下来的社会是一个既与传统相割裂，又与新世界相距遥远的社会。多数封建势力沉醉于西方制度以及由外国资本推动的改革，只有极少数人认识到，共和国对中国来说为时过早，梁启超便是其中一位。他对法国大革命进行了清醒的分析，认为"法兰西自 1793 年献纳（即霞飞将军，编者注）牺牲以后，直至 1870 年如获缢者，犹

---

① 路爱国：《1840 年以来的中国与全球化经济》，第 45 页。

非其所期也。今以无量苦痛之代价，而市 70 年以来未可必得之自由，即幸得矣，而汝祖国更何在也。"①

此后的数十年，中国社会一直处于无序状态，生活中充满了动荡，没有人知道前方在哪里。中国人延续了几百年的穿着习惯，这时为各种新时尚所替代。"在街上，有人穿着花格长靴和绿色或紫色的袜子，配着吊袜带，系在裤子外面，好让人能够一眼看到；头上则戴着绣着紫花图案的高高的黑色礼帽。"中国外交部长在出席一次舞会时，穿着一件貂皮里子的燕尾服，"两条裤腿看起来像是两根烟筒，虽然裤脚镶着贵重的貂皮，但裤子看起来仍然很难看。另一位高官穿着一件华丽的小礼服，布料是蓝色的织锦缎，配有粉色翻边和粉色衣领。其余人的打扮半土半洋，全无章法。有的男士自以为讲究地在燕尾服或晚礼服的下面配上运动短裤，或是绣着面包圈图案的长裤。"② 中国人的穿戴虽然五花八门，内心却依然渴望着秩序。

---

① 史景迁：《中国的现代化之路》，第 321 页。
② 格尔特·卡明斯基：《如果我是中国人，我会加入义和拳》，第 138 页。

第四章
无"中"之国

20世纪初的"中华帝国"与非洲的"香蕉共和国"颇为相似。虽然国家政权依然存在，但已陷入瘫痪，中央权力严重削弱。军队成为一群靠不住的乌合之众，今天投靠这一势力，明天投靠另一个军阀，谁能提供更好的庇护和更多的军饷，便效忠于谁。国家权力是无法依靠这些年轻的投机分子来维持的。势力强大的地方军阀更是对北京软弱的新政府毫无服从之意。尽管人们盼望拥有一个强有力的政府，但是当它求而不得时，人们只有依靠自己。

无法控制和预见的暴乱此起彼伏，税收落入地方权贵的私囊。在各种势力无休止的混战中，老百姓的生活度日如年。在惶惑不安中，人们不禁怀念昔日在强大的中央政权之下国泰民安的美好年代，而眼下这一切都变得渺茫无望。当年即使在国家最衰败不堪的时候，清王朝依然勉力维系着国家的完整，虽然它已无力给老百姓提供可靠的保障，但毕竟维持着最基本的社会秩序。而此时的中华帝国则陷入了四分五裂的割据状态。知识分子孙中山和权力欲极强的袁世凯名义上是国家新的统治者，但是他们的权力只限于地方，甚至连总统与国会以及政府与军队之间的权力平衡也无力实现。

中国将往何处去？历史学家史景迁认为："最紧迫的任务是制订一

部适用的宪法，依照宪法在全国实行合法选举，成立两院制议会。"①
孙中山的确曾在早年为改良运动向西方寻求支持时，提出过关于未来共
和制度的构想，但在目前情况下，这是第二步要实现的目标，而不是第
一步。中国首先需要的不是宪法和选举，而是一个政府，一个能够重新
行使国家职能、强化民族意识、巩固国家权力并使两者达到稳定平衡的
政府。在数日之间篡夺了孙中山总统职位的民国大总统袁世凯，虽然是
一位出色的军事将领，但并不是国家此时所需要的强力人物。这个身材
矮胖，留着八字胡的男人缺乏恢复国家政令链条所需的个人感召力。除
了贪婪的权力欲之外，他没有任何政治理念。在大约 10 年前，他辅佐
慈禧太后解除了主张变法维新的光绪皇帝的权力，并成功镇压了义和拳
运动。在被任命为直隶总督②兼北洋大臣后，袁离开了皇宫，为摆脱中
央控制并在其所辖省份为所欲为，建立起一支强大的军队。

　　1913 年 2 月，约占总人口十分之一的四千多万中国人参加了国会选
举。这是中国有史以来的第一次选举，但并未能使混乱局势得到改善。
选举的绝对赢家是倡导民族主义的国民党，该党是当时唯一组织得较为
完善的政党。仅短短数日之后，选举结果便为暴力所改写。国民党领袖
宋教仁在前往北京的途中遭到暗杀，背后指使者显然是袁世凯。③ 在此
之后，袁世凯 1914 年又强迫惊魂未定的国民党议员们选举自己为终身
总统。袁得手后立即利用这一职权，以危害国家的罪名取缔了国民党。
这位惯于见风使舵的君主主义者摇身一变，由共和派变成了独裁者。人
们对他的指令的服从更多是出于恐惧，而非出于信服。事情还远远没有
结束。选举一年之后，袁世凯便下令解散立足未稳的国会。他怒斥道：
"国会向来是个不中用的东西。八百人众，可用之才二百，无作为者二

---

① 史景迁：《中国的现代化之路》，第 341 页。
② 当时的直隶包括今天的辽宁、河北和山东。
③ 约·罗伯茨：《中国历史》，第 224 页。

百，庸才四百。这些人连区区议事规章尚不能统一，更何谈成就？"①
一直持观望态度的老百姓对议会制的结束反应冷淡，没有像民族自尊心
受到洋人伤害后那样，表现出强烈愤怒并举行大规模抗议。不过，搬进
紫禁城并以皇帝自居的袁世凯并未因上述强硬措施而成为一位强有力的
领袖人物。在紫禁城外的老百姓眼里，他不过是个喜欢说大话的矮个子
男人。国内地方官僚不禁会问，凭什么要把税收交给这样一个人呢？外
国人也会问，为什么要将关税交给这样一个不知道明天是否还在台上的
政府呢？

　　从上台之日起，袁世凯便面临着与清廷同样的问题：没有钱，因此
也没有权力。政府每月财政赤字高达 1300 万元，只能依靠举借新的外
债——即所谓"善后借款"来抵付。②为求得一线生机，袁寄望于以贷
款信用换取权力。他与六国银行团签订了数额高达 2500 万美元的借款
合同。③在六个国家中，美国表现得较为合作，而日本则给这位大总统
上了一堂关于贷款经济的课程。日本人表示，只有在满足他们所提出的
条件的前提下，才能提供贷款。日本人要求民国政府在日本占领区内将
行使国家权力的职能交给日本警察，称中国政府没有能力维护安定和秩
序。袁世凯被迫承认，主动权总是在债权人一边，于是决定让步。但为
此付出的代价却是高昂的：具有强烈自尊心的中国人不愿在自己的国家
里听凭洋人颐指气使，于是全国各地爆发了大规模示威抗议活动。

　　事实表明袁世凯是个既无原则，也无领袖魅力的人，其统治因而摇
摇欲坠。他恢复了新闻审查制度，并试图重新确立儒教为国教。最后，
他的顾问团（其中包括一名"富有远见"的美国人④）看到，中国缺少
一个中央权力的象征，于是劝说袁称帝。1915 年 8 月，袁世凯宣布恢复
帝制，自封为皇帝。但是袁并不是一个能够体现中央权力的人物，连他

---

①②③　约·罗伯茨：《中国历史》，第 214 页。
④　即古德诺（Frank Johnson Goodnow），同上，第 216 页。

的御用军队也背叛了他。袁最终被迫宣布放弃帝位。谁知道，如果他继续坚持下去，是否便不会在1916年暴病而亡呢？随着袁世凯的死亡，中国最后一个中央政权瓦解了，尽管这个政权或许原本也是徒有其名。袁的继任者黎元洪重新召集了国会，并请回了流亡中的儿皇帝溥仪。仅过了一年之后，由于他的表现乏善可陈，各地军阀纷纷宣布脱离北京政府，其短暂统治就此结束。

与黎元洪相比，新任内阁总理段祺瑞的表现要精明许多。他从自己前任们的错误中得出教训，认识到必须重新唤起中国人受伤的民族意识。由于权力有限，他认为最切实有效的办法是通过外交成果来掩盖内政的弊端。他的一个大胆计划是，主张中国加入第一次世界大战，并与欺压中国最甚的英、法、日等西方殖民国家结为同盟，对德国作战。这样，中国可以在遥远的欧洲取得军事上的成功。这一想法令其大为兴奋。他果真借助于日本新提供的贷款，派遣了1600名士兵奔赴欧洲参战。[①] 尽管中国"参战军"的主要任务只是帮助清理法国战场，但是中国毕竟第一次参与了国际争端，并终于在1918年11月11日的巴黎和会上跻身于战胜国行列。胜利深深触动了中国人的内心，在这一历史性时刻，中国人再次迸发出强烈民族自豪感。在激昂狂热的情绪支配下，人们捣毁了朝廷当年为纪念被义和拳杀掉的德国公使克林德树立的牌坊。中国派出一支六人组成的代表团出席巴黎和会，力图收回被德国占领的殖民地山东。也许因为缺乏经验，段祺瑞对国际局势作出了完全错误的判断。中国代表团发现，那些中国的债权国和占领国各自心怀鬼胎，根本没准备把中国当作战胜国看待。在中国代表团乘坐的轮船尚未抵达欧洲之时，这些国家早已达成协议，将德国殖民地转给了日本。

消息刚刚传到北京，中国民众便再次走上街头，矛头直指软弱无能

————————

① 1917年7月。

的本国政府。① 民众的愤怒抗议第一次超出了首都北京的范围，迅速蔓延到其他大城市。这次史称"五四运动"的抗议活动在 5 月 30 日的一次示威活动中达到了高潮。爆发大规模群众游行的起因是英国和印度士兵枪杀了十几名示威者。随后，上海爆发了大规模罢工。这次运动并非以实现民主、三权分立、新闻自由或反对腐败作为明确目的，更多是为争取国家的强盛与独立。

中国陷入了进退两难的境地：一方面，全球化的压力要求中国引入现代化政治体制，因为竞争对手们在这方面已遥遥领先，不仅拥有强大的政府，而且建立了以议会为核心的先进政治制度；但另一方面，中国人尚不懂得如何处理不同观点之争以及如何寻求相互妥协。多数人仍习惯于服从命令和指示，如果突然要他们自己对某事作出决定，他们往往会不知所措。除此之外，中国当时正处于军阀混战之中，对推行政治改革来说，大环境极为不利。

从当时中国的死亡人数统计便可看出社会动荡影响程度之深。1900至 1949 年，约有 1800 万平民死于社会动荡，900 万人死于战争和革命，1400 多万人死于饥荒，死亡总数超过 4000 万人。②

尽管局势显得毫无出路，然而从历史角度看，中国所处状况既非绝无仅有，亦非超乎寻常。几乎所有国家在发展过程中都经历过类似阶段，即发展愿望与发展水平不相协调，并受到来自阻碍势力的强大压力。

德意志帝国几乎与中国同时陷入同样的两难境地。德国的问题在于，"德国"长期以来并不存在，而只是一些大大小小的德意志邦国。1806 年，"德意志民族的神圣罗马帝国"解体后，德国一直处于分裂割据的状态。如果说中国从某种意义上讲历史过于悠久的话，德国的历史

---

① 约·罗伯茨：《中国历史》，第 220 页。
② 鲁道夫·拉梅尔：《中国的血腥世纪—1900 年以来的种族灭绝与集体屠杀》，第 64 页。

则过于短暂。直到 19 世纪末，法、英、俄等强国的君主从未将四分五裂的德国放在眼里。与同时代的中国人一样，国家衰弱使德国人的自我价值感受到伤害。埃利亚斯写道："与英国、法国等历史发展相对延续稳定的民族相比，德国人的民族自豪感与群体意识始终脆弱得多。"①直到 1871 年，德国才最终步入欧洲强国的行列，比其他邻国晚了数百年。尽管德国的统一并不是通过人民斗争得来的，而是由统治者所安排，但是在随后一个时期里，它仍然产生出一种亢奋效应，人们感觉自己不久便可以与其他民族平起平坐，德国也能成为一个辉煌的帝国，甚至比其他帝国更强盛。但是，作为强大帝国的德国仅存在于人民的自我意识之中。在邻国眼里，德国人不过是一些自大狂。于是，德国人更加迫切地希望证明，他们有能力实现自己的目标。德国开始侵犯和占领邻国，试图以此缩小愿望与现实之间的鸿沟。但是结果证明，邻国对德国的最初判断是正确的。德国在第一次世界大战中战败，《凡尔赛和约》白纸黑字地明确了德国只是欧洲二流国家的事实。与殖民统治下的中国一样，德国在国家核心问题上也只得听凭外国摆布。德国只能保留四分之一的军队，② 并须将此后数十年的大部分税收作为战争赔款支付给战胜国。

德国与中国历史的相似性或许令人感到意外，而且似乎有些牵强。但是埃利亚斯则从中看到人类文明进程的一个内在规律，即文明进程在世界不同地区呈相似状态，尽管在时间上并不同步。例如，在德、中两国的历史上，皇帝都曾被迫退位，关键动因都是来自国外。两国在帝制结束后都出现过一个徒有虚名的议会。在当时多数德国人眼中，议会不过是一个"清谈馆"，③ 而中国人甚至不知国会为何物。两个国家都建立起现代国家机构，这些机构虽然与强国的发展程度相当，但却背离了

———

① 诺贝尔特·埃利亚斯：《德国人研究》，第 418 页。
② 职业军队人数不得超过 10 万人。
③ 诺贝尔特·埃利亚斯：《德国人研究》，第 250 页。

本国的社会发展水平。如同我们在中国人身上所看到的，德国人亦长期处于同样的状态："当危机来临时，人们对来自于强大统治者的外部约束的需求，往往表现得更加强烈，这与传统造成的自我约束规范的欠缺密切相关。20世纪20至30年代，人们还经常听到这样的话：'议会民主对美国人和英国人来说可能是好东西，但对我们来说什么都不是。议会民主不适合德国。我们需要的是一个维护纪律与秩序的强有力人物'。德国人头脑中依然固守着某种统一的观念，它曾是德国人几百年来梦寐以求的，一种不容有丝毫不和谐因素存在的、绝对的统一。"[1]

德国人的"我群意识"同中国人一样也受到损害。他们都受困于现代世界的要求与对自身过高的想象及其实际发展水平之间的深刻矛盾之中。新的政治体制并没有在公众头脑中真正扎根。清朝崩溃后的中国与一战结束后的德国面临的一个共同问题是：新政府上台时都无力使国家权力得到维持。负责维护国内和平的军队与警察无法做到尽职尽责。[2]尽管德国没有出现中国军阀混战的局面，但是各种政治团体之间的争斗给德国带来的动荡，却丝毫不亚于中国。"共产党和社民党都有本党的军队，纳粹党有'冲锋队'，保守公民党也有自己的'钢盔团'。"[3] 正是由于公众普遍的不安全感，他们才最终认可了独裁者的上台。因为独裁者向老百姓作出承诺，将重振民族自信心，洗刷战败耻辱，使国家达到从未有过的安定、富裕和强盛。

从这一角度来观察，有助于我们更好地理清中国从"五四运动"到1949年中华人民共和国成立之间30年的历史脉络。清朝结束后的新统治者之所以都未能站稳脚跟，主要原因在于经济形势的恶化。政府先是失去了对外贸的控制权，原本落后的工业也为外国人所操纵。外国投资虽对工厂主有利，但对国民经济总体却毫无裨益。东北地区的大部分工

---

[1] 诺贝尔特·埃利亚斯：《德国人研究》，第415页。
[2] 诺贝尔特·埃利亚斯：《德国人研究》，第286页。
[3] 诺贝尔特·埃利亚斯：《文明的进程》，第57页。

业由日本人所掌握，少数中国人自主经营的行业大多亏损严重，在外国企业面前毫无竞争能力。因此，中国人逐渐被挤出了本国市场。与此同时，政府不得不从微薄的财政预算中拿出一大部分用于军费开支，以满足支撑政权之需。于是，国家政权受到双重侵蚀：政府财政收入流失，外债以及由此导致的对外依赖不断提高和加深。在 1860 年之后的 80 年里，政府举借的外债数额高达 12.5 亿美元。[1] 大量中国企业被迫向西方银行申请短期贷款，外国银行则趁机大幅抬高利息。即使是上海的房地产热也没能给国家财政带来多少收益。除了少量的租赁费用外，利润都被洋人瓜分。[2] 1919 至 1928 年期间，工业产量虽然增长了 300%，[3] 但收益的绝大部分落入了洋人的腰包。1913 年，在华外资企业数量为 166 家，1936 年超过了 300 家。1937 年，中国制造业的 60% 控制在外国人手中。而在对外贸易领域，外资比例早在 1870 年便已达到这一水平。第一次世界大战期间，外国资金占中国社会总资本的比例高达 80%。尽管如此，西方对中国经济的影响依然有限。中国历史学家路爱国认为，虽然外国投资数额巨大，但是"外国经济扩张并未给中国经济带来革命性转折"。[4] 中国大部分地区仍然以农业和手工业为主。

　　由于社会动荡和军阀割据，此时在中国建立统一的经济体系是无法做到的。[5] 在中央政府和外国人控制范围之外的中国内地，国家税收被当地军阀搜刮一空。当时中国的大军阀有十几个，分别占据一个或数个省份。在他们中间又掺杂着数以百计的相互倾轧的小军阀。这些军阀的社会身份可能是军人、实业家、改良派或是土匪，其势力大小取决于他们从中央税收渠道中截取钱财的多寡。于是他们垄断日用品的销售，贩卖鸦片，控制铁路和公路。不过其势力基本处于相持状态，因为各路军

---

① 路爱国：《1840 年以来的中国与全球化经济》，第 50 页。
②④ 路爱国：《1840 年以来的中国与全球化经济》，第 51 页。
③ 约·罗伯茨：《中国历史》，第 219 页。
⑤ 爱德华·麦科德：《枪杆子的力量—论近代中国的军阀主义现象》，第 309 至 315 页。

阀为扩大自己的势力，均须与其他军阀结盟，而这种联盟又注定因军阀们的各行其是而不断被打破。

政权因此陷入僵局，国家仅剩下一个脆弱的外壳，之所以这样说，是因为中央政府虽然只有虚名，但各地军阀亦从未宣布脱离中央统治。正如德国康斯坦茨大学历史学家约尔根·奥斯特哈默（Jürgen Oster-hammel）所述："秩序的力量与非秩序的力量界限难辨。"① 即使在内战期间，对国家统一、强盛的憧憬仍将中国人凝聚在一起，尽管大小军阀无不梦想着有朝一日夺取国家大权，亦不可能令这一点有所改变。

如前所述，在 20 世纪 20 年代，中国形成了有着各自强大领导人物的两大权力阵营：国民党和共产党。两个阵营都清楚地看到，必须通过社会和经济改革来巩固自身权力，同时认识到，中国的未来不能简单地照搬以西方价值观为基础的现成的政治模式，诸如独裁或民主、市场经济或计划经济、共产主义或资本主义等。他们根据社会发展水平和中国文化特点，向人民宣讲自己的目标和理想，某些腔调在今天看来虽然难免有专制之嫌，但显然与当时中国人的期望相契合。两者都将振奋民族意识作为成功的关键。孙中山一再强调，个人须以国家大义为重，而毛泽东则以反抗外来压迫作为首要政治主张。孙中山在 1912 年担任中华民国临时大总统时曾亲身经历了由自由民主向军事独裁的转变。他从这一经验中得出结论，最先进的政治体制对中国未必是最佳选择。他提出，"个人不可太过自由，国家要得完全自由。到了国家能够行动自由，中国便是强盛的国家。要这样做去，便要大家牺牲自由。"② 毛泽东将中国视为世界各国激烈竞争中的一部分，"这种潮流，任是什么力量，不能阻住。……世界什么问题最大？吃饭问题最大。什么力量最强？民众联合的力量最强。什么不要怕？天不要怕，鬼不要怕，死人不要怕，

---

① 约尔根·奥斯特哈默：《1925 年 5 月 30 日的上海—中国革命》，第 145 页。
② 约尔根·奥斯特哈默：《1925 年 5 月 30 日的上海—中国革命》，第 123 页。

官僚不要怕，军阀不要怕，资本家不要怕。……世界的大潮卷得更急了！……顺他的生，逆他的死。"①

为使其思想产生广泛影响，他们将外来的、已在国际上得到验证的意识形态理论作为自己观点的外壳。② 他们按照国情对这些理论重新加以诠释，去掉西方舶来品的味道，使其成为中国民族理想的一部分。

直到 20 世纪 30 年代，国民党一直明显占据主导地位，自诩为代表中国光明前途的进步力量，因为他们推翻了帝制，并称其发动的革命是"世界前所未有的最文明的革命"③（60 年之后的前东德民权人士亦不无道理地自称进行了一场"最文明的革命"）。国民党的统治重心主要在上海等发达城市，在那里他们得到外国的支持，并将西方共和制度视为榜样。尽管国民党政府具有民主合法性，然而他们很快便意识到，权力并不能仅仅通过选票来决定。鉴于国民党在军事上无法向北方推进，1925年孙中山去世后，蒋介石在南京开始实行独裁统治。

在所谓"南京十年"时期，④ 国民党的最大功绩是建立起新的主权国家和一套现代国家制度。⑤ 中国有史以来首次出现了三权分立；成立了中央银行，重新清理了外债，废除银两制度，以银元作为全国统一的货币；⑥ 取消厘金制度，成立了信贷合作机构，向农民提供信贷服务。此外，国民党还改善了供电与交通等基础设施。⑦

但是，由于南京政府无力恢复改革所需的国内稳定，上述措施未能在全国范围得到贯彻。政府官员因不得不放弃过去丰厚的薪俸而怨声载道。在 1936 年立法院通过《所得税暂行条例》之前，政府一直

① 《湘江评论》，1919 年 7 月 14 日，第一版。
② 国共双方都得到了德国人的支持：国民党的军事顾问是 1926 年之前担任德国国防军总司令的汉斯·冯·塞克特上将（Hans von Seeckt），共产党的顾问是曾受训于莫斯科的慕尼黑人李德（Otto Braun）。
③ 孙中山语，转引自史景迁：《中国的现代化之路》，第 365 页。
④⑤ 约·罗伯茨：《中国历史》，第 234 页。
⑥⑦ 约·罗伯茨：《中国历史》，第 231 页。

没有能力征缴个人所得税。政府的所谓农业信贷全部落入了地方军阀的私囊，[①] 向贫苦农民征收税赋几乎毫无余地。一项旨在减轻农民田赋和地租负担的法案未能真正付诸实施。另外，农民无权使用新建的公路，因为这些公路专为军事目的而建。国家财政赤字每年增长约20％。[②] 大部分税收被用于军费开支。对工业的必要投资几乎为零。受20年代末世界经济危机的影响，出口与外国投资骤减。通货膨胀急剧上升，1942至1945年期间甚至达到230％。[③] 南京独裁政府不得不向地方军阀和城市资本家承认，自己未能实现当初的宏伟目标。

直到20世纪20年代末，共产党主要从城市知识分子零星的抗议活动中得到支持。如果要让工人和农民理解马克思与恩格斯的思想如何能够使他们过上好日子，几乎是无法做到的。此外，国民党对各种反对势力展开全面搜捕。1928年6月，中国共产党第六次全国代表大会不得不在莫斯科召开，因为在整个中国已找不到一个安全的开会地点。共产党在城市里的活动被迫转入地下。表面上看，蒋介石似乎已将共产主义运动成功扼杀。此后的局势之所以发生逆转，其原因在于中共党内出现了一位拒绝遵照莫斯科共产国际指示，在城市无产阶级中寻求支持的"偏离路线者"。这个人便是毛泽东。毛泽东始终把目光放在农民身上，他在一个安全的山区建立了根据地，通过谨慎而深思熟虑的土地改革获得了广泛支持。他对富农采取了宽容态度，而不是按照教条主义者的观点，立即没收他们的财产。他手下的官兵对农民不是抢劫掠夺，而是多加保护。毛泽东这样做冒着被开除出党的危险。他建立的"江西苏维埃"像是中国共产主义早期试验田中的一小块自留地，但却成为中国共产党唯一取得成功的地区。1930年，毛泽东的根据地达到的规模大致

① 约·罗伯茨：《中国历史》，第231页。
② 约·罗伯茨：《中国历史》，第232页。
③ 约·罗伯茨：《中国历史》，第243页。

相当于德国的勃兰登堡州，人口约有 500 至 600 万。[①]

  毛泽东没有采取土匪或军阀的惯常做法，以金钱和武器收买人心，而是给百姓提供新的政治选择，以此得到了广大农民的拥护。这一点正是蒋介石虽经努力而未能做到的。蒋介石感觉受到威胁，于是在 1927 年 4 月 12 日下令调动军队对共产党展开进攻。一场旷日持久的国共内战从此爆发。经过数次围剿，蒋介石终于以 150 万兵力将对手围困在包围圈中。此时，毛泽东必须在两者间做出抉择：要么看着自己的部队被消灭（剩下的粮草仅能维持几个月），要么率领军队孤注一掷突破重围。1934 年 10 月 16 日，中共红军大约 86000 名官兵冲破了国民党的包围圈，随后开始了一场追逐战。在兵力十倍于自己，武器装备占绝对优势的国民党军队的围追堵截下，红军依靠步行和骑马，经过二万五千里的长途跋涉，于一年后最终到达长城以南 150 公里的陕西省。此时部队仅剩下 8000 人。

  "长征"成为奠定中共地位的神话，毛泽东亦成为不容置疑的党的领袖。毛泽东最密切的战友是出身官宦家庭、思维缜密、平易近人的周恩来。在长征途中，尽管他们对彼此的长处和短处了如指掌，尽管他们出身背景各不相同，尽管一路上奔波劳顿，但他们仍形成了一个统一的领导集体。这对于他们在上世纪 40 年代末赢得最终胜利并为中国确立了新的方向，是一个不容低估的前提。[②]

  但是，如果不是因为某些特殊的因素，长征胜利之后的局势可能会很复杂。因为除了共产党之外，国民党还要对付另外一个敌人，这个敌人不仅远比共产党更为强大，而且使中国人的民族尊严受到极大伤害，这便是日本人。这个好战的邻居早在上世纪 30 年代初便占领了中国的东北，并逐渐向中原地区渗透。1937 年夏，58 万日军入侵中国北方地

---

① 1931 年，毛泽东在苏区首都瑞金宣布成立"中华苏维埃共和国"。

② 直至 30 年代后期，西方才对中国共产党有所了解。1938 年，曾与毛泽东共同走完长征最后一程的美国记者埃德加·斯诺发表了他的著名作品《红星照耀中国》。

区，攻占了古都北京。在很短时间内，中国许多主要城市，如山西省府太原和山东省府济南，也纷纷落入日本人之手（原德国殖民地青岛在一战结束后便已划归日本）。

如果中国人不能早日结束内战，便会给日本人提供可乘之机。但是中国没有哪一个组织或者哪一位统帅拥有足够的威望，能够将不共戴天的内战各方召集到谈判桌前。尽管所有人都在为民族的未来而担忧，但是谁第一个发出"团结就是力量"的呼声，就意味着主动承认自己是弱者。最终，一位名叫张学良的年轻将领挺身而出。这位年轻的将领于1936 年 12 月发动兵变，扣押了蒋介石，逼迫其与共产党联合，共同抗日。蒋介石在无奈之下被迫同意，红军被编入国民革命军。历经多年之后，中国终于再次发出了一致的声音。

国共双方根据地域进行了作战分工。共产党负责中国北方，国民党以长江以南作为主战场。然而日本军队凭借精良武器和灵活战术，攻势难以阻挡。1942 年，日本人将包括香港、上海在内的所有经济中心都纳入了其所谓"大东亚共荣圈"。中国遭受外国的欺凌从未达到如此之甚，中国历史上的任何政权也从未像此时一样名存实亡。五四运动的纲领性口号"还我中华"只是一个遥远的梦想。日本军队的大规模破坏与屠杀给中国带来的灾难远非内战所能及。

尽管日本在亚洲的侵略行径屡屡得手，但最终敌不过美国这一强大对手。美国向日本长崎投下原子弹后，日本天皇于 1945 年 9 月 2 日宣布投降。但实际上，美国只是加速了日本已显颓势的失败进程。转瞬之间，中国两大政治阵营又焕发出生机，国共两党统一战线走向瓦解。双方重新燃起希望，认为与其与对方共同建立统一政权，还不如独自完成这一历史进程。

此时，军队后勤保障的速度发挥着决定性作用。究竟哪一方能够抢先填补原敌占区在日本撤退后的权力真空，并收缴日军遗留的武器呢？苏联主要支持共产党，而国民党的靠山则是美国。共产党不仅拥有邻近敌占区的优势，而且充分利用了战争的混乱局面。当国民党对百姓残酷奴役的时候，毛泽东却与农民达成了社会契约。共产党保护他们免受日本军队攻击，而决不侵占他们的私有财产。作为回报，老百姓给军队提供了有力的后勤支援。游击战、土地改革和群众路线，是毛泽东思想体系的三大支柱，毛泽东本人在历经战争考验后成为一流的战略家，以游击战消耗敌人，以土地改革改善农民的处境。为唤起民众的"我群意识"，毛泽东倾注了极大的精力。他成功地把握了民众的内心感受和愿望，并将其用于自己的政治目标。

经过 10 年时间，共产党已经发展成为与国民党势均力敌的力量。1945 年秋，中共党员人数达到 270 万，其管辖区的人口超过了 1 亿。

国共之间的力量天平逐渐倒向共产党一方，其中一个重要原因在于，国民党军队的士兵将愤怒无端发泄到老百姓身上，使军队蒙上腐败、军纪不严和战斗力差的名声。就连原本打算帮助国民党重掌政权的美国人，也渐渐对其可靠性产生了怀疑。

为了避免中国分裂并集中精力应付欧洲与东亚地区地缘政治的挑战，美国决定出面调解国共争端。1946 年 1 月，马歇尔将军（此人数月后出任美国国务卿，对欧洲实施了"马歇尔计划"）说服毛泽东、蒋介石二人组成国民党领导下的联合政府。

然而双方签署的停战协议事后证明只是一纸空文。其实，中国这时候也需要一个"马歇尔计划"来重建国家经济。1946 年至 1948 年期间，通货膨胀急剧恶化，物价上涨近万倍。在没有足够资金储备的情况下，国民党政府发行了一种新的货币，并强迫企业主以黄金和外币购买政府债券。政府决定提高日用品税率，引发了抢购潮。在经历了近百年的各种改革尝试之后，曾经繁荣兴盛的中国经济彻底崩溃了。

1946 年 6 月，蒋介石悍然撕毁协议，战争再度爆发。这场战争历时虽短却十分激烈，最终以共产党的胜利而告终。此时已然装备精良的军队与人民群众的支持是共产党取得胜利的决定性因素。1949 年 10 月 1

日，毛泽东在天安门城楼宣告中华人民共和国成立。蒋介石无奈地带着他的随从们逃到了台湾。

共产党赢得了战争，是国民党糟糕的经济政策帮了共产党的忙。在这场"后王朝"时期的权力争夺中，决定胜利的关键因素在于能否赢得民众的支持，而不是军队规模的大小和政治体制的先进与否。在这一点上，共产党远远超过了国民党。蒋介石政府的裙带关系与贪污腐败达到了登峰造极的地步。蒋介石的大舅子、行政院院长宋子文通过非法外汇交易中饱私囊，由此导致 1946 年中国贸易赤字达到历史最高点，并致使工商业全面瘫痪。老百姓的生活苦不堪言，很多人将国民党政府称为"土匪帮"。但是蒋介石出于家族利益与个人感情，对此采取了视而不见的态度。与此相反，毛泽东一向不看重个人感情，同国民党相比，毛泽东在这一点上堪称廉洁无私。虽然城市里的人们对土改中的某些做法有所耳闻，但是相信这些负面消息的人不多。多数人认为，这不过是一场残酷战争中偶然的过激行为，或者干脆把它看作是国民党的舆论宣传。几乎没有人对国民党政府抱以同情，而对毛泽东的信任则与日俱增，最终将老百姓推向共产党怀抱的，是人们对贪污腐败、恶迹累累的国民党政府的厌恶。中共在执政的最初几年，使饱受战乱之苦的民众对和平与安宁的渴望得到了满足。例如政府采取严厉措施，打击泛滥成灾的犯罪活动，到 1952 年底，吸毒和卖淫在全中国，包括一向以腐化堕落闻名的上海，彻底销声匿迹。

共产党最终能够取得多大的成功，不仅取决于其顺应民意的能力，同时也取决于其顺应全球变化的能力，即在发展程度与全球化压力之间找到平衡。如果一个领袖人物逆世界潮流或人民意志而动，那么他也许能赢得一时，却不能赢得一世。

说到这里，不禁又要将话题转到当今德国。正如在 19 世纪中期没有一个中国人会想到中国有朝一日会走向衰败一样，今天的德国人同样难以想象德国目前下滑的势头会进一步加剧。在毛泽东之前的几位统治者都没有意识到，赢得民心对推动国家变革是何等重要。当中国处于衰败时期时，如果做一次民意调查的话，很可能会出现与 2004 年德国阿伦斯巴赫民意调查相似的结果：只有 5％的德国人相信政府有能力解决面临的问题，40％认为没有一个政党真正理解他们的疾苦，41％认为不论哪个政党都缺少长远目标，56％认为在形形色色的政治主张中看不到任何令人信服的方案。《法兰克福汇报》称："目前是抗议和破坏性运动的时代。"① 由此可以得出一个令人清醒的结论：对民众疾苦和愿望的良好感知力，往往比良好的政治方案更有价值。毛泽东便具备这样的感知力。

① 《理解重于方案》，发表于《法兰克福汇报》，2004 年 8 月 18 日，第 5 版。

第五章
大跃进式经济

毛泽东拯救了中国，其意义远大于赢得一场战争，或是共产主义理论的一次胜利。因为有了毛泽东，中国重新拥有了一位强有力的领导者。中国重新回到了中国人手中，国家政权重新正常运转，并引导和保护它的人民。尽管中国不再是昔日的"中央帝国"，但它依旧是世界大国之一。

不论人们对毛泽东的评价如何，可以肯定的是，当他1976年逝世时，中国在许多方面都比1893年他出生时或是1949年中华人民共和国成立时要好得多。中国重新获得了统一，其世界地位大大提高，并且比苏联更早地摆脱了冷战的桎梏。美国总统尼克松1972年访华后，欧美国家争先恐后地为中国重返国际社会打开大门，以求从中谋取利益。我们如何理解中国崛起的力量究竟从何而来并不重要。我们在遥远的德国也能感觉到这一力量，甚至我们的生活也已为之改变。

当毛泽东1949年9月进入北京，全国上下群情高涨。经过几十年的紧张恐惧与战争磨难之后，老百姓重新燃起了希望，就连知识精英也将希望寄托于这位富有魅力的领袖人物身上。一位在国外生活了17年的医生回到中国后兴奋异常，他认为作为一名中国人无比的自豪，毛主席是一位传奇的革命领导者，是一位历史的创造者。就连1949年留在上海的为数寥寥的外国人，其中包括曾经帮助过蒋介石国民党部队的外国企业主，此时也将希望寄托于这位给中国带来新秩序的共产党领袖。1949 年的香港经济杂志《远东经济评论》如此描述当时的气氛："在共产党领导下，形势并不会变得更糟，而是有可能变好，不，形势正在变好。"①

毛泽东以其个人魅力鼓舞着民众。1949 年 10 月 1 日，毛泽东站在天安门城楼上，以浓重的湖南口音宣告中华人民共和国成立。在他的面前，数十万人一片沸腾。当人们沉浸在胜利的喜悦之中时，毛泽东却显得异常冷静。在堪称中国电影史上最珍贵的历史纪录片中可以看到，他在接受群众以及战友们的祝贺时仿佛在冷静观察什么。

摆在毛泽东面前的是两个烂摊子：首先，中国的政治体制残缺不全，中央指令只能传达到权力阶层和各省官员，而无法下达到广大群众。几代人以来，中国国家权力机构早已失去了对全国社会和经济形势的控制。其次，中国在过去的一百年中与世界经济发展相脱节，尤其在经历了几十年内战之后，中国经济储备与抗冲击力已消耗殆尽。由于贪官污吏和地方势力的搜刮压榨，国内商品流通基本中止，城市与农村之间的联系被切断，市场上商品紧缺，物价飞涨。

为稳定形势，毛泽东必须保证共产党在这个庞大的国家中牢牢控制国家权力，并长久地赢得民心。唯有如此，他才能作为一个强国领导人面对世界。为此，他必须将老百姓对和平和秩序的渴望转化为对制度的遵守。

在《论人民民主专政》一文中，毛泽东要求对财富进行公正公平的分配，号召人民对"国内外反动派即帝国主义者及其走狗们"实行专政。他坚信，"必须唤起民众，及联合世界上以平等待我之民族，共同奋斗。"②用现代语言概括来说，这些号召其实就是要重建中国人的

---

① 《亚细亚五十年》，参见《远东经济评论》，1996 年，第 32 页。
② 毛泽东：《论人民民主专政》，1949 年 6 月 30 日为纪念中国共产党成立 28 周年而作，参见 www.marxistische-bibliothek.de。

"我群意识"，使中国融入现代世界。在历史上，人们便已认识到，"要救国，只有维新，要维新，只有学外国。"① 毛泽东认为，今后仍要如此。在这一点上，毛泽东明显有别于以往的中国皇帝们。但是毛泽东判断，很多中国人会认为中西方是难以融合的，特别是在经历了殖民历史的教训后，人们希望中国能够依靠自己的力量实现目标。毛泽东指出："'不要国际援助也可以胜利'，这是错误的想法。……如果没有国际革命力量在各种不同方式上的援助，要取得自己的胜利是不可能的。胜利了，要巩固，也不可能。"但是他又补充道，中国以往的西学努力都失败了，"帝国主义的侵略打破了中国人学西学的迷梦。很奇怪，为什么先生老是侵略学生呢？……孙中山的一生中，曾经无数次地向资本主义国家呼吁过援助，结果一切落空，反而遭到了无情的打击。"② 中国联合的对象只剩下社会主义兄弟国家——苏联。中苏两国"经济和文化落后，这是近似的。两个国家都落后，中国则更落后。"③ 毛泽东进一步指出："第一次世界大战震动了全世界。俄国人举行了十月革命，创立了世界上第一个社会主义国家。过去蕴藏在地下为外国人所看不见的伟大的俄国无产阶级和劳动人民的革命精力，在列宁、斯大林领导之下，像火山一样突然爆发出来了，中国人和全人类对俄国人都另眼相看了。"④ 毛泽东决定，不仅将苏联作为盟友，而且作为建设社会主义国家的榜样。作出这样的决定对毛泽东来说想必是艰难的，因为早在上世纪二三十年代，当莫斯科的共产国际企图对年轻的中国共产党指手画脚时，他就曾与其发生过争执。但是为巩固政权，毛泽东必须为其主张找到一个可靠的依据。他告诉人们，像在苏联一样，作为社会弱者的大多数中国人将成为国家的主人。他明白无误地指出，这将不会是一件轻松的事。针对"不仁"的指责，他的回答是："正是这样。我们对于反动派和反

---

① ④　毛泽东：《论人民民主专政》，1949 年 6 月 30 日为纪念中国共产党成立 28 周年而作，参见 www. marxistische—bibliothek. de。
② ③　《毛泽东选集》第 4 卷，第 439 页。

动阶级的反动行为，决不施仁政。我们仅仅施仁政于人民内部。"①

中国经济界仅存的为数不多的"驾辕之马"，毛泽东暂时还不想惊动他们。他向留在上海的商人们许诺，"我们要做生意。完全正确……我们只反对妨碍我们做生意的内外反动派，此外并不反对任何人。"② 《远东经济评论》报道中写道："随着正常经济秩序的逐渐恢复以及国家的复苏，中国与西方世界合作的必要性日益明显。即使是最顽固保守的教条主义者也会看到这一点。留在上海的外国人满怀期待地盼望着，当共产党政府掌握权力后，局势将会得到改善。"③ 在国民党执政时期，"由于找不到买家，因此土地、房屋、工厂、仓库以及其他房地产的价格都难以确定。许多投资人把上海比喻为一个'捕鼠陷阱'。"④ 如今，共产党政府则向外国技术人员和工程师示好，请求其支援中国建设。中国商人也可以继续他们的生意。为使落后的中国经济赶上国际水平，毛泽东务实地表示，"中国必须利用一切于国计民生有利而不是有害的城乡资本主义因素，团结民族资产阶级，共同奋斗。"⑤

中华人民共和国成立后的第一年，新一代领导人在重建衰败国家时首先需要的一样东西是钱。苏联是他唯一愿意求助的国家。1949 年 12 月，毛泽东启程前往莫斯科访问。这是他平生第一次出访外国，这次访问也是使他深受刺激的一次经历。斯大林让他在饭店房间里足足等了几天，才确定下会见时间。在毛泽东抵达莫斯科之前，斯大林下令查禁由一位美国社会主义者撰写的，充满溢美之辞的毛泽东传记俄文版。这一举动显然意在向世人表明，谁是社会主义世界的真正领袖。在访问之前，中共尽力让苏联老大哥确信，中国将百分之百地忠诚于社会主义阵营。新中国政府毅然断绝了与美国的一切外交关系，在 1948 年冬天下

①② 毛泽东：《论人民民主专政》，第 5 页，1949 年 6 月 30 日为纪念中国共产党成立 28 周年而作，参见 www.marxistische-bibliothek.de。

③④ 《亚细亚五十年》，参见《远东经济评论》，1996 年，第 38 页。

⑤ 参见 www.marxisitische-bibliothek.de。

令拘捕了美国总领事华德（Ward）和他的工作人员，并将其遣返回国。

尽管如此，毛泽东与斯大林之间的谈判仍然旷日持久。毛泽东在莫斯科停留达两个月之久，最终与斯大林达成协议，共同签署《中苏友好同盟互助条约》。毛泽东对斯大林说"红皮白萝卜"一事似乎印象深刻。毛泽东还对另一件事铭记在心。斯大林让摄影师在所有正式发表的照片中都把他拍得比毛泽东高大，虽然毛泽东的实际身高在斯大林之上。但是从另一方面来说，一向喜欢在社会主义国家面前显示慷慨的斯大林，尽管想方设法打压毛泽东，但暗地里却对这位上升中的人物不无敬意。这印证了一句老话："敌人越多，荣誉越多"。斯大林想必意识到，一百多年以来，中国首次出现了一位令世界列强刮目相看的领袖人物。

但是毛泽东无法真正享受愉快心情。在谈判中，他不得不作出痛苦的让步。

毛泽东对斯大林的反抗更多是出于其桀骜不驯的性格。事实上，他心里和斯大林一样清楚，对来自苏联的要求，他眼下尚无反抗的能力。作为当时世界最贫穷的国家之一，中国不得不接受苏联的条件。这段历史令中国人始终记忆犹新。但是在 1950 年时，中国只得遵守苏联制订的游戏规则，而远远没有教训这位"老大哥"的能力。

根据协议，中国从苏联得到了 3 亿美元的贷款，此外苏联还承诺于 1955 年将其两个殖民地旅顺和大连归还中国。

依靠苏联的贷款，中国在数月之内建立起中央税收体制并发行了一系列国债。中央指示军队，要自力更生，丰衣足食。于是，军人纷纷务农或经商做生意。但经济复苏仅仅给中国带来了几个月的喘息时间，1950 年 6 月，中国再次卷入一场国际争端。

邻国朝鲜爆发了内战。为在朝鲜半岛上遏止共产主义的扩散，美国从联合国得到授权，在英法两国支持下介入了朝鲜战争。与此同时，美国政府修改了《关于台湾问题的声明》，改变了原来的不干涉中国的政策。

虽然毛泽东的政权基础尚不稳固，但他看到，如果没有外部的支持，"红色"朝鲜将难逃失败的厄运。此时他还意识到另外一个潜在的危险：曾在中国内战后期鼎力帮助国民党的美国，有可能进犯中国边境。在毛泽东之前的中国统治者正是由于未能充分重视外敌，而最终导致失败。毛泽东必须避免重蹈覆辙。但是中国此时并不具备再次介入一场大规模战争的能力，因此毛泽东决定采取暗中相助的办法。1万名中国士兵身穿朝鲜军服加入了战斗，联合国部队最初并没有察觉。但是，这点帮助是远远不够的。1950年11月，美军炮火已经靠近中国边境。由于苏联只答应提供武器支援，而且要用中国从斯大林那里得到的贷款来支付，因此毛泽东别无选择，只能派更多的军队介入战争，以尽早结束朝鲜争端。作为回报，苏联同意向中国转让武器技术，这是毛泽东在出访莫斯科时曾经争取而未能得到的。

出兵朝鲜的决定使中国军队蒙受重大损失，但却给中国带来了一个良好的结局。1953年7月，参战各方代表在三八线附近签署了停战协议，朝鲜战争宣告结束。战争期间共有6万名美国士兵阵亡，毛泽东终于可以松一口气了。

毛泽东给美国迎面泼了一盆冷水。1950年12月，美国总统杜鲁门在一篇广播讲话中宣布美国进入紧急状态。这种情况在二战期间和此后的越南战争中都从未发生过。杜鲁门以警告的口吻宣称，美国人民正处于巨大的危险之中。对于满怀雄心欲使中国重新成为世界强国的毛泽东来说，这些话无疑是一种褒奖。

在中国国内，"抗美援朝"运动进一步激发了民族意识，共产党的队伍也因此更加壮大。但是，中国的胜利也带来一个意想不到的后果：中国比以往任何时期都更加孤立。朝鲜战争结束后，周恩来敦促斯大林大幅增加对中国的军事援助。他请求苏联帮助中国建立147个以上的军工企业，包括生产战斗机、军舰以及中小型装甲车的制造厂。但是他所得到的只是几份措辞含糊、之后也没有带来任何结果的意向书。

反共的西方世界彻底断绝了与中国的关系。但其实毛泽东是并不排斥向西方学习的。毛泽东曾对他身边的工作人员说："有人建议我学俄文，我不学。我要学外语，就学英文。"他的确坚持学习了几十年，并希望有一天能够使用这种语言。他甚至写下诗句来倾诉自己与美国一争高下的愿望："冷眼向洋看世界，热风吹雨洒江天。"① 有的时候，他会用通俗的例子来表达自己对西方的兴趣。他说："我主张中西医结合，新的医学，可以给世界带来贡献。"毛泽东虽然对资本主义严厉谴责，但在个人生活中却对美国产品颇有兴趣。毛泽东总喜欢坐在游泳池旁边，披着浴衣处理公务。

毛泽东在思想上虽是放眼全球，但在行动上他不愿冒任何风险。② 许多外国资本，被不声不响地收回。他采取措施割断了中国参与国际分工和国际贸易的所有渠道，将外国企业逐步收归国有，其中包括 1951 年 4 月收管壳牌石油的中国业务。③ 最初对毛泽东寄予信任的最后一批外国商人（包括许多中国人），纷纷移到台湾或香港，中国因此流失了一批精英。西方世界看到这些，不愿再与中国发生交往。

中苏之间本来具有平等合作的可能性。那么抑或是谨慎最终战胜了轻信？苏联人很可能曾经抱有将中国变为其附庸国的企图。不管怎样，有一点是可以肯定的：无论是斯大林还是他的接班人赫鲁晓夫，都与毛泽东脾气不合。

如果说毛泽东对斯大林还多少有些敬畏的话，赫鲁晓夫则让毛泽东感觉到，自己可以与之一争高下。赫鲁晓夫 1956 年在苏共第二十届党代会的报告中，对已去世的斯大林的专权进行了严厉抨击。这一举动给毛泽东敲响了警钟。毛泽东态度坚决地表示："我们拥护斯大林。"

信奉实用主义的赫鲁晓夫没能赢得和他一样思维活跃的毛泽东的支

① 乌利·弗兰茨：《邓小平传》，第 107 页。
② 史景迁：《中国的现代化之路》，第 166 页。
③ 约·罗伯茨：《中国历史》，第 260 页。

持。这位苏联领导人知道，自己的威信永远无法与斯大林相比，对内只能依靠集体领导，对外则寻求外交同盟。毛泽东则与此相反，他感觉自己力量足够强大，并渐渐陶醉于个人成就感之中。

赫鲁晓夫对毛泽东采取了睁一只眼闭一只眼的态度，这一半是出于敬意，一半则出于实用主义。而此时毛泽东却继续向苏联人施加压力，要求苏联支持他实现强国计划，为中国研制核武器提供帮助。1955 年 3 月，中国大陆轰炸了国民党政府统治下的几个岛屿，迫使美国发表声明，宣布将在必要的情况下动用核武器。不愿与美国陷入核争端的赫鲁晓夫对此的反应符合毛泽东的期待：同意为中国研制自己的原子弹提供技术援助。毛泽东一直认为，如果没有核武器，就总要"跟在别人的屁股后面"。正在这时，莫斯科有一件事反过来求于中国，这对毛泽东来说可谓天赐良机。苏联计划于 1957 年 11 月 7 日在莫斯科召开十月革命 40 周年庆祝大会，这是社会主义阵营最大规模的一次峰会。为使这一盛事取得成功，莫斯科政府必须争取请毛泽东到场。毛泽东表示他可以前往，前提条件是苏联同意为中国的核计划提供援助。当年 10 月 15 日，苏联同中国签署了具有历史意义的协议，同意向中国提供原子弹模型。赫鲁晓夫指示："为中国人自行研制原子弹提供所需要的一切帮助。"

毛泽东于三个星期后抵达莫斯科，赫鲁晓夫对待毛泽东的态度十分谨慎。他派出两架专机专程到北京迎接毛泽东及其随行人员，亲自陪同毛泽东到克里姆林宫下榻，并将自己的郊外别墅提供给毛泽东作为休憩之所。然而中国人在谈判中的优势没能持续太久。抑或是因为毛泽东过于强硬，乃至丧失了自身的有利地位；抑或是由于他急于试探赫鲁晓夫对压力的反应，以至于最终激怒了后者。当赫鲁晓夫于 1958 年 7 月秘密访华时，毛泽东穿着游泳裤在中南海游泳池旁边而不是在机场迎候他。赫鲁晓夫表面上没有任何反应。当他向毛泽东提出成立联合舰队的建议时，毛泽东的回答十分机敏："可以，你把船交来，我们有司令员，有舰长。"赫鲁晓夫愤然结束了访问，称毛泽东对国际政治的看法是"井底之蛙，坐井观天"。几个月后，当毛泽东命令对台湾几个岛屿实施轰炸时，赫鲁晓夫拒绝提供政治上的支持。次年6月，莫斯科撤销了帮助中国研制核武器的计划，中方将此看作是一种政治侮辱。一个月后，中印边境发生武力冲突，苏联公开向印度提供贷款援助。赫鲁晓夫当年年底再度访华时，毛泽东的态度同一年前一样。

1960年7月，中苏关系彻底破裂。苏联撤回了11000名工程师和经济专家。他们曾经帮助中国建立了大约150家企业，其中包括7个钢铁厂和26座电站。苏联专家撤离时，一并带走了计划建设的600个大型项目的所有设计图纸。

但是，如果苏联人以为毛泽东很快会低声下气地乞求帮助，他们就看错了。毛泽东不仅没有屈服，而且在外交上步步紧逼。1961年，毛泽东公开支持反对赫鲁晓夫的阿尔巴尼亚政权；1962年古巴危机发生后，中国公开批评苏联从古巴撤走导弹；1963年，中国对苏联与美英签署《部分禁止核试验条约》提出批评；1964年，毛泽东发表纲领性文章《关于赫鲁晓夫的假共产主义及其在世界历史上的教训》。

由于毛泽东的目标是"超英赶美"，因而必须建立国际贸易联系。此前，法国是唯一与中国有外交关系的西方大国。1964年5月，毛泽东开始向创造了经济奇迹的德国作出友好表示。两国代表在瑞士举行的会谈中，中方提出签署贸易协定的建议。[①] 以后来出任驻华大使的埃尔文·维克特（Erwin Wickert）为首的德方谈判代表对中方建议表示出极大兴趣，因为协议显然将给德国带来经济上的好处。然而，经济愿望却与大的政治气候不符。中国原本打算暂时搁置错综复杂的政治问题。从中国前外长陈毅的一番表态可以看出中国政策的灵活性："我们将继续发展与联邦德国的贸易关系，我们对进口德国精密仪器尤其感兴趣。

---

① 伯恩特·鲁兰德：《德国驻华使馆—中德关系百年史》，第360页。

但是我们反对由阿登纳开创，艾哈德政府所延续并得到美国支持的复仇主义政策。"①　只是德国人尚无法做到如此务实。美国人刚刚听到一丝风声，便立刻向德国政府叫停。在中德谈判进行四个星期后，德国联邦总理艾哈德（Ludwig Erhard）对华盛顿进行访问，在新闻界面前，他不得不临时编造谎话，称"我们从来没有签订贸易协定的打算"。②

中止谈判并没有给德国造成太大影响，但对毛泽东来说却是一次苦涩的失败。他于无奈之中萌生的将经济与政治脱钩的想法彻底落空。不过在这一点上，毛泽东的思想与当时的时代相比是超前的。十几年之后，随着经济全球化的迅猛发展，毛泽东的接班人终于将他的想法付诸实践。他们在经济领域与西方展开合作，在政治上则与西方保持着距离。而在当时，毛泽东与外部世界仅有的联系只是与一些发展中国家的关系，而这些国家更需要中国的帮助，能够给予中国的则很少。

中国人民受伤的自尊心需要通过一件惊天动地的事件来得到慰藉。1964 年 10 月 16 日，中国自行研制的第一颗原子弹在新疆罗布泊的戈壁荒漠中试验成功，令世界为之瞩目。满怀爱国热情、盼望自己的国家早日跻身世界强国的中国人民，对原子弹的研制本来一无所知，这时当他们突然听到原子弹试验成功的消息时，顿时兴奋异常。

在这种情况下，毛泽东期望他的经济和社会的深层变革来得更加猛烈，更加彻底。因此，他始终沉迷于自己的思想：通过革命的方式为中国找到一条实现经济和政治现代化的捷径，让所有中国人都享受到富裕和繁荣。毛泽东将实现财富分配最大限度的公平作为保持国家凝聚力的重要基础。他在一篇讲话中宣称，"我们的国家现在是空前统一的。……人民所厌恶的国家分裂和混乱的局面，已经一去不复返了。"③

毛泽东和他的属下此时还借用了在长征以及同国民党的内战中总结

① 伯恩特·鲁兰德：《德国驻华使馆—中德关系百年史》，第 359 页。
② 格哈德·施罗德：《没有委托的使命—波恩与北京外交关系的准备》，第 34 页。
③ 赫尔穆特·马丁：《毛泽东 1949 至 1976 年的文章、文件、演讲与谈话录》，第 128 页。

的经验。他们擅长于将干部、军队、农民、行政机构等各方面力量联合起来。全国各地越来越多的人加入共产党，接受党组织的严格管理。建国最初几年的农村改革使毛泽东赢得了广泛的群众支持。大约 40％的农村土地被收归国有，地主的田地被分给农民，60％的贫苦农民从土地改革中受益。[①] 居民储蓄额直线上升。1949 年，居民储蓄率尚不足 5％，在 50 年代则达到近 25％。[②]

50 年代中期，毛泽东迈出了更为大胆的一步：按照军队模式对农村人口实行程式化管理。农民加入了合作社——一种将生产与管理相结合的组织形式。由于合作社许诺向农民提供前所未有的社会保障，因此在开始阶段受到了大多数人的欢迎。但是没过多久，由于管理的混乱以及纪律处罚的严厉，合作社开始渐渐失去了吸引力。

1958 年 1 月，毛泽东发动了"大跃进"运动（1958—1960）。罗伯茨写道，"这一切更像是一种社会空想，而不是一项经济计划。"[③] 毛泽东提出"在十五年内赶上英国"的口号。然而他为实现这一目标所制订的方案，远不如口号本身精辟有力。他将为数众多的人口划分成"人民公社"这样一个个小的单位，要求它们创造出各自的经济奇迹，同时以群众运动的方式大力开展基础设施建设。

当其他国家的机械化水平迅速发展，对劳动分工的要求日益提高时，中国人却要凭借原始工具干出一番伟大的事业。第一步是修建桥梁、道路和水利工程，建立起现代化基础设施。1958 年 5 月，毛泽东在北京亲自参加了半个小时的劳动，在一处水库工地上用铁锹铲土，身上的白衬衣被汗水湿透。这是他最后一次在公众面前带头从事体力劳动。但是他以愚公移山、全民运动的方式赶超经济强国的尝试仍然失败了。这些庞大的水利工程由于在设计和施工方面存在严重缺陷，虽有少数获

---

① 约·罗伯茨：《中国历史》，第 259 页。
② 约·罗伯茨：《中国历史》，第 260 页。
③ 约·罗伯茨：《中国历史》，第 268 页。

得成功，但更多的工程损失往往大于功效。与此同时，由于毛泽东实行权力下放政策，政府已无能力对经济形势作出客观判断。毛泽东认为，如果把大的任务分割成块，中国的发展速度将会更快。每个公社必须自行生产所需产品，每个村庄都要修造高炉，修建公路，实现自给自足。为推动全国的经济发展，中央下达了生产指标，不能完成指标者将受到处罚。于是，人们为了完成指标，甚至将自己家的铁锅、铁盆、门把手、铁铲等都拿出来，放进土造小高炉中冶炼。钢产量虽然大幅提高，但是炼出来的只是一堆废铁，毫无用处，最后连铁锹等农具都没有了。国营企业的领导往往虚报产量，刚刚建立起来的工业很快陷入了崩溃，农业歉收则导致了严重饥荒。

中央调控与经济活力之间的平衡被打破，国家调控占据了主导地位，民众的"我群意识"受到严重损害。在指令性经济体制下，国家面临着瘫痪的危险。当毛泽东1959年初试图将人民公社制度引入城市时，北京一时间变成了一个巨大的"旧货市场"。每个人都把家当拿来出售，这样起码还可以给自己留下一些钱。毛泽东意识到这种做法不恰当，很快放弃了这一计划。

这时候，邓小平和其他懂经济的领导人站了出来，逐渐掌握了经济方针的决策权。邓小平在一次共青团会议上的讲话中，首次提出了他的著名论断："不管黑猫白猫，抓住耗子就是好猫。"鉴于受到越来越大的压力，毛泽东为争取主动，只好先退了一步。

"大跃进"运动结束后，中共终于认识到，仅仅依靠发动群众和人拉肩扛是无法推动经济增长的。此后，人民公社开始重视农业技术。但直到1965年，粮食产量才重新恢复到1957年的水平。而直到1963年石油化工等新兴工业开始建立，重工业被集中到东北三省并进行重组后，工业的增长才逐渐得到恢复。

1966年起，中国陷入"文化大革命"的混乱，经济发展遭遇更大的挫折。进入垂暮之年的毛泽东拼尽最后之力作出了正确的决定：向世界敞开中国的大门。当中国官方媒体仍然充斥着攻击性反美言论时，毛泽东已调整了对世界的态度，实现了自己或许从掌权之日起一直隐藏在心中的愿望：同美国发展政治关系。

中美两国的最初接触是在 1969 年华沙举办的一场时装展览会上。美国驻波兰大使在开幕酒会上向中国外交官提出与中国驻波兰代办会面的建议，中方表示同意。半年后，中国与北约成员国加拿大和意大利建立了外交关系。1971 年 10 月，联合国以简单多数通过决议，恢复了中国在联合国的席位。在中美进行试探性接触期间，中国乒乓球运动员庄则栋的一次"违纪行为"对促进中美关系起到了积极的推动作用。在中国队去日本参加世界锦标赛出发前，队内宣布严格纪律，不得与美国运动员握手和主动交谈。在比赛期间，当美国运动员科恩（Glenn Cowan）误上中国队的大轿车后，庄主动与他攀谈。毛泽东得知此消息后很高兴，称赞庄是一位好外交官。不久之后，中国邀请美国乒乓球队来华进行友谊赛。1971 年 4 月，周恩来总理亲自接见了这位美国乒乓球运动员。"乒乓外交"的说法由此诞生。三个月后，美国国家安全事务顾问基辛格秘密访华，为美国总统正式访华作铺垫。这次访问与联合国大会就恢复中国在联合国安理会席位问题进行表决的时间不谋而合。10 月 25 日，中央政府取代台湾当局，正式进入联合国最高权力机构。

为实现中美关系正常化，尼克松于 1972 年 2 月踏上了访华之旅。尼克松见到了虽已年迈但思维依然敏捷的毛泽东。据说尼克松曾经问毛泽东，如果当年不是肯尼迪，而是赫鲁晓夫被暗杀的话，历史进程将会如何？毛泽东不假思索地回答："我想，奥纳西斯肯定不会娶赫鲁晓夫的夫人。"[①] 在毛泽东尚未在全球化压力面前妥协时，全球化浪潮已经席卷中国。继尼克松之后，日本首相田中角荣在 1972 年秋天访华，中

① 按照另一版本的说法，是英国首相向毛泽东提出该问题。

日两国恢复了邦交正常化。1972 年 10 月，德国向中国派驻了大使。[①]
第二年，法国总统蓬皮杜（Georges Pompidou）访华。[②] 而苏联首脑正
式访问中国则是在又过了 15 年之后。在此期间，中苏的良好情绪已明
显冷淡。

中国政府指示其派驻世界各地的外交官，要尽量表现得精明强干，
举止得体。周恩来总理向中国驻波恩大使王殊嘱咐道，今后不要只穿中
山装，也要穿一穿西装。[③]

德国的对华态度始终在失望与得意之间摇摆。那些深信西方道路是
唯一正确的人，看到中国在经历数十年的社会停滞之后终于改变了路
线，认为自己的观点得到了验证，并为此感到得意。尽管两德之间的高
墙依然存在，但共产主义中国已向西方世界敞开了大门。苏联首先感到
了压力。然而并非所有人都对毛泽东采取的一系列措施感到信任，一些
人认为共产党永远是共产党，担心西方将为其轻信付出高昂代价。

在冷战对峙时期，人们对形势的分析被固定为非胜即败的模式，因
此只有极少数人认识到以下令人吃惊的事实：中国在毛泽东执政时期不
仅经历了挫折，同时也变得成熟起来。从中国重返国际社会的第一天
起，西方便一再低估中国的实力。下述观点实属凤毛麟角：伯恩特·鲁
兰德（Bernd Ruland）在德国 Bunte 杂志发表的文章中说："作为联邦
德国代表的德国驻华外交官，他们所在的国家是一个秩序井然，组织严
密的国家，这个国家早已成为世界强国：它拥有原子弹和洲际导弹；在

---

① 1972 年 10 月 11 日，波恩和北京首次达成互派大使的协议。时任德国联邦议院外事委
　员会主席的施罗德（与德国前总理同名，译者注）对此评论说，"我很理解中华人民共
　和国作为一个正在发展中的国家，会很看重与一个在世界制造业和国际贸易领域具有
　重要地位的国家建立外交关系。"联邦德国当时是世界第四大经济强国。曾任中国驻德
　国大使的马灿荣当年 27 岁，刚刚进入外交部工作一个月。他经历了这一事件："我当时
　是作为一个小小的译员经历这一历史性突破性的。"
② 法国已于 1964 年与中国建交。
③ 王殊：《中德建交亲历记》，第 97 页。

大城市里，修建了世界水平的防空设施；科学技术受到高度重视。在中华人民共和国，不像在旧中国那样，每年有几百万人饿死；主要河流都已得到治理，并建造了桥梁；中国工程师做到了欧美同行曾经认为不可能做到的事情。这样一个凭借自力更生创造出无数奇迹的国家，几乎不需要任何外来的帮助。"① 但是这一切将给德国带来哪些影响，却很少有人思考过。德国联邦总理基辛格（Kurt Georg Kiesinger）在 1969 年大选时在联邦议院发出的"中国、中国、中国"的呼声，直到过了四分之一世纪后才重新成为关注的焦点。② 对当时的德国而言，中国只是一个销售市场，而不是竞争对手。

　　1976 年，在毛泽东时代后期，正在走向世界的中国具有三个显著优势。首先，中华人民共和国成立后，国家稳定得以恢复。尽管在历经坎坷和磨难，但是中国再次摆脱了崩溃的危险，没有出现可能导致国家动荡的严重分裂主义活动。此外，中国有望在不久后以非武力方式收回香港和澳门两个殖民地。条约规定的 99 年租借期将于 20 世纪末终止。国际社会将台湾视为一个独立实体的情况越来越少见。由于中国人在过去数十年里饱经社会动荡，因此对今天社会变革带给个人的负担，表现出强大的忍耐力。中国人的学习和适应能力不容低估。我们德国人在经过长期和平和稳定后，在变化面前往往表现得不知所措。

　　其次，中国共产党虽然历经挫折，但却建立起一套完整的行政体系，维持着对国家的有效管理，这是数百年来前所未有的。中央政策对管理国家以及对社会发展和国际竞争来说，有着不可估量的作用。西方往往习惯于根据一个国家中个人自由的程度来判断这个国家进步与否。然而这只是问题的第二步。作为第一步，国家首先必须拥有一个稳定的集中领导。在国家处于这一发展阶段时，一个强有力的领导给个人带来

① 　伯恩特·鲁兰德：《德国驻华使馆—中德关系百年史》，第 366 页。
② 　《明镜周刊》，2004 年中国特刊。

的自由往往多于崇尚个人主义的制度。如果没有毛泽东建立的强大权力体系，中国在 20 世纪 80 年代和 90 年代的飞速发展是难以想象的。

第三，毛泽东出乎意料地强化了中国人民的"我群意识"。中国人虽然饱受苦难，但他们终于又可以为自己的国家和国家独立感到自豪。由于西方在朝鲜战争后对中国实行制裁，再加上中苏关系的破裂，长期以来，中国的独立是建立在没有外援基础上的独立。当 80 年代初重新向世界开放时，中国依然是一个独立自主的国家，并仍在世界上拥有举足轻重的地位。这从世界两大权力人物之一的美国总统对中国的访问便可略见一斑。毛泽东无需远赴美国，而是在北京迎候。而在一百年以前，西方君主到中国会见地位低微的清朝皇帝还是一件有失身份的事。从现在起，再不会有人会像德国威廉二世皇帝那样用无知和蔑视的口气谈论中国。中国领导人也不用再像慈禧太后那样屈尊给外国使节的夫人们夹菜。作为经济和战略合作伙伴，中国的地位变得异常重要。

世界经济需要中国的巨大市场，将中国纳入国际社会也符合西方安全利益。由于是相互依赖的关系，中国无需对西方低声下气。全球化本身与价值和道德无关，它不会作出任何裁决，它既并不代表公正，也未必会奖优罚劣。中国人或许同德国前总理施罗德以及许多德国人一样，曾经希望引导和利用全球化。但是全球化浪潮是如此汹涌，我们能做到的只是随波逐流。随着时间的推移，我们对它的特性有了一定的认识，能够在一定程度上控制它的某些趋势。毛泽东领导下的中国以自身经验证明，任何国家都不能长期与外界隔绝，一个国家只有在与其他国家的比较中，才能确定自身的位置。在国家间的竞争中，世界力量对比时刻都在发生变化，这些变化不以人的意志为转移，它迫使竞争各方彼此间不断作出调整。及时准确地认识和把握形势是一个国家的首要任务之一。虽然时至今日，西方在中国面前始终具有某种道德优越感，然而最终起决定作用的是，谁能更加精明地应对世界的变化。

经济活动日益成为在全球竞争中取胜的重要手段，这是当今时代的重大变化之一，它使数百年来的传统观念为之颠覆。在核战争的威慑下，各国对军事冲突日渐谨慎。获胜技巧更多的是如何赢得其他国家的市场和消费者，获取并长期占有世界市场份额。德国和日本曾经是引领这一趋势的先锋。这两个国家在二战后被战胜国剥夺了通过战争方式与其他国家较量的可能性，于是它们将精力集中于发展高效经济。日本在这方面尤为成功，仅用了短短 30 年时间便上升为世界第二大工业国，成为现代娱乐电子业的佼佼者，其政治影响力也随之提高。德国以相似的方式发展成为欧洲第一大工业国，拥有领先世界的汽车工业和稳固的中产阶层。70 年代初，由于日本的迅速崛起，作为最强国家的美国也被迫四处寻求新的经济扩张机会。而选择与中国建立友好关系，并以此打开紧邻日本的新的市场，却并非表面那样顺理成章。在朝鲜战争中，中国军队曾让美国人领教了惨败的滋味。中国的计划经济体制也使人难以与其合作。从基辛格当初与中国秘密谈判的结果便可看出，美国领导人在这一跨时代的历史时期，其内心是如何的踌躇不决。一方面，中国在军事上仍然是美国的敌人，美国必须保护台湾免受其攻击；另一方面，美国又需要与中国开展经济合作。直到今天，美国的立场在这一点上也没有发生太大的变化。

全球竞争重点的转移为中国融入国际社会提供了两方面优势。其一，作为大国，中国的地位格外重要，经济落后非但不是障碍，反而成为一种优势，因为它对发达国家意味着新的经济增长空间；其二，经济领域的各项参数也在朝着有利于中国的方向发生变化。每一个经济发展阶段都有一种决定价值构成的最主要因素。在很长一段历史时期里，土地占有量是决定经济水平的首要因素。根据英国经济理论观点，到 18 世纪中期，工人创造的剩余价值超过了土地。只要拥有大量廉价劳动力，即便没有土地也可以成为富人。大约一百年后，随着工业革命的发展，机器的作用越来越突出。只要拥有高效的生产工具，便可摆脱劳动力的限制。但是，随着大家都有了同样水平的机器，利润空间越来越接近，机器先进性的优势逐渐减弱。又过了大约一百年，世界经济进入了主要依靠新产品开发来扩大利润的新阶段。由于产品研发周期的加快，市场的重要性逐渐凸现出来。只有获得新的市场，才能使产品研发的压力相对减缓。于是，市场份额与市场营销竞争的时代开始了。直到今天，市场给企业和国家带来的压力仍然十分明显。而它却给拥有 13 亿人口的中国带来了意想不到的机会。中国可以和世界做一笔交易，这笔交易对中国经济未来几十年乃至更长时期都将产生至关重要的影响。规则十分简单：中国以其巨大市场的部分份额换取西方的资金与技术。这笔交易将改变世界，同时也将改变德国。

第六章
改革的脚步

中国期待了数百年的根本性转折是由邓小平来完成的，这一点并不令人感到意外。毛泽东在晚年时打开了国门，而邓小平则带领中国走出了封闭。反对邓小平的人曾经指责他出卖了国家，但是从今天来看，结果恰恰相反：邓小平令世界为中国倾倒。

当邓小平 1978 年开始实行以"四个现代化"为核心的市场经济政策时，他可能并没有料想到后来出现的迅猛发展的局面。尽管他当时已经 74 岁高龄，但他了解自己的对手，他知道只有拿出实实在在的成绩，才能说服他们。邓小平一生中有两次几乎攀升到政治权力的顶峰，但两次都被打倒。第三次东山再起后，他站得更稳一些。

为了更好地了解西方企业的运转模式，1979 年，邓小平决定在邻近香港、澳门并与台湾岛隔海相望的南方沿海一带建立经济特区。外国企业可以到这里投资建厂。此外，邓小平还邀请外国专家到中国高等院校和企业做报告，并派遣数千名公费留学生到西方国家留学。1981 年，德国威娜公司（WellaAG）在中国成立了第一家中德合资企业，主要为日本市场生产护发产品。

德国企业家魏斯（Heinrich Weiss）是最早与中国接触的德国人之一。那是在 1978 年 6 月，后来出任德国工业协会（BDI）主席的魏斯当时年仅 30 岁。几年前他接替父亲出任位于杜塞尔多夫的炼油钢设备制造企业——西马克公司（SMS）总裁。西马克公司早在此之前便向中国出口了一台轧钢机。此时，准备出口中国的第二台轧钢机刚刚造好。当邓小平派出的谈判代表向德国人透露中方的打算时，魏斯立刻意识到，他面临着难得的机遇。中方准备出资金 180 亿马克订购一整套冶炼设备，包括一个年发电量 1000 兆瓦小时的热电厂。这对西方人来说是一个意外惊喜。

在得到中方将西马克公司作为唯一合作伙伴的承诺后，魏斯与蒂森公司（Thyssen）和西门子公司共同成立了一家联合企业，并成功地向以德累斯顿银行为首的银行团申请到期限期 10 年，数额高达 280 亿马克的贷款。这是一笔巨额贷款，相当于当时德国国内生产总值的很大一部分。由此可见，无论是德国企业还是德国银行，都将中国视为具有巨大潜力的市场。时任德累斯顿银行董事会主席汉斯·弗里德里希（HansFriedrichs）曾于 1974 年以德国联邦经济部长的身份访华。

与中国的合作尽管得到了社会上层的支持，但在德国，人们对中国仍然心怀戒备。魏斯在回忆当年的往事时说：“大家都认为我疯了。”《南德意志报》文章中写道：“中国商人素来享有精明的美誉，北京的新领导人推进国家工业化的速度之快更加令人感到吃惊。”[①] 正是出于对中国发展速度的惊讶，德国经济界人士在谈及中国时首次使用了德中关系史上的一个新名词——“中国热”。

急于实现国家振兴的中国人处于亢奋之中，以至于忘记了自己的实际能力。许多看上去似乎明智的措施，不久后却被证明是行不通的，于是又匆忙收回。1979 年 11 月，政府放开了 1 万种消费品的价格，但是在不到一年后又重新冻结，因为在工资未变的情况下，副食品价格增长了 13％。[②]

---

① 《南德意志报》，1991 年 3 月 25 日。

② 玛丽·露易丝·内特：《德国眼中的中华人民共和国—认知、学术观点与现实》，第 345 页。

采购德国炼钢设备的巨额订单同样遇到了问题。1981 年 2 月，全国人大对国家财政收支进行了清理。在"调整国民经济"的口号下，中国取消了与美国、法国、日本和德国企业签订的价值 200 亿马克的订货合同，其中包括与西马克公司采购合同的第一期——价值 13 亿马克的宝山冷轧厂。

外国企业顿感大失所望。一家被取消合同的日本钢铁企业坚持要求中方按合同规定支付一笔巨额的赔偿金。中国人忍痛向日本人支付了这笔费用。与日本人相反，魏斯告诉中国人，他不准备向中方索取赔偿金，并表示，"我们有耐心，等你们有了钱再说。"① 魏斯的举动使他由一个普通的生意伙伴一下变为中国人的朋友。几年后的事实证明，魏斯当初对形势的判断是正确的。② 1985 年德国联邦总理科尔访华期间，双方重新签署了该项合同。除此之外，德国还获得了中国原来与日本公司签订的一项订单。中国人在谈判中也变得精明起来，他们向曾经耐心等候的德国朋友提出大幅降低价格的要求。魏斯不得不在总理启程访问的前一天连夜对合同进行修改。

在其他产业，中国也开始同外国大企业接触。中国人与外国企业谈判的经验不断积累，逐渐学会了如何向对方提出自己的条件，而外方也逐渐意识到，中国绝非一个一般意义上的发展中国家。以往西方企业在第三世界国家的传统赚钱模式是：将已经报废的生产设备运到当地，借助当地廉价的劳动力继续利用这些陈旧设备进行生产。但这一模式在中国过不了多久便将走到尽头。

汽车工业便是一个例子。在改革开放初期，中国实际上还没有现代化的汽车。1956 年，中国在苏联帮助下在东北长春成立了第一家汽车制造厂。此后，计划经济的管理者只是在各地建立了一些工厂，生产笨

---

① 据 2004 年 8 月与作者的谈话。
② 王殊：《中德建交亲历记》，第 94 页。

重落后的载重卡车、拖拉机和轿车，中国的汽车工业发展则一直处于半停滞状态。但无论政府方面，还是迅速发展的国内交通和商业，对新的交通工具的需求日益迫切，特别是需要那些适合中国的道路以及简单又耐用的汽车。美国汽车公司（American Motor Corporation，简称AMC）便生产这样一款汽车："切诺基"吉普。1979年1月，生产B212军用吉普车的中国汽车制造企业——北京一汽与AMC公司开始谈判。美国人在谈判中显得信心十足，摆出一副殖民者的姿态，要求中方作出承诺，保证AMC公司作为在华独家外国汽车生产商的地位。中方谈判代表、机械工业部副部长饶斌听到这一过分要求后指出，"独家"一词在中文里听起来含有贬义和排他的感觉。在围绕文化差异问题进行了一番友好沟通之后，双方达成一致，在合作意向书中选择了一个中文说法："不分心"，意思是指，中国人将一心一意与美国人合作。①

　　使美国人感到不解的是，中国人在之后的两年中却没有任何动静。美籍华裔汉学家、科学家白鲁恂（Lucian Pye）劝说AMC的经理们不必担心，他对中国人的异常表现的解释是："中国人认为耐心在谈判中是至关重要的，特别在和缺乏耐心的美国人的谈判中更是如此，所以他们经常会采用拖延战术。"② 但是他的判断是错误的。多年之后美国人才知道，中国人在与他们签署意向书后不久，便将其所谓"不分"之心转给美国人的竞争对手——日本丰田公司。同任何一位精明的生意人一样，中国人希望在成立第一家合资汽车企业之前"货比两家"。不过运气最终仍然落在美国人一边。因为日本人虽然想把汽车卖给中国人，但却不想转让技术。1982年5月，中美双方签署了合作协议。从最初开始谈判到协议正式签署，经历了大约三年时间。多年以来持续下跌的AMC股票在12天内上涨了40％。一家公司的股票由于人们对中国市

---

① 吉姆·曼：《北京吉普—西方在华企业状况调查》，第47页。
② 吉姆·曼：《北京吉普—西方在华企业状况调查》，第46页。

场的信心而价格飞涨，还是有史以来的第一次。20 年后，几乎所有大的上市公司都在努力通过对华业务来改善公司的股票行情。

假如丰田公司或者 AMC 公司当初能够预见到 20 世纪末中国市场的重要地位，或许他们会选择另外一种谈判方式。但是在 80 年代初期，美国人仍将中国看作是一个低工资国家，其全球战略重点仍然锁定于美、日、德之间的三国之战。正是基于这一观点，《纽约时报》在一篇报道中写道，AMC 公司可以将在中国生产的吉普车出口到其他亚洲国家，从而与在亚洲市场上占主导地位的日本四轮驱动汽车制造商一争高下。[①] 日本人则将中国视为经济与政治上的潜在竞争对手，认为只有严格限制对华技术输出，才能够控制中国。他们当时无法想象，日本有一天将会陷入经济停滞，并且只有借助中国才有可能走出萧条。

但是就当时来讲，中国人的谈判空间却是有限的。在与 AMC 公司成立第一家中国现代化汽车企业时，中方要求为中国市场设计一款新型吉普车。然而 AMC 公司却只答应将美国市场上的最新车型——"切诺基"吉普拿到中国来组装。[②] 1985 年 10 月，第一批吉普车下线。1986 年销售 4000 辆吉普的目标没能实现，到 1990 年销售 40000 辆的计划更是成为泡影。根据双方协议，合资公司只能用美元进口吉普车散件，但是售出的整车大部分是用当地货币支付。在进口 2500 套汽车散件后，公司外汇告罄，无法继续支付散件的进口费用。中方负责人向美国人提出，希望 AMC 公司今后先供货，后付款。美国人感觉自己受到欺骗，并将此事向媒体曝光。《国际先驱论坛报》、《华盛顿邮报》、《华尔街日报》以及《时代周刊》就此大肆炒作，并提出疑问：中国市场究竟是机会大于风险，还是风险大于机会？《时代周刊》以《甜头过后是苦头》作为文章的标题。[③] 美国前财政部长贝克（James Baker）访华期间，在

---

① 《吉普制造商计划在北京建厂》，发表于《金融时报》，1983 年 5 月 2 日，第 1 版。
② 该计划于 1985 年 10 月 1 日得以实现。
③ 《时代周刊》，1989 年 6 月 2 日，第 40 页。

会见中国有关领导人时甚至也公开谈到，美国企业"在中国的业务遇到了严重问题"。① 这一问题在中美两国共同努力下得到解决。

此后，AMC 公司赚取了可观的利润，而且从散件出口和整车销售中获得双重赢利。AMC 公司的前期投资仅有 1600 万美元，到 90 年代末，所获利润已高达 4 亿美元。

中国同样也是赢家。中国的谈判代表在与外方打交道时一天比一天精明。当媒体与股评家对中美汽车合资企业的成功给予高度评价后，数百家外国企业纷纷将目标瞄准中国。北京政府在与外国企业的谈判中，已不必再对外方的要求百依百顺。第二家外国汽车企业进入中国时，已不可能再获得当初美国人得到的优惠条件，中方不会再作出采购担保。1982 年至 1984 年期间，德国大众汽车公司每天在华组装两辆汽车，以此对市场进行测试分析。1984 年 10 月，将中国列为战略重点的大众汽车公司前董事长卡尔·哈恩（Carl H. Hahn）签署了成立上海大众合资公司的协议，大众公司决定在中国生产当时的最新款中档轿车——"桑塔纳"。

有关大众公司将淘汰设备转移到中国的说法不过是一个谣传，主要原因是桑塔纳在欧洲市场并不成功。上海大众最初生产的 3 万辆桑塔纳轿车的所有零部件都是在德国本土生产，然后再运到中国。所谓将旧设备卖给中国的说法并不符合事实。奥迪公司前董事马丁·波斯特（Martin Posth）曾于 1985 年 3 月与另一位负责技术的同事汉斯·约阿希姆·保罗（Hans－Joachim Paul）一同出任上海大众汽车公司董事，他在回忆当年的情景时说："我们首先在当地建造了一条装配线，后来用新购进的冲压设备建立了冲压线，并用本土焊接设备建起一条焊装线。"②

一切都在按部就班地进行。1985 年 10 月，生产正式启动。1986

---

① 《时代周刊》，1989 年 6 月 2 日，第 40 页。
② 他在上海的任期于 1988 年 8 月结束，之后出任大众公司人事总监，1993 至 1997 年期间任大众公司位于香港的亚太区总裁。

年，上海大众的年产量为 6 千辆，利润约为 1 千万马克。① 实际利润并没有这样高，因为大部分生产成本已计入上一个财务年度。汽车零部件全部从德国进口，汽车售价高得超乎想象，其价格是由对该项目成功寄予厚望的政府部门所制定。

　　尽管中方作出保证，通过发展国内零配件制造业实现汽车生产的本土化，以降低生产成本。然而对如何实现这一目标，他们则一无所知。当波斯特出任上海大众负责人时，中国生产挡泥板的方法还是由工人用锤子一点点敲打铁皮。这位大众公司前董事回忆道，"同中国人谈判就像和德国工会谈判一样艰难。"② 在与人打交道方面，这位奥迪集团人事总监拥有丰富的经验，"必须找到一个办法，让他们既作出让步，又不丢面子。"中国人的自尊心很强，但是他们不掌握先进的生产技术。此外，令他们感到不平的是，一个外方经理的工资竟然相当于 100 个中方经理工资的总和，20 至 30 名外方员工的工资竟占了全部人员支出的 50％，另外一半是 1800 名中国员工的工资。这种状况无法改变，但它使中方伙伴产生出不信任感。人们不禁要问：西方是否又在剥削中国人？解开症结的唯一办法就是使中方人员掌握必需的技术，帮助中国发展零配件制造业。"但是这在当时并不容易"，③波斯特在回顾以往经验时说道。有利因素是，中国已经拥有一套较为完备的轻工业体系。中国人非常倔强，正是这种好胜心理以及竞争压力使中国人以有利的条件得到了他们急需的东西。如果不能从别人那里得到，他们就会想办法自己搞来。波斯特曾尝试同法国标致公司和北京吉普汽车公司联手对付中国人。但是从进入中国市场第一天起，西方汽车制造商之间便形成了强烈的竞争意识，给中国人创造了在此后几年中得以充分利用的机会。在不到 10 年的时间里，德国

---

① 目前汽车的 80％零部件由配件供应商提供。早在 1990 年，已有一半的汽车零部件在本土生产。目前桑塔纳轿车的国产化率已达到 95％。

②③ 据 2004 年 12 月 6 日与作者在北京的谈话，其他相关资料也摘自这次谈话。

在与法国人和美国人的竞争中成为毫无争议的赢家。90 年代末，上海大众生产的桑塔纳和其他轿车在中国市场的份额超过 50%。大众汽车由此赢得的良好声誉一直保持到今天。

在改革开放的最初几年，中国的改革者们促成了一系列引人注目的经济项目，使中国人感到他们的国家终于发生了变化。但是这些措施远不足以使如此庞大的国家融入世界经济。如何与外国企业谈判是中国人的重要学习课程，尽管其结果往往背离了中国人的初衷。例如，中国政府邀请德国沙士基达股份公司（Salzgitter AG）代表团访华，请该公司董事长恩斯特·皮伯尔（Ernst Pieper）介绍在市场经济条件下对国营企业进行改造的经验。当时该公司是德国下萨克森州所属的半国有企业。[1] 在接待代表团的过程中，当时的中国国家计委副主任朱镕基表现出强烈的求知欲和倔强的性格，给人留下深刻印象。20 世纪 90 年代，朱担任央行行长以及后来出任国务院总理后，国营企业改造一直是摆在他面前的问题。在担任上海市市长期间，朱镕基曾经多次打破常规，为上海大众公司解决困难，并建立了一家中型零配件企业。

1984 年，粮食产量自建国以来首次达到 4 亿吨。[2] 工业产值在 1981 至 1986 年间几乎翻了一番。[3] 同时，私营经济获得了广阔的发展空间。1979 年，政府允许私人工商业者从事个体经营，这是 1956 年以来的第一次。1984 年，中央通过决议，允许私营企业雇用 8 名以下员工，但是这份决议不过是对既成事实的一种确认。两个月后，一份颇有影响的党报以大加赞赏的口吻报道了一个由三兄弟创办的摄影器材厂，而这家工厂雇用了 300 多名员工。[4] 当经济行为越来越多地由市场所决定时，固定价格制度被最终取消，取而代之的是价格双轨制。农民只需将部分粮

---

① 据当事人之一哈尔穆特·海纳与作者的谈话。
②③ 约·罗伯茨：《中国历史》，第 290 页。
④ 玛丽·露易丝·内特：《德国眼中的中华人民共和国—认知、学术观点与现实》，第 347 页。

食按照规定价格卖给国家，其余可以拿到新建的自由市场上以市价出售。

外国竞争被控制在对中方有利的范围内。1984 年 4 月访华的美国共和党总统里根对此深有感触。访华前，他本想敦促中方遵照市场经济原则作出承诺，允许美国在华企业将其在中国市场获得的利润汇到美国。但是在预定访华日期之前一个月，中方对此作出明确答复：问题只能逐案处理。① 中国只有在可能丢掉重要生意时，才会同意外国企业将利润汇到境外。尽管没有达到目的，但是里根这位被其经济顾问推崇为新自由主义先驱的老牌反共分子仍然决定如期访华。英国首相撒切尔夫人② 以及法国两届总统德斯坦和密特朗③早已捷足先登，到中国为本国企业大做宣传。几个月之后，德国联邦总理科尔也来到中国。④

1984 年，邓小平被美国《时代》周刊评为年度人物，就连搞得最好的"社会主义兄弟国家"的领导人也对中国羡慕不已。民主德国政治局委员沙波夫斯基（Günter Schabowski）坦承，"从经济角度看，我觉得中国要好于民主德国。"⑤

中国政府通过 10 年努力取得的显著成就举世瞩目。彼得·绍拉图（Peter Scholl－Latour）1991 年初在一篇评论中写道："用任何赞美之辞来评价中国都不为过。中国完全依靠自己的力量养活了如此众多的人口，大部分省份食品供应充裕，商店里商品琳琅满目。相比之下，俄罗斯却只能依靠西方的施舍度过寒冬。……中国政府对毛泽东所重视的重工业进行私有化感到十分棘手，因而没有匆忙行事，在这一问题上，为改造原东德国有企业感到头疼的德国人深有同感。"⑥ 这番话很容易让

---

① 吉姆·曼：《北京吉普—西方在华企业状况调查》，第 118 页。

② 于 1982 年 9 月 23 日。

③ 分别于 1980 年 9 月和 1983 年 5 月。

④ 于 1983 年 10 月。

⑤ 弗郎克·泽林，路德维希·科纳：《君特·沙波夫斯基—政治局》，第 60 页。

⑥ 《莱茵商神报》，1991 年 1 月 4 日。

人接受，因为他不仅从经济的角度作出了解释，并且指出了中国领导人的责任所在。在某些特定的社会发展阶段，解决老百姓的温饱问题是最为重要的。中国在改革中没有采用可能引发社会动荡的"休克疗法"，就像人们在俄罗斯看到的那样。中国政府这样做不仅是出于经济和自身权力的考虑，而且体现出关心人民生活的责任感。

1990 年底，上海证券交易所在关闭 40 年后重新开业。上海市时任市长朱镕基希望以此为这一港口城市的现代化开辟新的资金来源，同时推进金融体制的改革。这是中国迈出的重要一步。仅在 15 年以前，思想开放的中国驻德国大使王殊曾拒绝参观法兰克福证券交易所和与交易所负责人会面。王在他的回忆录中写道："因为当时把股票、期货之类看成是'资本主义的东西'。现在想来也感到可惜和可笑。"①

但是，上海证券交易所并没有真正进入国际金融市场，股市至今仍未向外国投资者完全开放，中国公司的行动空间也同样受到限制。

经济对外开放的路线得到巩固。1991 年，李鹏总理在一年一度的《政府工作报告》中提出了新的口号："为了提高中国这一世界人口最多的国家的人民生活水平，我们要继续坚持对外开放。"②

1991 年 4 月初，谙熟英语、见多识广的经济问题专家朱镕基出任李鹏总理的副手。这位新任副总理成为在世界面前代表中国的崭新面孔。他的幽默和务实既受到国内，也受到国外的欢迎。当外国记者问他："您是中国的戈尔巴乔夫吗？"他机敏地回答道："如果我是戈尔巴乔夫的话，那我现在就会遇到大麻烦。"③ 朱镕基上任几周后，德国第一批高级政治家来华访问，其中包括联邦经济部长约尔根·穆勒曼（Jürgen W. Möllemann）、外交部长汉斯·迪特里希·根舍（Hans－Dietrich Genscher）以及总理府部长鲁道夫·赛特斯（Rudolf Seiters）。

① 王殊：《中德建交亲历记》，第 176 页。
② 《南德意志报》，1991 年 3 月 25 日。
③ 《南德意志报》，1991 年 4 月 9 日。

　　与此同时，中国在亚洲也展开了全方位的外交攻势。1990 年 8 月 8 日，中国恢复与印度尼西亚中断 30 年的外交关系。10 月和次年 9 月，中国先后同新加坡和文莱建交。至此，中国与东盟六个成员国全部建立了外交关系。1991 年 7 月，东盟首次邀请中国外长出席东盟部长级会议开幕式，中国在地区事务中的作用和对邻国的影响得到加强。同年 8 月，中国与韩国建交。3 个月后，明仁天皇作为第一位日本元首访问了中国。

　　1992 年 1 月 17 日，邓小平在女儿的陪伴下乘专列离开北京，开始了长达五周的南方视察。在中国经济奇迹的诞生地深圳，他向激动的人群说道："改革开放迈不开步子，不敢闯，说来说去就是怕资本主义的东西多了，走了资本主义道路。要害是姓'资'还是姓'社'的问题。……深圳的建设成就，明确回答了那些有这样那样担心的人。特区姓'社'不姓'资'。"针对那些指责深圳和其他南方城市的繁荣完全依靠外资的观点，邓小平反驳说："就是外资部分，我们还可以从税收、劳务等方面得到益处嘛！多搞点'三资'企业，不要怕。"

　　邓小平传递出的鼓励务实致富的讯息颇具吸引力。"有条件的地方要尽可能搞快点，只要是讲效益，讲质量，搞外向型经济，就没有什么可以担心的。低速度就等于停步，甚至等于后退。广东，要上几个台阶，力争用 20 年的时间赶上亚洲'四小龙'（即韩国、中国台湾、新加坡、中国香港，编者注）。"[1]

　　晚年的邓小平就像一个冲浪者，总能在正确的时机捕捉到正确的浪头。作为一位有着老年人智慧的谋略家，他赢得了民众的支持并且意识到，即使领导人的力量再强大，也无法与全球化力量相抗衡。他给后人留下的是中国前所未有的务实作风。他清楚地看到，"我们在走我们前

---

[1]　赛康德：《中国——一个世界强国的复兴》，第 302 页。

人没有走过的路，是摸着石头过河。"① 正因为如此，必须避免意识形态上的先入为主。"计划经济不等于社会主义，资本主义也有计划；市场经济不等于资本主义，社会主义也有市场，计划和市场都是经济手段。"找到两者间适合中国的正确比例关系，是下一代人的任务。

---

① 龙安志：《朱镕基与现代中国的变革》，第13页。

第七章
稳定压倒一切

进入 20 世纪 90 年代后，中国社会秩序的轮廓日渐明朗。经过 10 年的时间，中国共产党的路线方针比以往更加稳健和令人信服。

中国形成了自己新的运行规则，这些规则在被社会普遍接受的过程中，没有遇到大的阻力。政府与民众之间已经形成不成文的社会契约：其一，在政界、社会团体、法律界以及社会科学研究领域工作的人员，只有在遵守现有体制的前提下才有可能获得升迁；其二，在经济领域里，非党员同样可以成为成功人士；其三，集体利益重于个人利益；其四，对于邪教以及其他具有迷信色彩的宗教团体，只要有煽动群众反抗政府的危险，一律予以严厉打击。2001 年 8 月，江泽民在接受《纽约时报》采访时，对中共立场作出如下概括："我可以肯定地说，如果在中国实行西方式的议会民主，其后果将是 12 亿中国人没有饭吃，导致天下大乱，如果这样的话，必定将对和平和稳定不利。"

中国共产党依然拥有牢固的统治地位，并利用手中的权力创造了一个推动实现共同富裕的大环境。2002 年召开的中共十六大通过决定，允许私营企业主入党，标志着私有经济得到了完全的承认。

在社会主义的大环境下，中国社会生活的许多领域充满了资本主义式的竞争，其激烈程度甚至超过了西方工业国家。在这个时期，中国人的个人自由超过了以往任何一个历史时期。《纽约时报》专栏作家纪思道（Nicholas Kristof）在文章中写道："中国没有政治上的多元化，但是在经济、文化和社会等领域，中国的确是在朝着多元化方向发展。"

尽管中国的这套做法同我们的民主标准相去甚远，但迄今为止却十分奏效，即使是改革中的失败者对社会契约也表示认同。那些依靠土地维持生计的农民和那些与衰败的国营企业患难与共的工人，始终期待着自己有一天也能富裕起来。他们之所以能够保持耐心和希望，其中一个主要原因在于，他们为自己的国家重新成为世界强国感到自豪。这一点对我们来说或许难以理解，但是对他们而言，能够参与其中，有着非同寻常的意义。此外，他们当中的许多人还可以通过亲戚关系网，从成功者那里分享到一些实惠。

其实，大多数中国人更喜欢随大流，搭顺风车。他们将财产与富裕生活作为目标，把学习和知识当作手段，将事业成功奉为人生信条。这一人数众多的群体并不局限于沿海城市，他们认为是国家为其个人发展开辟了道路，并提供了条件和机遇。由于国家利益与个人利益在多数情况下相互吻合，因此他们感觉自己是自由的。当他们的个人利益与国家发生冲突时，他们看到的往往是，国家毕竟是在进步，于是，他们宁愿采取变通的办法自己解决困难。很显然，这些与我们对自由的理解全然不同，但是，中国人目前的生活在很多地方令我们回忆起德国创造经济奇迹的年代。

1992 年，中国国内生产总值增长率破纪录地达到 12.8%，超过政府预期一倍以上。《亚洲华尔街日报》评论说，"这一数字简直令人目眩。1976 年中国 80% 的企业仍然是国有企业，现在这一比例已不到50%。中国高达 12% 的经济增长率是任何其他国家都无法达到的。国家外汇储备也急剧上升，同时，中国经济为不断壮大的中产阶层提供了充

足的消费品供应。1980 年洗衣机平均日销售量为 200 台，目前则达到
40000 台。13 年前电视机的日均销售量为 10000 台，如今则是 70000
台。这些都是无法回避的事实。"但在此时，通货膨胀面临着失控的
危险。

前几年，各大银行毫无节制地向房地产业发放贷款，银行现金储备
已严重不足。用朱镕基的话说，这是"乱贷款"。① 朱镕基最后不得不
亲自掌舵，于 1993 年 7 月出任央行行长。此时确实已到了最后关头，
中国当月通胀率再次突破纪录，达到了 21.7%。

1993 年 6 月，朱镕基宣布实施"十六点措施"。这是中国有史以来
第一个按照国际通行的现代经济学理论制定的宏观经济方案。该方案明
确了银行贷款规则，严格控制货币发行量，提高贷款利率，冻结导致通
货膨胀的主要商品价格，采取措施打击黑市，要求银行增加货币储备，
保证储户可以随时提款，以避免造成对国家支付能力的怀疑。另外，还
加强了对国债发行的管理。

1994 年，粮食紧缺的传言导致了粮食抢购潮，粮价因此提高了
50%，通货膨胀率达到 22%，升至建国以来的最高点。短期房地产炒作
使大城市的通胀率远远高出全国平均水平。

为打击黑市交易，遏制来自国际金融市场的投机活动，朱镕基决定
增加外汇储备。中国出口的持续强劲增长给国家带来了大量外汇，为增
加外汇储备提供了前提。

朱镕基清楚地知道，随着 1997 年香港回归，中国的稳定将面临来
自国际金融业的挑战。作为亚洲最发达的股市之一，香港股市不受到国
家的控制。中国在关于香港问题的联合声明中向英国人承诺，将保持香
港作为世界最自由的市场经济的地位。全世界都在关注中国是否遵守这
一协议。此外，中国政府不仅希望通过收回香港来洗刷殖民统治的屈

---

① 龙安志：《朱镕基与现代中国的变革》，第 18 页。

辱，而且要向世人显示，自己有能力管理现代经济。为达到这一目标，中国必须保持国家的稳定。

早在香港回归的准备阶段，朱镕基就利用香港回归问题来训诫那些不遵守制度的官员。他向地方干部提出了严格的要求，以此方式对其进行约束。与此同时，他的经济调控政策收效显著。1996 年底，他成功使中国经济实现了软着陆，通货膨胀回落至 6.1%，经济增长达到 9.7%。这一成就主要归功于外来投资和出口的增长。

朱镕基虽然控制住了"病情"，但是疾病本身却远未治愈。中国经济仍然受到错综复杂的三角关系的困扰：国家强调经济增长，而企业则靠贷款来提高生产，生产出的产品却往往因质量不高或产量过剩而无人问津。上述三个方面的问题导致的结果是：企业因利润不足而无法付清供货费用，只得向国家继续贷款。由于大量贷款满足了多数地方官员的利益，因而这一恶性循环难以遏止。

中国人的市场经济思维方法是在与外国企业日益密切的联系中逐渐成熟的。如果一家企业管理不善，它便无法在行业内立足，由此逐渐完成优胜劣汰。与外国合作的企业由于引进了现代企业管理制度，产品质量大幅提高，单位生产成本得到降低。但是，许多企业的改革并不彻底，一个常见的情况是，某些部门的管理得到改善，其他部门却依然如故。

如果中国没有一个能够按照市场经济规律对资金进行有效配置的金融体系，就难以实行根本性的经济改革。与国有企业改造相比，对银行的整顿较为容易。1994 年，中国成立了四家大型国有银行：中国银行、中国农业银行、中国建设银行和中国工商银行，这四家银行将在国家金融体系中发挥支柱作用。政府计划部门希望通过引入银行竞争机制，促使各家银行对其 15 万至 60 万人不等的庞大员工队伍进行精简，并迅速实现专业化管理。前国家经贸委主任王忠禹宣布："银行将只给那些具有盈利和还贷能力的企业提供资金支持。"事实证明，这只是一个美好的愿望。由于银行力量薄弱，市场尚欠发达，银行难以通过自身利润来冲销坏账。① 根据官方统计，2002 年不良贷款的比例仍高达 25.4%。1999 年，中国政府从国有银行剥离出巨额不良资产，交给国有资产管理机构处置。"这对银行来说本应是最后一次免费午餐"，财政部长项怀诚 2002 年底坦言，"但实话说，这种情况以后还会出现。"自 2001 年底以来，一些国际投资公司开始涉足中国不良债务市场。当年 11 月，由摩根斯坦利投资银行牵头的投标团率先以 1 亿美元的价格收购了账面价值 12 亿美元的不良资产包，2003 年德意志银行也收购了价值大约 3 亿欧元的债权包。

为鼓励竞争，同时也为了尝试与国有体制不同的另一种体制，中国政府于 1996 年批准成立了第一家民营银行——中国民生银行。"国有银行对私人客户的需求缺乏了解，"民生银行创办人兼董事长经叔平表示，"而我们则努力把我们的客户培养成优秀的理财者。"② 2002 年，民生银行创下了 1.08 亿欧元的利润。民生银行目前被视为中国最现代化的银行之一。但该行所占市场份额不大，对宏观经济的影响甚微。同样，西方银行在中国市场上的分量也仍然很弱。迄今已有 181 家外国银行在中国设立了分支机构，但其市场份额仅为 1.5%。尽管中国在加入世贸组织时作出了开放市场的承诺，但是从目前趋势看，外国银行中短期内的市场份额难以超过 3%。外资银行拓展中国市场的压力是巨大的。一位西方银行家表示，"中国经济增长迅猛，而世界市场的发展却十分迟缓。"③ 近年来，中国允许并鼓励半国营的中小银行引进外资。美国花旗银行购买了上海浦东发展银行 5% 的股份，德意志银行拥有华夏银行

① 在任期临近结束时，朱镕基不得不承认，他低估了身边亲信的腐败问题。2002 年，中国有史以来涉案金额最大的一起金融腐败案曝光。此前一直被视为年轻有为的银行家的原建行行长王雪冰因涉嫌贪污被开除党籍并判处多年监禁。

② 《经济周刊》，2001 年 9 月 20 日，第 106 页。

③ 汇丰银行投资、企业资金管理与市场开发部总裁葛霖（Stephen Green）。

10％的股份，上海银行8％的股份归汇丰银行所有，而深圳发展银行甚至完全由外资银行管理。① 在银行业引进外资的做法，体现了已在其他行业得到印证的战略：引进外资金融机构作为合作伙伴，由其负责经营管理，外方以其资金投入和管理经验换取进入中国市场的许可。

按照规定，单一外资持有单个银行的股份不得超过20％，多个外资持有股份不能超过25％。所持股份超过5％的外资银行可委派一名监事会成员。自中国银监会（CBRC）2005年明确提出鼓励中国大型国有银行上市以来，在华西方银行纷纷行动起来。尽管人们普遍认为，中国国有银行缺乏透明度，但世界顶级银行家仍然相信，拥有巨额外汇储备的中国政府在银行陷入困境时不会见死不救。因此，以美国高盛投资银行为首的财团以30亿美元收购了中国工商银行10％的股份，其中德国安联集团出资约三分之一。安联集团董事长迈克尔·迪克曼（Michael Diekmann）表示，愿意与拥有1亿客户和2.4万家分支机构的中国工商银行共同开发中国市场的金融服务业务。目前，中资银行已在海外上市方面积累了初步经验。虽然目前收益平平，但整体取得了积极进展。汇丰银行持有近20％股份的中国交通银行于2005年6月在香港上市，创下了集资上亿欧元的佳绩。上市首日，公开认购的超额认购倍数高达两百多倍，而开盘价则比发行价高出12％。同年，中国建设银行也在香港上市，这是中国大型国有银行首次在海外上市。建行香港上市首日，成交额超过数亿港元。紧随其后，中国银行和中国工商银行亦于2006年在香港上市，后者还创下了市值历史最高纪录。与此情况相反，中国首家民营银行中国民生银行2005年上市的计划却又一次落空。银监会因此做出决定，将进一步发展与国内和外资金融机构的合作。

---

① 美国新桥投资集团于2003年购买了该银行20％股权。在亚洲金融危机后，新桥集团曾以类似方式帮助一家韩国银行摆脱危机。

　　尽管引进外资以及海外上市等措施开端良好，但对整个国民经济的影响却并不显著。

　　中国银行改革的另一战略是，派遣员工到国外分支机构培训实习，以期将所学到的国际业务经验带回中国。中国银行目前已在 23 个国家设立了分支机构，其海外业务已达到总业务量的 50%。直到本世纪初，中国 90% 的外汇交易都是通过中国银行来进行的。在香港，中国银行是仅次于汇丰银行的第二大银行。

　　四大国有银行以及管理灵活的中小型民营银行之间的竞争、中国银行的海外业务、资产管理公司的建立、外资银行的引入以及现代管理机制的建立等一系列措施推动了中国金融业的发展，但是不良资产的数额仍在增加。国有银行的发展水平与其他国企的水平是同步的，换句话说，国企改革的速度决定了国有银行的改革速度。此时，私营经济逐渐开始与国有银行脱钩。中国的民营经济占经济总量的三分之一，其贷款有些却来自那些近年来日益活跃的非法私人钱庄。[①] 中国政府认识到，如果单独对某一行业进行改革，而忽视各经济领域之间的相互联系和作用，改革的成功只能是有限的。

　　1997 年 2 月 19 日深夜，邓小平逝世了。此时距香港回归只有短短数月，对政局来说，这显然不是一个有利的时间。但是这一次，中国的街道上十分平静，既没有发生游行，也没有出现大规模悼念活动。此时，中国人的"我群意识"已经树立起来，不再像以往那样将自己的幸福与痛苦寄托于某位统治者身上。接班人的问题也早已有了安排。由于邓小平本人的主张，中国没有出现对他的个人崇拜。他明确禁止为他修建纪念堂，并交代家人将他的骨灰从飞机上撒入大海。

　　6 月 30 日，香港回归政权交接按计划进行。这一天，大雨倾盆而下。当英国总督彭定康（Chris Patten）和家人走上布里塔尼亚号客轮，

———

① 美国约翰·霍普金斯大学教授蔡欣怡（Kellee Tsai）估算。

准备离开英国最后一个重要的殖民地时，一家人泪流满面，场面令人动容。子夜时分，中国士兵进驻原英国人的军营，他们尽力避免摆出胜利者的姿态。

但仅隔数日后，香港和中国便被卷入了亚洲金融危机，这场突如其来的金融风暴甚至波及到了德国。中国前外长钱其琛回忆道，"这场风暴来得很快，没什么预兆，突然兴起，就像自然界的一场风暴，把树木都扫光了，大楼都损坏了。"①

就在香港回归交接仪式的第二天，泰国被迫放弃了实行已久的泰铢盯住美元的固定汇率制度，泰铢一日之内贬值 20%。这意味着泰国的美元债务骤然增加了 20%，"泰国虎"濒于绝境。② 7 月 28 日，泰国政府向国际货币基金组织求助，双方于两周后达成总额高达 170 亿美元的一揽子紧急援助贷款计划。人们曾经预言，21 世纪将是"亚太"世纪，亚洲经济将主宰世界。从当时形势看，这一预言似乎已成定局。假如亚洲各国经济之间没有形成如此紧密的联系，该贷款计划或许可以使危机得以解决。然而实际情况是，亚洲到处都有到泰国淘金的投资者，危机将他们同样拖入困境。由于泰国货币的贬值，泰国产品的价格一时间大幅下降。短时间的价格优势可以给泰国带来或多或少的好处，因为周边国家的货币仍保持着较高的汇率。

1997 年 8 月 14 日是亚洲金融危机正式爆发的恐慌之日，此时香港回归刚刚过去 6 个星期。东南亚各国的经济似多米诺骨牌般纷纷陷入崩溃。印尼央行被迫放开印尼盾对美元固定汇率。5 个月之后，印尼盾价值只相当于当初的七分之一。10 月，雅加达政府亦被迫向国际货币基金组织求援。12 月 22 日，美国国际评估机构穆迪公司（Moody's）宣布印尼已无偿债能力。11 月初，日本三洋证券公司宣布破产，这是二

---

① 钱其琛：《外交十记》，第 363 页。
② 泰国的经济崩溃并不出人意料，实际上早在 1997 年春便已出现征兆。

战后倒闭的日本第一家证券公司。11 月 20 日，韩元跌至历史最低点。12 月 15 日，韩国实行浮动汇率制。仅一天后，韩国政府向国际货币基金组织申请 200 亿美元的紧急援助。12 月 8 日，泰国外债达到 900 亿美元，接近其国内生产总值的 50％。消息公布后，泰国 58 家金融公司中有 56 家宣布倒闭。

香港同样被卷入漩涡之中。早在 8 月 15 日，一场针对港元的投机浪潮便已发动攻势。在中国政府的支持下，香港成功化解了投机风潮的多次冲击。但楼市价格已无可挽救，楼价暴跌将近七成。香港股市亦大幅下跌，仅 10 月 23 日一天之内，恒生指数跌幅便高达 10％。由于香港股市被视为亚洲的最后堡垒，世界各大股票交易所这时纷纷出现连锁反应，全球股市行情急剧恶化。

中国领导人对此忧心忡忡。正处于改革之中的中国经济能否经受住考验？回过头来看，中国没有像其他东南亚国家那样采取草率的做法是英明的。当初，东南亚国家在经济高速增长阶段举借了大量的短期高息外债。由于众多投资者希望从亚洲"四小龙"的经济增长中分享好处，向他们提供了大量资金。不少亚洲银行相信经济奇迹将持续下去，以至没有建立充足的风险储备。在这些国家政府的财政预算中，自有资本与债务之间的比例几乎达到荒诞的程度，无论国家、企业还是个人，都在依靠外债过日子。

与此同时，这些国家一直实行与美元挂钩的固定汇率制度，也就是说，国家保证可以随时以固定比价将本国货币兑换成美元。假如出现不愿以市场价格交易的情况，政府则会出面干预。当投资者突然间对泰铢失去信心，纷纷抛售泰铢抢购美元时，泰国政府被迫动用外汇储备，大量抛售美元，以平抑外汇市场。由于外汇储备很快告罄，国家无力再继续支撑固定汇率制度。当最后一批投资者意识到该问题，尚未来得及将所持泰铢兑换成美元，泰铢已骤然暴跌。那些收入为当地货币，而需要以美元偿还债务的企业，一夜之间便濒临破产。原来似乎源源不断的资金突然枯竭了，一时间，国内银根抽紧，市场全面崩溃，经济脉搏停止了跳动。

东南亚国家当初沉浸于对经济形势的乐观气氛时，只顾享受金融市场开放所带来的种种好处，如源源不断的资金，而对其潜在风险则毫无意识，如：汇率波动以及外债负担过重等。当一国金融市场对外国形成过度依赖，便丧失了自己的独立性。大量举借高额短期外债的国家，最好采取浮动汇率制度，允许货币自由兑换，以此随时保持国家的信用度以及世界对本国经济的信心。只有拥有雄厚外汇储备的国家，才具备将本国货币与美元挂钩的能力。

中国政府早在上世纪 80 年代便已认清了国际金融市场的运行机制，同时出于历史原因，中国政府决定保持国内金融市场的独立性。从投资稳定和经济长期增长的利益考虑，中国避免引进短期资本。外国投资者不允许将资金用于金融投机，而只能用于机器厂房等固定资产投资。这样可以保证在出现危机的情况下，外资难以快速撤出。中国通过这一方式建造起一道长城，以抵御现代侵略者——国际金融炒家的攻击。当东南亚国家的货币尚未出现暴跌时，朱镕基总理便下令迅速查找漏洞，终于在经济发达的南方省份发现了问题，特别是与香港毗邻的广东。该省的经济发展状况与"四小龙"颇为相似，在做法上也有许多共同之处。

1979 年，荣毅仁创办投资公司，以吸引国外资金。荣毅仁以"红色资本家"而闻名，早在中华人民共和国成立之前便是一位成功的企业家。邓小平对荣毅仁说，"你来牵头办实体，搞对外开放窗口。人由你选，业务由你管，事情由你负责。不要搞成官僚主义企业。给你的任务，你认为合理的就接受，不合理就拒绝，由你全权负责处理，处理错了也不怪你。要用管理经济的办法来经营，要从商业考虑来签合同。只要能赚钱，能创汇，就签，要不然就不签。"[1] 没有哪份文献能够如此

---

[1] 龙安志：《朱镕基与现代中国的变革》，第 79 页。1979 年 1 月 17 日于人民大会堂。

生动地反映出邓小平集务实与率真于一身的性格，邓小平正是以这样的性格进行着改革试验。在此后的 20 年当中，邓小平的改革措施颇见成效。1979 年 10 月成立的中国国际信托投资公司取得了出色业绩。80 年代中期，中信公司在国际俱乐部旁边建起了北京第一座大型写字楼。中信香港公司由荣毅仁的儿子荣智健掌管，是中国最成功的大型企业之一。[①]

　　广东国际信托投资公司的企业模式与此类似。该公司成立伊始便表现出强大的野心，甚至置中央宏观调控政策于不顾，擅自违规操作。与泰国和印尼的做法一样，广东国投公司瞒着中央政府部门，短期内从国外筹借了大量资金，在 1986 至 1998 年期间，广东国投在日本、香港、美国和欧洲举借了 20 多笔债务，其中大部分投入到一些可疑的项目。[②]广东国投的一家子公司在香港上市（即所谓"红筹股"），该公司股票被超额认购 892 倍，筹资总额高达 85 亿欧元。1997 年初，广东国投已控制了中国金融系统全部资产的 4.5%。其数额之巨随时可以导致全国性金融动荡，起码足以使人民币与美元挂钩的固定汇率制度受到动摇。

　　中国金融市场由此对国外投机者打开了一道缺口，在亚洲金融危机中，这一缺口有可能将整个国家拖入危险境地。债权人随时可能联手向广东政府发难，要求在短期内偿还债务。中国突然意识到自己正处于与东南亚国家相似的处境。中国其他一些省份，特别是海南省，也向国际投机者大开门户。[③]世界金融界不无担忧地注视着中国，一旦人民币贬值，整个地区的危机将更加恶化。稳定作为中国政府的最大资本，此时也面临着考验。中国政府起初行动稍嫌迟缓，但决定采取措施后则行动

---

① 1997 年，中信集团向英国太古集团发动攻势。在香港回归之前 6 个月，中信集团发布消息，称其已从政府得到在香港成立一家航空公司的许可，并向太古集团提出条件，如果后者出让其国泰航空的股权，中信将放弃成立新航空公司的计划。太古集团以远低于市值的价格向中方出售了部分股权，此前中信已拥有 12% 的国泰股权。

② 龙安志：《朱镕基与现代中国的变革》，第 88 页。

③ 80 年代末，海南省与中央财政脱钩，并成立了独立的金融机构。

迅速而果断。1998 年 6 月，海南两家最大的金融机构被关闭。朱镕基在一次中央会议上表示，最大的问题源于一些领导干部的轻率和冒险行为。[①] 海南两家公司的关闭，也向其他省份，特别是广东省发出了警告。在泰国引发亚洲金融危机两个半月之后，中国央行 9 月底下令禁止各省未经央行批准"擅自设立金融机构或者擅自从事金融业务"。[②] 在中国经济的竞争力和可控性受到威胁的情况下，国际金融界期待着中国政府作出权威表态。朱镕基对此明确表示，尽管在市场经济改革中许多权力下放到各省，但决策权和监督权仍然在中央。

朱镕基派遣一名可靠的督察员前往广东省，调查巨额债务的情况。[③] 从广东发回的报告令人触目惊心，该省不良资产的数额远远超出北京的预料：广东国投的债务为 20 亿美元，其下属国有企业广信实业的债务达到 41 亿美元。中央权威受到严重损害。朱镕基决定抓住这一时机采取强硬措施。此时，亚洲正处于金融危机之中，突然关闭广东国投公司，将自身弱点暴露在世人面前，将使中国作为投资目的国的信誉蒙受损失。因此，朱镕基最初并不急于动手，[④] 而是直到 1998 年 10 月 6 日才作出决定，以资不抵债为名关闭广东国际信托投资公司及其下属的三家子公司。由于大部分债权人是外资银行，其中包括德意志银行和德国商业银行，几家银行联合发起反击，指责关闭两家机构为"违法"，公开对中国金融机构的稳定提出质疑，并威胁将提出 100 亿美元的索赔要求。以美国摩根斯坦利银行负责人率领的银行家与外国使节代表团前往广东，要求中方优先偿还外国债务。对此，清算组组长的回答简短明确："中国破产法没有优先偿还外国债务的规定。"[⑤] 由于外国债权人拿

---

① 龙安志：《朱镕基与现代中国的变革》，第 88 页。
② 龙安志：《朱镕基与现代中国的变革》，第 71 页。
③ 王歧山，1948 年出生，曾任北京市市长。
④ 新华社 1998 年 9 月 27 日报道。
⑤ 《南华早报》，1999 年 12 月 18 日。

不出书面担保，而中国政府早在 1997 年便明确表示，政府不为二级市场出具担保，因此，这一回合较量的结果可想而知。"没有任何担保的金融机构，中国政府不对其债务负责。外国银行应当自担风险，这也符合国际通行做法。"①

这是一场冒险游戏。中国有可能为此付出沉重代价，甚至损害国家形象。但是，在亚洲金融危机之后，世界比任何时候都更加需要一个稳定的中国。经过权衡，中国政府决定不向外国银行让步。

结果很快显示，中国这步棋走对了。外国银行不愿冒长期失去中国市场的风险，当公开威胁未见效果后，便逐渐收敛起来。提高贷款利率并未给中国经济带来太大影响。在香港上市的"红筹股"虽然一路下跌，广信股票最终被摘牌，但是在一年来所有亚洲股票全线下跌的背景下，这些便显得无足轻重。中国对广东国投案的审理，直到 2003 年 3月才低调结案。中国法院判定，在其 56 亿美元债务中，24 亿美元为合法债务，110 家外国银行的投资损失约 75%。②

国际投资者很快恢复了对广东的信心。虽然外来投资在 1999 年第一季度下降了 24%，但之后即开始迅速回升，③ 路透社一篇报道的标题称"广东重返生意场"。通过本次事件，中国对自身对世界经济的影响力和行动空间进行了一次试探。这是中国政府长时间以来第一次在国际问题上敢于发挥影响，并根据本国利益决定自己的行为。在亚洲金融危机中，一场争夺制空权的较量揭开了帷幕。

这场较量围绕着中国的两种货币——人民币和港币展开。这两种均与美元挂钩且汇率相近的货币，在亚洲金融危机当中扮演了重要角色。中国完全可以将两种货币贬值，以应对该地区其他货币的暴跌，以此降

---

① 龙安志：《朱镕基与现代中国的变革》，第 95 页。

② 参见 1999 年 12 月 17 日《欧洲华尔街日报》和 2003 年 3 月 5 日《南华早报》。在最初10 月，跌幅尚只有 3%。

③ 路透社 1999 年 11 月 25 日报道。

低中国产品的价格，提高其竞争力。但是，人民币与港元的贬值将可能引发其他亚洲国家货币的新一轮贬值，给国际金融市场造成更大的压力。

美国原以为自己是唯一能够控制这场危机的国家。[①]前任世界银行首席经济师、诺贝尔经济学奖得主约瑟夫·斯蒂格利茨（Josef Stiglitz）试图说服朱镕基放宽人民币汇率浮动范围，指出中国不可能长期坚持一种不符合市场规律的货币政策。[②]而中国恰恰要向世界证明自己的做法是正确的。随着局势的发展，美国人不得不承认，真正左右事态进程的是中国，而不是美国。其他国家的外交官和政治家也吃惊地发现，他们手中施加压力的手段寥寥无几，无法强迫中国朝着他们所希望的方向发展。中国领导人经过对局势的慎重分析后得出结论：占中国国内生产总值30％的外贸出口中，三分之二的商品由于没有真正意义上的竞争，因而不会受到亚洲金融危机的影响。例如，中国出口的鞋类产品是亚洲其他国家鞋类出口总量的20倍。在华外资企业不会为降低工资成本而草率决定将生产转移到马来西亚或印尼。因为建立一家新的企业并使其生产质量达到相应标准，需要经历漫长的过程。此外，尽管东南亚国家货币大幅贬值，但是中国的工资成本仍然处于较低水平。许多外国金融专家也一致认为，中国应当保持人民币汇率的稳定。[③]世界银行驻华首席代表黄育川的判断是："亚洲市场已十分脆弱，通过货币贬值来推动出口难有收效。"投资银行专家则警告说，人民币贬值既损害中国的政治形象，同时还将危及香港股市与房地产市场。

① 在美国联邦众议院金融事务委员会1998年1月30日召开的会议上，一些议员称，"美国在目前这场危机中掌握着全部主动权，可以借此推动世界经济按照我们的原则发展。我们应当利用这次危机，敦促其他国家采取相关措施。"
② 龙安志：《朱镕基与现代中国的变革》，第122页。
③ 参见1998年9月8日《经济周刊》。

　　然而来自西方的压力并没有减弱，中国的处境并不乐观。① 在世界经济遭受冲击的背景下，中国外汇收入明显下降，经济增长速度放慢。美国政界的神经越来越紧张，1998 年 1 月，美国临时决定派遣由财政部副部长，后来的哈佛大学校长劳伦斯·萨默斯（Lawrence Summers）率领的代表团出访中国，② 当时正在中国西部甘肃省考察的朱镕基总理并未赶回北京迎接客人，而是将他们请到了内地。会见结束时，朱镕基告诉美国人他的最终决定："人民币不会贬值。"③ 国际金融界齐声赞扬中国对亚洲以及世界金融稳定作出的贡献。中国则利用这一刚刚赢得的声誉，趁势扩大在世界经济中的主动权。

　　国家主席江泽民在接受一家美国报纸采访时强调，中国为了维护地区稳定，自身承受了巨大压力："中美两国在维护亚洲各国经济稳定方面有着共同利益。我们愿与美国继续保持对话，共同促进亚洲经济的稳定和发展。"④ 他还表示，在国际金融市场上，各国利益相互交织，因此各国应当密切合作，共同寻求解决办法。对此，美国财政部长鲁宾（Robert Rubin）的回答是："我想重复一句我曾经说过的话：中国是亚洲稳定的岛屿。"⑤ 实际上，人民币并没有贬值的迫切压力。中国人很早之前便认识到全球化使各国利益相互交织在一起，并采取了正确的应对措施。更为令人惊讶的是，中国在世界上政治实力的上升，几乎是在公众未曾注意到的情况下悄然完成的。尽管国家间的实力较量已逐渐向经济领域转移，然而媒体关注的焦点仍旧集中在军事或政治领域的冲突。直到金融危机已经成为历史，当人们回头看时才真正意识到，这场围绕货币贬值的较量意义深远。然而在亚洲金融危机之后，中国却拥有了对

---

① 1998 年头 4 个月的出口增长率由 10% 下降到 8.6%，外来投资骤减，当年第一季度的经济增长率为 7.2%，明显低于 8% 的预定目标。

② 其父亲与祖父均为美国名牌大学的教授。

③ 龙安志：《朱镕基与现代中国的变革》，第 100 页。

④⑤ 参见 www.cnn.com。

世界经济和政治问题的参与权。在上述力量试探中取胜后仅仅数周，中国央行行长戴相龙又提出了新的要求，他指出中国应当更多地参与全球化协调，"中国通过参与国际金融体系的运作，可以更好地保证国内金融体系的稳定。"①

在亚洲金融危机发生的同一年，江泽民首次以国家主席身份正式访问美国。在克林顿提议下，两国元首达成一致，美国财政部长鲁宾（Robert Rubin）和中国时任副总理朱镕基今后将密切合作，以"保证亚洲地区的金融稳定"。江泽民决心向美国展示全新的中国形象，除显示中国日益强大的经济实力外，他还特别希望展现中国的友好姿态。

在纽约证券交易所，江泽民按响了开盘铃声，并目睹了交易大厅的繁忙景象。当时他没有预想到，几年之后将有中国公司在这里挂牌上市。时隔一年，克林顿总统对中国进行了回访。

克林顿1998年6月底的首次访华成为中美新型关系的试剂。此次访问的每一处细节，大到对政治问题的表态，小到身体的一举一动，无一不是世界政治新格局的反映。这是克林顿历时最长的一次国外访问，在往返途中也没有在其他国家停留，由此表明了美国对上升中的中国地位的重视。中美双方都希望能够保证访问顺利进行。

美国希望向世界证实自己仍是世界的唯一霸主，而中国则要向世界表明，中国已重新跻身于世界强国之列。从克林顿抵达机场时双方的首次接触就可以看出，世界的板块构造发生了怎样的移动。

在谈到人民币贬值问题时，克林顿向中国表示了敬意。当朱镕基总理在会见中再次公开承诺"人民币不会贬值"时，克林顿称赞道："中国的做法富有政治气魄，为整个地区作出了巨大贡献"。不过真正的较量是在克林顿与江泽民的会晤中进行的。此前克林顿提出，希望举行一

---

① 龙安志：《朱镕基与现代中国的变革》，第102页，参见《关于当前国际金融形势和国家改革的报告》。

次电视直播的记者招待会，直到会谈开始前几分钟，江泽民仍未答复是否同意这一冒险之举。美国人一直在等待着结果。这时候，人民大会堂的扩音器里播放着美国老鹰乐队（Eagles）演唱的歌曲《放轻松一点》（Take it easy）。江泽民最终表示同意美方建议，显示出中国领导人新的自信。在记者会上，克林顿语气友好，但对问题则直言不讳。当听到对手强硬的攻击性言辞时，江泽民把头向后仰，下巴向前扬起。江泽民随后的表现证明，他是有能力对付这位美国对手的。《国际先驱论坛报》评论说，"记者会看起来甚至令他十分开心。"实际上，江泽民从始至终胜券在握，因为无论对于他还是对其他领导人来说，关于人权问题的讨论已渐渐无伤大雅。

克林顿是第一位要求电视直播的外国元首，这一点并非偶然。对美国而言，它的权力愈加削弱，此类表现强权的形式便愈为重要。在克林顿启程访华前，形势便已十分明朗，中美之间的相互需求和依赖超过了以往任何时期。克林顿在总统任期结束前，支持中国加入世界贸易组织，将中国融入世界经济，这将作为其为数不多的光荣业绩载入史册。

1999 年 5 月 7 日，北约使中国的主权和民族自尊心受到严峻考验。在科索沃战争中，美国导弹炸毁了中国在贝尔格莱德的大使馆。[①]

在炸馆事件中有三人死亡，多人受伤。美国方面称，他们在确定轰炸目标时所使用的的是一张贝尔格莱德市的旧地图，上面尚未标出中国使馆新馆舍的位置。这一解释难以令人信服。美国情报机构在测定军事目标方面具有高超水准，其精确制导武器的命中率极高，美国一向对此引为自豪。中国政府的第一反应十分激烈，并称"中国政府保留采取进一步措施的权力。"[②]

如果发生在几十年前，这样的一次攻击极有可能引发一场战争，况

---

① 1999 年 5 月 7 日于当地时间 11 点 45 分，导弹从不同方向击中贝尔格莱德的中国使馆。除 3 人死亡外，另有 21 人受伤。

② 参见 www.fmprc.gov.cn。

且北约在科索沃的军事行动并没有得到联合国安理会的授权。作为安理会常任理事国的中国和俄罗斯始终反对对南联盟实行军事打击。中国政府的反应停留在口头抗议上，但态度激烈并不乏威胁色彩，矛头直指美、英两国。对国内民众尤其是大学生的愤怒和不满，中国政府放开了一道闸门，但同时努力避免使民愤的宣泄发展到失控的地步。在英国和美国驻华大使馆的门前多次出现暴力示威活动。警察对此采取了默许态度，只阻止示威者冲入使馆院内，以避免群众同全副武装的美国海军陆战队士兵发生流血冲突。在美国总统克林顿亲自表示道歉后，中国政府开始对示威人群进行疏导，并将使馆区隔离起来，以便将示威人数限制在可控范围之内。中国民众深深感到受到美国的挑衅，因此表现得愤怒异常。连续数个星期，在没有政府动员的情况下，大学生们自发聚集到北京大学校园的一座纪念碑前，在三位遇难者的遗像前摆放白色丁香花、苹果和国旗。此时，中美两国政府之间尚未就缓解这一危险的紧张局面开始对话。

美国众议院不久后公布的所谓"考克斯报告"给两国关系蒙上了新的阴影。该报告指责中国窃取"美国最先进的热核武器技术"情报，其中包括核弹头制造的技术机密。报告称，这种核弹头是"美国有史以来制造的技术最先进的武器"。

在中国同北约处于危险的紧张状态之际，德国总理施罗德对中国进行了首次访问。访问日期在很早之前便已确定。在前任总理科尔执政期间，两国商定在德国出任欧盟轮值主席国期间安排德国总理访华，以增加访问的政治分量。由于中国人对这位红绿联合政府的新总理了解不多，中国政府怀着浓厚的兴趣期待着施罗德的来访。

在访问之前五天突然发生的炸馆事件，使局势发生了彻底的改变。德国对事件虽然并没有直接责任，但作为北约的重要成员国同样难逃其咎。在这种情况下，人们难以想象中国政府会以检阅仪仗队的礼遇来迎接施罗德总理的到访，并同他和随行的大型经济代表团举行正式会谈，或者出席他以欧盟轮值主席身份举办的招待会。同样无法想象的是，在两个北约盟国使馆正在遭受愤怒群众围攻的同时，德国总理还能够悠闲地参观故宫或者天坛。但另一方面，恰恰由于贝尔格莱德事件，如果德方临时取消此访，很可能将给中国造成伤害，给中德两国之间的传统友好关系带来不必要的麻烦。德国不愿意看到这种情况的发生。为使访问能够如期进行，必须找到一个双方都可以接受并照顾双方利益的形式。德国驻华大使于倍寿（Hans－Christian Ueberschaer）曾长期在总理府供职，擅长于危机管理。他成功地与当时的中国外交部西欧司司长、现任中国驻德国大使马灿荣就访问安排达成一致：德国总理对中国进行为期一天的工作访问，双方的共同目标是推动科索沃冲突在联合国安理会授权下获得解决。

除了这一看来可行的折中方案之外，德国大使还必须向总理报告此时访华可能面临的其他风险，例如：此访会不会引起政治舆论的哗然？在遭受炸馆事件后，中国领导人的态度是否会发生变化？中国政府是否会把对"以美国为首的北约"的不满和愤怒发泄到施罗德身上？另外由于客观原因，德国总理专机的抵达时间，恰好是紧随运送遇难者遗体的飞机降落之后。中方礼宾官会不会安排总理车队跟在运送遗体的灵车后面，以步行速度缓慢地驶入北京城呢？

尽管意识到上述各种风险，施罗德仍然决定踏上他的首次中国之旅。在访问中，他以极大的同情心展示了出色的政治家风范，在短短的16个小时里，为自己，为德国赢得了突破性的外交成果。

1999年5月12日凌晨，德国总理的专机在北京降落。在中方安排下，代表团没有和运送遗体的队伍相遇。施罗德在下榻的凯宾斯基饭店对中国外交部长唐家璇表示，他来华的目的是作为德国政府首脑，同时以北约的名义向中国正式道歉。他表示不仅将在私下向朱镕基总理，而且愿意在摄像机镜头面前向全体中国人民道歉。西方国家领导人向中国人道歉还是第一次。朱镕基对施罗德的表态深表感动，乃至不顾礼宾习惯，来到人民大会堂门口亲自迎接施罗德。就在几分钟之前，朱镕基刚刚慰问了炸馆事件的幸存者。在接下来的会谈中，两国政府首脑建立起彼此间的信任。送别时，朱镕基半认真半玩笑地问施罗德，什么时候能补上"正式访问"一课。这次访问使施罗德在中国人心目中留下了难以磨灭的印象，他所作出的重要政治姿态并非迫于外交上的压力。使中德两国在如此困难而棘手的处境下携起手来的原因，不是两国密切的经济联系，而是对世界和平的共同担忧。

亚洲金融危机虽然没有造成中国经济的崩溃，但仍给其带来了严重影响。为了维护国家的稳定，朱镕基总理在金融危机爆发一年后所做的政府工作报告中提出，应适当放慢改革的步伐。他提出，首先要确保经济增长率达到8%，通货膨胀率小于3%，并继续保持人民币不贬值；其次要保住现有改革成果，加强宏观调控能力，特别是强化中央银行的监督，推进国有企业的改革，对政府机构进行精简。粮食流通体制、投资融资体制、住房制度、医疗制度和财政税收制度改革则被列在政府工作重点的第三位。

亚洲金融危机坚定了中国政府进一步加强对自身保护的信念。朱镕基强调，如果资本市场开放过快，很容易使本国经济受到冲击。[①] 中国经济的现代宏观调控机制刚刚开始建立。在亚洲金融危机之后的两年中，中国央行试图通过下调利率的办法来抑制储蓄并降低贷款成本，以此鼓励私人消费和企业投资。由于种种原因，这一传统办法未能奏效。在过去15年期间，大部分居民早已将冰箱、电视和手机等基本耐用消费品购置齐全，他们目前所面临的最大问题是以往由单位提供的各种福利将逐步取消，如住房、退休金和医疗保障等，而由统一的社会保障体系所取代。因此，大多数人在花钱时变得缩手缩脚。经验告诉他们，有

① 《朱镕基与现代中国的变革》，第128页。

备才能无患，尽管利息一降再降，储蓄依然继续。① 国有企业的最大问题已不在于能否得到资金，而是如何使资金得到有效利用。

从国际大环境来看，此时也并非下调利率的良好时机。受亚洲金融危机的影响，周边国家的企业在中国的采购大幅减少。由于大部分邻国出现货币贬值，中国产品的价格相对上涨，出口因此出现停滞，仅靠外来投资的增长已难以保持8%的经济增长率。

在这一紧迫形势下，中国政府除了增加政府投资别无选择。幸运的是，由于当时中国发展水平依然落后，道路、水利和铁路等基础设施的建设可以对国民经济产生巨大带动作用。重要的是要把钱用到该用的地方，保证工程建设的顺利进行。为避免地方政府和国有银行挪用资金，中国政府建立了一种全新的监管体制。中国人民银行设立了9个跨省分行，分行行长定期轮换。同时，兼有审计与反贪局性质的国家审计署对四大国有商业银行进行了审查，查出违规放贷、偷漏税金、私设小金库等各类违规行为，涉及金额高达数十亿元。

外贸行业的腐败问题同样严重，其中最具轰动性的丑闻是赖昌兴走私案。20世纪90年代，赖昌兴在中国南部城市厦门走私进口了价值约64亿美元的汽车、石油、手机和电脑，走私进来的石油达到全国石油供应的三分之一，② 所造成的关税损失高达36亿美元。由于石油走私猖獗，国营石油企业中石油（Petro China）被迫减产，半年损失便达到3.6亿美元。③ 厦门市政府近200名官员涉嫌此案，其中包括厦门市公安局长、海关关长和副市长。当朱镕基下令查处这位走私大王时，赖昌兴早已从内部得到消息，提前经由香港逃到了加拿大。

这是经济高速增长的代价。中国在20年里所取得的经济和科技现代化成就，西方国家为此用了几百年的时间。正是由于这一原因，中国

---

① 《朱镕基与现代中国的变革》，第136至144页。
② 《厦门远华大案》，第6页。
③ 《厦门远华大案》，第5页。

人尚未来得及建立一套可靠的社会诚信机制，在尊重他人和自我约束的同时，获得更大程度上的个人自由。这种着眼长远的利己主义是现代经济制度的基础，中国离这一目标仍相距较远。司法领域的游戏规则也在不断变化。现代化的步伐越快，各种约束与自我约束机制便越显出它的滞后。

　　相比之下，上个世纪末的中国更为稳定。尽管出现了亚洲金融危机，但是中国领导人仍使其内外影响力得到了加强。在社会诚信机制尚未建立起来时，如何顺利度过人心不稳的过渡期，避免出现大的波折，是中国经济进入 21 世纪后面临的最大考验。

第八章
后宫经济

中国是不折不扣的未来汽车工业基地，其吸引力远在印度、俄罗斯或南美国家之上。中国政府借助这一优势，对外国汽车制造商进入本国市场设置了苛刻的条件，这些条件在西方市场经济体制内，是无论如何都无法接受的。但在中国，即便是大众、通用或是丰田等跨国公司也不得不屈从于这一权力机制。这些企业在中国的境遇，类似于古代中国皇帝身边的嫔妃。

"后宫经济"的魅力在于其简单的内在结构。处于市场经济激烈竞争中的国际汽车制造商，为了超过对手而往往选择一家中国汽车企业，与其成立合资企业。外国企业从中国政府部门获得的经营权范围，取决于其在华投资额，换句话说，取决于这些企业为进入中国市场所支付的"入场费"的多少。从进入中国第一天起，外国企业便不择手段地极力讨取中方合作伙伴的欢心，从长远打算，为自己在"皇宫"中谋取一个有权有势的地位。[1] 而在这一过程中，它们面临诸多风险，由此导致的错综复杂局面在现代经济界中可谓绝无仅有。中国发明了一种行之有效的办法：利用跨国公司的资金与技术来强化自身地位。

---

[1]　斯特琳·西格雷夫：《龙妇》，第 61 页。

扮演"皇帝"角色的是中国本土几家汽车工业巨头，如上海汽车工业公司、一汽集团和东风汽车公司。在中国古代，皇帝的嫔妃们由皇太后和朝廷大臣负责遴选，偶尔由外国番王作为贡品或者和亲之礼献给皇帝。皇帝选秀的标准"主要并不在于是否性感，也不一定要长得漂亮，但要可爱、健康、有教养、性格温顺、身材丰满匀称"。[①]

历代皇妃都对宫内生活充满幻想。她们不仅希望拥有安逸稳定的生活，而且渴望能够拥有权势。外国汽车企业的权势欲望与皇妃们相比毫不逊色，然而两者之间有着一个根本区别：皇妃们一旦为皇帝生下龙子，便可能成为母仪天下的皇后，而跨国公司在中国汽车市场上获得主导地位的可能性则小得多。其原因在于，中国汽车企业有着自己的考虑。他们希望跻身国际大企业的行列，期盼成为美国《财富》杂志评选的全球 500 强企业之一。它们渴望摆脱对外国企业的依赖，向市场推出自己的汽车品牌。在这一点上，中国企业的想法与外国汽车企业的想法完全不同。正如皇帝的嫔妃们一样，外国企业对游戏规则没有任何决定权。它们面前只有两种选择：加入或者退出游戏。

究竟是什么原因使得这些自命不凡的国际汽车业巨头在中国沦落到嫔妃的地位而任人摆布呢？原因主要是，中国拥有很好的机遇，并善于利用机会。机遇是伴随全球经济形势出现的。由于全球汽车销售普遍疲软，欧、美、韩、日等国的汽车制造商迫切需要开辟新的市场。目前，股份制企业的生存完全依赖于增长，在世界市场占有的份额对其地位至关重要。除了中国之外，世界上没有其他任何地区能够提供更多的市场份额。中国目前很多个家庭仅子拥有一部轿车，而德国平均每个家庭至少有一部轿车。中国有 13 亿人口，年均汽车产量仅有上百辆。即使在北京这样的大城市，也只有一些家庭拥有私人轿车。中国以其众多人口必将成为未来的主导市场，这是其他国家无可比拟的竞争优势。为充分

---

① 斯特琳·西格雷夫：《龙妇》，第 4 页。

利用这一优势，中国的经济决策者可谓绞尽脑汁。正因为如此，中国对汽车市场的培育极为谨慎，一切计划均出自最高层。[①] 包括配件供应商与售后服务在内的汽车工业是日本、韩国和德国的核心产业，中国政府的目标是像这些国家一样，将汽车工业发展成为重要的经济支柱。

改革开放以来，汽车业在中国始终扮演着先行者的角色。北京吉普汽车公司是最早的中外大型合资企业之一。中国最初的进口限制条款是针对日本汽车的。1992 年在纽约上市的第一家中国企业是拥有中国很大市场份额的轻型客车制造企业——华晨中国。[②]

汽车工业在中国从计划经济向市场经济转型的过程中具有示范性意义，中国的经济决策者可以将在汽车领域积累的经验推广到其他行业。从中国汽车业的发展进程中可以清楚地看出，中国政府与西方企业之间如何相互周旋，以及外国企业在推动中国遵守国际通行的市场经济规则方面究竟能够发挥多大的作用。

"后宫经济"是逐渐形成的。中国工程院院长、原上海市市长徐匡迪说道，"这个说法很形象。但这种体制不是由谁发明，而是市场造成的。向外国企业学习，是中国企业迅速赶上世界水平的最有效的办法。这么多外国企业都希望到中国投资，结果只能是这样。"[③] 按照中国有关规定，外国汽车企业在中国只能通过合资的形式进行生产。在合资企业中，中方必须占多数股份。即使是最新成立的一些中外双方各占一半股份的合资企业，中方实际上仍占多数。上海大众汽车公司前任德方负责人约克·布莱克（Jörg Blecker）认为，"我们永远处在不利地位。"布莱克的正式职衔——副总经理，便是这一权力关系的体现。

中国企业很早就认识到，这种局面对自己十分有利。中国人更擅长经商，而不是制造。在组建合资企业的谈判中，他们巧妙地利用未来合

---

① 乔·斯塔威尔：《中国梦》，第 19 页。
② 乔·斯塔威尔：《中国梦》，第 79 页。
③ 《经济周刊》，2004 年中国特刊。

作伙伴之间的竞争而从中获利。一位分析家说："中国凭借自身市场潜力，迫使国际汽车制造商接受其市场准入条件，没有哪个国家能够做到这一点。"①

具有讽刺意味的是，中国人萌生建立"后宫机制"的想法最初是受到德国公司的启发。20 世纪 80 年代，大众公司在与中方合作伙伴上汽集团的合作中矛盾不断，大众公司前董事长卡尔·哈恩（Carl Hahn）认为，要想在中国立足，不能只依赖一家中国企业。于是，大众公司于 1990 年与一汽集团成立了第二家合资企业。对此，上汽集团恼羞成怒。

沉浸在喜悦之中的大众公司没有意识到随后而来的危险。由于政府采购包揽了大众公司生产的大部分产品，企业管理者们因而开始懈怠起来。无论款式多么陈旧，价格有多高，都可以销售一空。大众成为中国汽车市场毫无争议的霸主。1992 年，中国大众汽车年产量达到 35000 辆，比上年增长了一倍，利润滚滚而来。但是德国人忽略了一点：他们的成功并非由于其经营战略上的优势，而是由于中国的卖方市场。在当时的中国市场上，汽车仍然十分紧俏，市场竞争几乎不存在。

然而这种局面不可能经久不变。首先，美国的竞争对手已经看到中国私人轿车消费面临增长的趋势，而大众公司对此却毫无准备。1991 年底，后来升任美国通用汽车公司总裁的杰克·史密斯（Jack Smith）来到中国东北沈阳，与金杯汽车开始了最初的合作谈判。② 史密斯当时承受着巨大的业绩压力，通用汽车过去 3 年中在北美地区的亏损高达上百亿美元，公司依靠拉美和欧洲市场的利润才勉强保住全球第一大汽车制造商的地位。中美双方的谈判无休止地进行着，③ 当中国政府 1994 年决定将汽车零配件产业列为汽车工业的战略重点后，史密斯当即决定与中国合作。通用汽车公司下属企业德尔福公司（Delphi）在 5 年时间内

---

① 这一认识尚不普遍。
② 公司名称由"金杯"改为"华晨"，现为宝马公司的合作伙伴。
③ 谈判拖延的主要原因是通用汽车公司内部改制直到 1993 年底才结束。

投资 3.5 亿美元，在中国建立 15 家企业，① 其中研发资金一项投入便高达 4 千万美元。美国人的大规模投资行动引起了刚刚被德国人愚弄的上汽集团的注意。② 既然德国人可以有两个合作伙伴，上汽为什么不能再找第二个伙伴呢？1995 年 10 月，通用汽车与上汽集团签署了合作协议。德国人对此束手无策。从这一天起，上汽集团开始在两家外国企业的竞争中获利，"后宫经济"由此诞生。

此后，形势逐渐趋向明朗：西方汽车企业对中国市场的需求远远大于后者对前者的需求，中国企业因此占有了谈判的主动权。为支付上海通用的 50% 股权并建造年产 10 万辆汽车的生产线，通用汽车的总投入高达 7.5 亿美元。这一数额几乎是通用汽车在波兰或阿根廷等发展中国家建立拥有 100% 股权的子公司所需投资的两倍。随后几年里，上海通用汽车总投资超过 15 亿美元，成为美国在华最大的合资企业。

大众公司直到这时才如梦方醒。1998 年 12 月，别克轿车正式投产。③ 从这一年起，美国公司不断从大众汽车手中夺走市场份额。为了更快地占领中国市场，史密斯试图接手法国标致公司在中国广州的亏损企业。1996 年，广州标致年销售量仅有几百辆，据说，企业每周的亏损便高达上百万美元。④ 这时，日本汽车制造商也将触角伸向中国，其行动异常迅速。本田公司最终抢得先机。1999，广州本田汽车年产量已达到 1 万辆。⑤ 2001 年，大众汽车所占市场份额跌至 50% 以下，3 年后再次降至 35%。

4 年后，大众汽车的市场份额大幅下跌。与此相反，通用汽车的销售量则大幅增加。在竞争趋于白热化的中国汽车市场上，美国公司的份

---

① 乔·斯塔威尔：《中国梦》，第 129 页。
② 上汽集团所占股权为 25%，中汽总公司占 10%，中国银行占 15%。
③ 乔·斯塔威尔：《中国梦》，第 157 页。
④ 乔·斯塔威尔：《中国梦》，第 166 页。
⑤ 据广州本田 2002 年 7 月 16 日公布的数据：1999 年产量为 10008 辆，2000 年为 32280 辆，2001 年为 51048 辆。

额由 9.4％提高到 11.2％。在此期间，大众汽车曾试图通过大幅度紧缩开支以及降低车价的办法来促进销售，以期在 2008 年之前使市场份额回升到 20％。2005 年年底之前，上海大众需减少开支 5.7 亿欧元，长春一汽大众仅在 2005 年下半年便需节支 3 亿欧元。由于紧缩开支和加强本土化生产，大众汽车在其全球最大市场的销售额增加了 28％，整车销售数量增至 91 万辆，这是大众汽车中国业务首席执行官范安德（Winfried Vahland）总结 2007 年业绩时所说。他表示，2008 年大众汽车将努力实现 15％至 20％的增长目标，销售量有望突破百万辆大关。2007 年，大众汽车的市场占有率由 17％提高到 18％。同时范安德还表示，公司利润率的增长也超过了预期。2007 年大众汽车 28％的增长率超过了中国汽车市场 22％的总体增长。范安德缄口不提的是，他在汽车上赚的钱越来越少，而且售出的汽车一半是老式车型。

激烈的市场竞争与生产能力过剩，大大压缩了汽车行业的利润空间。仅 2004 年一年，中国便有 60 个新车型上市，在接下来的两年中，中国汽车生产能力增长了三倍，年产达到 600 万辆。大众正在计划在中国建立第三家生产厂。范安德称，"最迟到 2010 年，我们的生产能力必须扩大。"这种情况导致的后果是，汽车厂商只得忍痛降价。大众汽车公司的合作伙伴上汽集团已经开始酝酿自己的庞大计划。在这一新的计划当中，德国人顶多是个配角。

中国汽车制造企业是外国企业之间竞争的最大受益者。每一家中国企业都有各自的外方合作伙伴，这些外国企业帮助它们完成了企业的现代化改造，并解决了资金与销售两大问题。中国企业在外国企业的竞争中得到越来越多的好处，并不断向后者施加越来越大的压力。在市场经济中如鱼得水的跨国公司推动了中国计划经济遗留下来的国营企业的改造，而严酷的现实则彻底打破了它们的陈旧思维，这种情况在以往实不多见。

在世纪之交，政府调控部门在中国汽车行业导演了一场合并浪潮，直至今天，浪潮仍未平息。重组后的中国汽车制造业形成三大集团鼎立的局面：北方的一汽集团、东部的上汽集团以及南方的东风集团，此外是分散各地的数家中型企业。① 政府部门采取这一举措的主要目的，是帮助本国企业为适应世贸组织规则做好准备。经过重组，外国企业选择合作伙伴的余地减小，而"后宫机制"则相应得到加强。例如，上汽集团是大众和通用两家企业的合作对象，对于上汽兼并菲亚特公司在华合资企业——南京菲亚特，作为上汽合作伙伴的德国人与美国人没有发言权。另外，一汽集团是大众、丰田和马自达的争夺目标；南方的广州汽车集团有本田与丰田两家日本企业兄弟相煎；在西部的重庆长安汽车公司周围，是欧洲标致、雪铁龙、雷诺与韩国起亚以及日本日产之间的群雄混战。重庆长安还与北汽集团有着密切关系，戴姆勒·奔驰与韩国现代在北汽集团相互厮杀，奔驰公司拥有 35％股份的日本三菱也是北汽集团的伙伴之一。

迄今为止，外国汽车企业在华投资已超过 300 亿美元。预计到 2010 年，这些企业还将在中国增加上百亿美元投资。大众公司计划在目前年产量基础上扩大一倍，标致和本田也有同样计划。日产计划将产量提高四倍，丰田和起亚的目标是六倍，福特是七倍，而现代甚至考虑提高十倍。与此同时，中国汽车企业早已着手开发自主品牌并将其投向市场。5 年前，中国汽车市场仍为外国品牌所垄断，而目前中国本土品牌已经赢得 25％的市场份额，这一数字仍呈上升趋势。由此可见，各路群雄的规划将远远超出中国汽车市场的容纳能力。但是生产能力过剩对中国来说并非坏事，它可以促使汽车制造商将在华企业变为出口基地。目标首先是亚洲周边地区，最终目标是向全世界出口。上海大众前任德方总经理布莱克认为："谁将成为最后的霸主，目前还是未知数。"②

---

① 如果将小型企业和专业厂商计算在内，中国目前大约有 120 家汽车制造企业。

② 《经济周刊》，2004 年 9 月 23 日，第 52 页。

中国从 2002 年起已经成为大众公司全球最重要的市场。美国高盛投资银行研究报告显示，目前德国大众 80％的收入来自中国，其中包括德国为中国市场供应零配件的收入。① 上海大众目前拥有 16000 名员工，规模与大众汽车的子公司斯柯达（Skoda）或西雅特（Seat）相当。然而，上海大众还远远没有达到它的理想规模。

换句话说，中国汽车市场虽然尚未发展到鼎盛规模，却已经成为各大汽车企业最重要的基地。2004 年，中国轿车销量为 250 万辆。2007 年，销量已接近 600 万辆。如果中国汽车市场继续保持两位数的增长速度，最迟到 2015 年，中国将超过美国，成为世界第一大汽车市场。假设到 2010 年，汽车市场增长 3 倍（这只是一种较为保守的估计），中国将成为仅次于美国的世界第二大汽车市场。届时，外国企业又将从这块蛋糕中分得多少呢？大众公司经理布莱克认为，"在任何时候，控制权都掌握在中国人手中。在同其他国家公司的竞争中或许还有获胜的可能，而同中国人的竞争则没有任何获胜希望。"② 从长远来看，谁是赢家已经没有任何悬念，只是后几名的位置目前依然空缺。但是对德国汽车企业来说，这已经有足够的诱惑力。

德国汽车巨头奔驰公司在长达 15 年固守的一个观点：宁肯放弃中国市场，也不能和一个有麻烦的合作伙伴打交道。这种想法颇有道理，但最终却没能坚持到底。当奔驰公司终于改变保守策略进入中国市场时，留给他们的机会已经不多了。

在过去的时间里，它们本来有足够多的时间和机会了解中国市场特有的游戏规则。20 世纪 90 年代初，奔驰公司投入巨资制订专项计划，准备将一款按照中国人的需求而设计的家庭轿车推向中国市场。③ 当有关谈判搁浅后，德国人决定与通用汽车就在上海生产高档轿车的许可展

---

① 据中国经济信息网，2003 年 11 月 20 日。
② 参见 www.goldmansachs.com。
③ 乔·斯塔威尔：《中国梦》，第 131 页。

开竞争，并最终败给了美国人。随后，奔驰公司又计划在中国生产一款高档多用途车（MPV）。时任奔驰公司董事长爱德华·路特（Edzard Reuter）经过艰苦的谈判，最终战胜了竞争对手福特与克莱斯勒，① 说服中方接受他的计划。1995 年，德国前外长金克尔（Klaus Kinkel）访华时正式宣布消息：戴姆勒—奔驰计划投资 10 亿美元，在中国每年生产 6 万辆 MPV 汽车。然而这一计划却未能兑现。由于奔驰公司与中方合作伙伴无法就具体方案达成一致，计划终告破灭。

奔驰公司的第二次尝试虽然比第一次进了一步，但仍遇到不少棘手困难。拥有世界客车市场 20% 份额的客车制造业巨头——奔驰公司客车部，计划在江苏扬州建立年产 7000 辆客车以及 12000 辆客车底盘的生产厂。②1997 年 7 月双方就这笔数额超过 1 亿美元的合作项目签署了协议。半年之后，第一辆亚星奔驰客车于 1998 年 6 月 18 日正式下线。亚星奔驰总经理鞠宝才自豪地称，这是"中国生产的第一辆世界水平的豪华客车"。③ 然而人们在喜悦过后却发现，产品由于没有市场而销售不畅。

此后不久，戴姆勒—奔驰与克莱斯勒合并后成立的戴克公司的货车部进入中国市场。2000 年，戴克公司与中方就合作生产重型卡车开始谈判。在初始阶段，谈判进展颇为顺利。2000 年 10 月，奔驰公司一位负责人宣布，"年底之前"会有结果。但过了一个月，中方突然中断了谈判。第二年春节后，双方重新恢复谈判。奔驰公司再次向它的股民们描绘了一幅美好前景，卡车部董事埃克哈德·科德斯（Eckhard Cordes）于 2001 年 3 月声称，"与合作伙伴的谈判进展顺利，我们相信年内可以公布谈判结果。"④ 数月后的情况表明，计划又一次没能赶上变化。由于一汽集团拒绝承诺将戴克公司作为生产载重卡车的唯一合作

---

①② 新华社 1998 年 6 月 19 日报道。
③ 《南德意志报》，2001 年 3 月 15 日。
④ 英国广播公司 2000 年 7 月 19 日报道。

伙伴，如科德斯 2002 年 1 月对外界所说的那样，德国人开始"沉着冷静"地寻找其他合作伙伴。2002 年 7 月科德斯表示，"与一汽集团的谈判将于年内结束。"① 而 2003 年 2 月，他又宣布，谈判已经中断。中国市场暴露出困难的一面，而戴克公司的管理者们则显得谨慎有余，策略不足。

多年谈判过后，戴克公司依然两手空空，一无所获。于是德国人从被遗忘的角落里翻出了一笔 10 年前曾遭失败的项目。作为三菱公司的股东，② 戴克公司通过三菱拥有 15％股份的台湾中华汽车公司，开始同该公司在大陆的合资企业——东南汽车接触。双方最终达成协议，计划于 2006 年在福州组建一家合资企业，每年生产约 4 万辆奔驰凌特（Sprinter）和 Viano/Vito 轻型车。2004 年 11 月戴克公司拿到了生产许可。而在此之前，通用、本田、菲亚特、马自达等品牌的同类竞争产品早已登陆中国市场。

此时，德国人还必须解决一个历史遗留问题。由于 1998 年与克莱斯勒公司的合并，奔驰公司成为中国第一家中外合资汽车企业——北京吉普汽车公司的股东。这家企业的黄金时期早已过去，价格不断下跌使北京切诺基的形象早已不复当年。在中方的压力下，新款"大切诺基"吉普 2001 年在北京下线。但是，由于德国人不愿在市场营销方面投入过多，2002 年 1 月"大切诺基"仅卖出 100 多辆，当年 2 月只卖出 70 辆。这是政府计划部门不希望看到的。相关部门直言不讳地向外方企业发出警告，如果不对其与北汽工业公司的合资企业尽快进行整顿，戴克公司"在中国市场上将不会再有其他机会"。③

戴克公司对政府部门的意图心领神会。在短短几周时间内，戴克公司与中方合作伙伴北汽集团就整顿北京吉普汽车公司达成了协议。经过

① 参见 2002 年 7 月 19 日《世界报》。
② 2001 年，戴克公司收购了三菱 37.2％的股权。
③ 《经济周刊》，2002 年 5 月 16 日，第 15 页。

一轮新的市场宣传，大切诺基的形象大大得到改善。公司同时还引进了三菱越野吉普"帕杰罗"（Pajero），① 并决定争取三菱吉普尽早在北京下线。但是政府计划部门并不满足于美国或日本的二流技术。2002 年 6 月，相关部门派遣高级代表团访问德国斯图加特市的戴克公司总部，说服戴克董事长施伦普（Jürgen Schrempp）在北京投产奔驰 E 系列和 C 系列轿车。与业内同行不同的是，施伦普自 1997 年以后便再没有到过中国。中国人的努力果然取得效果，施伦普宣布，"将在今年年内就扩大业务确定具体发展方向，目前企业的未来市场战略经过长时间谈判已经初步形成。"② 他还宣布，将在年底之前访华，与中方签署有关协议。类似的话人们从戴克公司那里已经听过不止一次。

果然，这一次又比原计划拖延了一年多时间，施伦普才终于与中方签署了合作协议。2004 年 11 月这一项目获得正式批准。同年 12 月，德国前总理施罗德为北京奔驰新厂奠基，而施伦普本人并没有到场。第二天，长春一汽大众二厂建成投产，大众公司总裁毕睿德（Bernd Pischetsrieder）特意从德国赶来出席剪彩仪式。

直到 2006 年 9 月，戴姆勒·克莱斯勒新任总裁迪特尔·泽金（Dieter Zetsche）才在北京为施罗德总理 2004 年 12 月奠基的中国第一家奔驰生产厂落成剪彩。德国人足足等了 15 年，才终于看到世界最大的汽车制造商在全球未来最大的汽车市场建立了生产厂。在工厂落成时，泽金毫不掩饰他的乐观情绪："我们虽然来得晚了一些，但绝没有太迟。"

中国人再次成为这场较量的赢家。到此时为止，所有汽车制造巨头最终齐聚中国，并按照中国人设定的节奏翩翩起舞。

中国的"后宫经济"机制不同于历史上其他任何国家的经济崛起模式。日本（以及效仿日本模式的亚洲"四小龙"）曾试图在不依靠外国

---

① 参见 2002 年 6 月 5 日《市场报》第 5 版。

② 德新社组织 2002 年 6 月 3 日报道称，"施伦普给戴克公司带来越来越强的信心。"

帮助的前提下赶超世界。直到 20 世纪 90 年代初，日本工业领域几乎没有外来投资。印度也曾一度与外界隔绝，如今却不得不向外国企业开放市场，尽管是有条件的。外国企业的进入将给落后的印度国内企业带来冲击。与日本和韩国不同的是，中国人无需自己研发技术，而可以直接从外国企业那里得到，推动这一体制运转的发动机是市场经济。全球化带给国际企业的竞争压力使中国政府的经济计划者变成强势一方。2004 年上半年，有 42 款中国国产新车型上市，同时，中国汽车制造厂家正在跃跃欲试，准备将自主品牌汽车推向外国合作伙伴的本国市场，这使得外国公司的处境更加窘迫。

"后宫经济"对外资公司的制约今后还将更加严重。外国企业不能将在中国市场上公司得到的利润移出境外。在合资企业中，资金转移由董事会表决决定，而中方总是在董事会中占多数，他们当然不希望资金流出国外。由于外国厂商仍处于投资阶段，需要大量资金，因此这一问题到目前为止，尚不严重。如大众公司在 2007 年之前在华投资数亿欧元，这些投资可以全部用在中国市场的利润来支付。假如有朝一日中国市场饱和，不再需要新的投资的话，情况将会如何呢？可能性无外乎两种：一是继续扩大在中国的生产规模，产品用于出口。但是这样做却将损害本公司在其他地区，甚至德国本土的利益；二是将资金投入其他制造业。但无论是哪种情况，中国经济永远都是赢家。

近年来，最初诞生于汽车业的后宫机制，已被中国经济决策者们推广到其他行业。中国从过去的殖民历史中吸取了教训，坚持中国融入世界的程度必须与自身利益和条件相符合。也就是说，不论任何生意，如果外国人在中国赚钱，那么中国人必须要赚更多的钱。无论是钢铁、化工、制药、银行或是保险业，任何一家外国大型企业，都无法偏离中国政府的既定轨道而自行其是。

在涉及技术引进和国企改造的问题上，中国政府更是目标明确。以航空工业为例，中国需要相当数量的中程客机用于除主要交通枢纽之外的国内各城市之间的航空交通。据中方预测，在未来 20 年内，中国大约需要上千亿美元来购进客机。中国政府希望尽量避免直接从国外采购，而是由本国的航空工业借助国外资金与技术援助自行制造。在寻找合作伙伴的过程中，有关决策者对位于慕尼黑附近的上普法芬霍芬（Oberpfaffenhofen）的德美跨国企业——仙童多尼尔公司（Fairchild Dornier）产生了兴趣。多尼尔公司当时正在着手研制新型支线客机 Do728，其目标客户主要是包括德国汉莎航空公司在内的欧洲各国航空公司。

中国海南航空公司曾向这家企业购买了 19 架 D328 型 32 座老式支线客机。海南航空是一家半国营的合资企业，亿万富豪索罗斯也拥有该公司的股份。海南航空对多尼尔客机在支线运营中的表现非常满意，决定追加订购 21 架同类客机。但尽管持有订货合同，仙童多尼尔公司却未能得到中国政府的进口批准。政府相关负责人告诉德国人，仙童多尼尔公司继续向中国出售飞机必须满足下述条件：向中国转让相关技术，与中国国营飞机制造企业共同研发制造一款新型支线客机。

仙童多尼尔公司为研发 Do728 型客机投入过大，因此陷入了资金困境。多尼尔公司急需海南航空的这笔货款，以解燃眉之急，况且飞机已经组装完毕。在 2000 年 11 月珠海国际航空博览会上，仙童多尼尔公司与中国民用航空工业公司签署了意向书，探讨中方参与 728 客机研发的可能性。多尼尔公司与中国航空工业公司于 2001 年夏天进行了多次深入谈判，然而始终没有进展。原因在于中方不愿签订一份介于意向书和进口许可之间的一揽子协议。中方认为，一旦签字，自己将失去谈判的筹码。双方原计划于德国总理 2001 年 11 月访华期间签署联合研发和制造支线客机的合作意向书，但是在签字仪式举行前的几天，中方取消了该计划。或许是中方了解到，多尼尔公司的危机程度远远超乎预想，如能等到公司破产，便能够以更优惠的价格得到有关技术。

中国从汽车行业的经验中认识到一点：开发自己的产品事不宜迟。

它们显然不想在航空工业上再犯原来的错误。因此我们看到，中国这次采取的是两条腿走路的方式：一方面，经济决策者要求中国航空业的龙头企业与国外合资；另一方面，中国人已经开始着手研发自己的飞机。这意味着，与汽车业相比，中国给国际航空工业带来的压力，比中国汽车业当年处于同样发展阶段时给国际汽车业带来的压力大得多。在这一领域里，"后宫经济"机制同样适用。未来有一天，当人们谈起飞机制造业巨头时，除了空客总部图卢兹（Toulouse）和波音所在地美国西海岸城市西雅图之外，还要加上第三个名字：天津。对大多数西方人来说，这座城市的名字似乎还有点陌生，虽然它拥有1千万人口和一个国际性港口。天津位于北京东南部，距北京只有一小时车程。空客在那里投资了12亿美元。在一片不久前还是尘土飞扬的荒地上，2008年底第一架空客A320将从这里驶入跑道。到2010年，每个月将出厂4架。这家飞机制造厂完全是汉堡飞机制造厂的翻版，另外这里还培训了一大批专业员工。

2005年秋天，中方在法国签署了与空客的合作协议，决定在中国生产每架价值7千万美元的空客飞机。中国以此进入了这一以往从未涉足的尖端科技领域。在此之前，空客前德国籍总裁洪博达（Gustav Humbert）深刻体会到中国人的谈判强势。中国人十分清楚，处境低迷的空客公司多么需要这份150架A320订单。因此，他们为这份订单设置了一个条件：一部分飞机必须在中国组装。欧洲人没有多少谈判空间。中国同时承诺，今后还将继续加强与欧洲人的合作。空客母公司——欧洲航空防务和航天集团（EADS）曾与中国共同研发了一种新型直升机。中国人的目标简单明确：尽快做到自主生产大型客机。

中国早已开始研制支线飞机并已进入自主研发阶段。2008年9月，ARJ21型飞机——一种70至110座涡轮喷气式飞机——在中国首次试飞成功。这是中国第一架自主研发的，具有国际竞争力的支线飞机。

无论是大型客机还是支线飞机，在中国都有巨大需求。据预测，在

2023 年之前，中国大约需要上千架 A320 一类的飞机。支线飞机在各航空公司的飞机机队中约占 10％。预计未来几年中，中国对支线飞机的需求也很大，全世界约 4000 架。特别是在亚洲和非洲，耐用价廉的小型飞机拥有巨大市场。到 2010 年结束的现行五年计划期间，中国计划购买上百架新飞机，新的机场也将在此期间建成。2025 年之前，中国政府计划购买上千架飞机，建设更多座新机场。其间，中国有可能在空客购买上千架货运和客运飞机。此后，中国客机机队的规模将扩大三倍，总价值约数亿美元，占国际市场大量份额。上述情况的推算基础是：未来 20 年客运量和货运量将增长 5 倍至 6 倍。

空客公司的目标是到 2011 年拥有该项市场的 50％。如果达不到这一目标，空客将会面临困境，因为在此之后中国将有可能用国产飞机满足本国的市场需求。

在某些情况下，德国和中国则是一种同舟共济的关系，至少两国政府如此。磁浮列车即为一例。磁浮项目得到两国政府鼎力支持，历史上从未有哪个大型项目能与之相比。中国希望用磁浮这一独一无二的世界交通领域的尖端科技，作为繁华现代的国际化都市上海的象征。磁浮列车堪称德国工程技术的巅峰之作，而作为这项技术的研发国，德国却始终未能在自己的国家建造磁浮线路。为推广这项技术并使其走向世界，德国需要一个示范性项目。上海磁浮线因此成为一个满足双方愿望的"形象工程"，成为中德高技术领域合作的典范。中国政府甚至考虑在修建全国高速铁路网的计划中将磁浮技术应用于长距离线路，例如京沪线。从一开始，磁浮项目便是两国领导人亲自过问的带有政治性质项目。2000 年夏，朱镕基总理访问德国期间，在埃姆斯兰（Emsland）试验段上试乘了磁浮列车。2002 年 12 月 31 日，朱镕基在其任期结束几周前同施罗德总理一起为上海磁浮线试运行通车剪彩，并共同乘坐磁浮列车。双方对该项目都给予极大重视，中方甚至没有要求德方提供政府补贴的优惠贷款，而这在其他类似项目中则是通常作法。作为回报，德国政府向中方无偿转让在中国国内修建磁浮轨道的许可以及相关技术。2001 年 1 月，中国春节来临前夕，西门子总裁冯必乐在其 6 小时短暂访华期间与朱镕基总理进行了会谈，双方最终达成协议。

两国政府用德国纳税人的钱搭建起一座"火箭发射台"，而"火箭"自身却出了问题。事实证明，德国磁浮列车国际公司这一工业联合体中的一些企业，例如，蒂森—克虏伯公司，没能利用在中国建造全国磁浮列车网的难得机会。连接浦东机场与上海市区的 37 公里磁浮线的建造过程，不仅深刻暴露出德国工业界的现状，也让人们清楚地看到世界的变化：德国人显得犹豫、自负、僵化、毫无章法，而中国人则表现得自信、务实、灵活、策略得当。一位上海市政府官员在谈到与德国人打交道的感觉时说道："德国人不是把我们当作客户，而是当作他们的雇员。"①

蒂森—克虏伯公司所犯的最大错误是低估了中国人。他们经历的第一次惨败是试图以超高价格向中方出售建造磁浮轨道的大量钢材。他们对该价格的解释是，这是具有专利技术的特种钢材。蒂森—克虏伯公司不仅因此失去了一笔利润可观的生意，同时也失去了中方的信任。当时人们仍在讨论修建 1300 公里的京沪线是否可能采用德国的磁浮技术。钢材事件发生后，上海磁浮公司理所当然地决定，尽可能减少向蒂森—克虏伯公司订货。

蒂森—克虏伯除了试图以并不高明的手法蒙骗客户，其供应的产品也质量低劣。上海市政府一位官员说，德国人在生产时似乎抱有这样一种想法："给中国人的货，质量没那么重要。"长长的次品清单导致成本剧增，德方因此损失严重。蒂森—克虏伯公司金属加工技术部按照中方订单生产 240 万件接地套管，当半数产品运抵中国后却发现，产品存在

---

① 2004 年 4 月 14 日在上海与作者的谈话。

严重的设计错误。① 蒂森－克虏伯负责人在拖延数周之后，不得不承认这一错误，所有部件只能重新生产。德国精湛的制造技术和工艺一向享誉世界，中国人此时仍将这次错误看作是一次偶然事故。然而在磁浮技术的核心——定子铁芯的生产中，再次出现质量问题：德国人竟然把尺寸搞错了。更令中国人感到恼火的是，在时间已十分紧迫的情况下，德方又一次拖延了数周时间，迟迟不肯就退货问题作出答复。为争取时间，中方表示不要求重新生产，但要将已生产出来的定子铁芯按正确尺寸重新加工。这可以使蒂森－克虏伯节约大量开支。在上海方面，由于中国人严格监控，所有流程始终没有出现任何问题。相比之下，德国工人制作出来的部件工艺粗糙，甚至还没有安装便已开始生锈。② 为更换这些劣质品，只得花费大量开支，将新部件从德国空运过来，造成巨大的浪费。德方的频频疏忽令中国人感到无奈。

　　接下去的情况更为糟糕。德方供货的数公里长电缆有几百米存在质量问题。经过长达数周的谈判，德国人才最终同意更换。在施工工地上，德方公司的 6 台自动电缆铺设机故障不断，成为人们的谈资，而中国国产的半自动铺缆机却很少出问题。从德国运来的扳道机由于马达功率太低时不时便会停转。在汉诺威生产的减压车厢也存在严重缺陷：车厢内的空调设备不适合上海潮湿闷热的天气。磁浮列车还没开始正式运营，压力舱的铆钉却已锈迹斑斑。中国人现在有理由相信，如此质量的列车自己也可以造出来。

　　磁浮项目中方负责人，人称"吴指挥"的吴祥明，请求朱镕基总理出面调解。蒂森－克虏伯集团董事长舒尔茨（Ekkehard Schulz）通过外交渠道得知，中国总理将于 2002 年 3 月 8 日召见他。这次会见安排在朱总理每年一度的人大会议期间最忙的时候。在会谈中，朱直截了当地

---

① 地线半管的角度出现差错。
② 横梁的基面在打磨过程中被损坏。

指出了问题。据在场人士透露，舒尔茨向朱总理表示道歉，答应承担由此产生的一切费用。朱镕基特别强调，工程必须按期完成。舒尔茨当即承诺，按预定时间于 2002 年 12 月 31 日之前完工。

但是问题并未因此得到改观。试运营尚未开始，电缆表层在列车高速行驶状态下便出现熔蚀，列车一再出现停驶情况。于是不得不再次从德国空运来几百米电缆，更换掉有问题的电缆，为此支付的额外费用高达数百万欧元。①

"后宫经济"机制之所以能够所向披靡，原因在于，市场经济与计划经济两种力量在全球化的巨大压力下产生冲突。在市场经济自由竞争中，中国不仅拥有最具吸引力的市场，其市场管理也颇有效率。恰恰是资本主义的竞争机制将西方企业推入中国的怀抱，这令人颇感意外。中国政府计划部门的独特机制使市场经济难以招架，西方企业自愿将资金投到中国，尽管其行动空间受到限制，投资仍然能得到回报。

这一结果与中国人制订的战略不谋而合。② 尽管"后宫机制"从经济学角度看，不失为一种明智的手段。中国的行为有其自己的密码。中国的做法就像是世界上最高档场所门口的门卫，对要进去的人有一套严格的着装要求，目的是为里面的人营造舒适的气氛。外国企业有两种选择：或者放弃中国市场，这同时意味着放弃赚钱机会；或者进入中国，尽管不能随心所欲，但会有钱可赚。中国没有理由让外国人赚得钵满盆溢，否则后者会把利润转移到国外，使中国经济蒙受损失。

---

① 参见 www. heute. de。
② 据智囊团一位负责人于 2004 年 5 月与作者的谈话。

第九章
驾驭世界

国际货币基金组织和世界银行给中国提供了在国际舞台大显身手的机会，而自己却犯下了拙劣的错误。它们没能及时捕捉未来世界秩序初现的端倪，并对自身战略进行相应调整，而是自我封闭在陈旧的新自由主义思维窠臼之中。[①] 由于国际货币基金组织在很大程度上代表着美国的利益，因此在 1997 至 1998 年的亚洲金融危机期间，该组织负责人首先考虑的问题是如何避免危机波及美国。为此，国际货币基金组织在向亚洲有关国家提供资金支持的同时提出附加条件，要求这些国家开放金融和贸易市场。此外，在帮助其他国家发展经济时，也往往以保持美国的强大影响力，维护美国作为世界霸主的利益作为前提。这是国际货币基金组织的一贯做法。世界银行前首席经济师约瑟夫·斯蒂格利茨（Josef Stiglitz）在分析上述问题时表示，"有些时候，那些条件简直就是在公然炫耀权力。"[②]

建立国际货币基金组织这一全球性组织的初衷是，各成员国政府从

[①] 国际货币基金组织在 80 年代主要由里根领导的共和党政府所操纵，同时受到英国首相撒切尔夫人等来自欧洲方面的间接影响，而世界银行于 90 年代期间则主要为克林顿的民主党政府所控制。

[②] 约瑟夫·斯特格里茨：《在全球化的阴影中》，第 26 页。

各自的公共财政中拿出资金，以共同维护世界经济的稳定。它的职责是为濒临经济崩溃的国家提供资金支持，同时向"没有为总体需求做出相应贡献"[①] 的国家施加压力。这类国际组织的存在符合国际社会的迫切需要。仅在 1990 年至 1997 年期间，由西方工业国涌入发展中国家的私人资本便骤增 700%，国际社会需要相应的全球性机构，对全球范围内的资金流动加以管理。在该领域，中国早在 20 世纪 90 年代末便已开始扮演发展中国家代言人的角色，其影响力正在与日俱增。

根据全球经济形势变化随时作出自我调整，对我们德国人来说并非易事。相比之下，我们对联合国的感情比对世界贸易组织亲近得多。霍斯特·克勒（Horst Köhler）在出任德国联邦总统之前，曾经担任国际货币基金组织总干事。他究竟凭何能力当选此职，了解的人恐怕为数寥寥。在德国学校里，经济学课程并不普及，这与经济在德国人生活中的重要地位极不相称。与经济相比，政治往往能够引起我们更多的兴趣，这种现象并不奇怪。我们建立在纳粹历史的灾难性教训之上的政治价值，与近年来乏善可陈的德国经济相比，似乎更值得向世界"出口"。然而我们的这种态度已经不能再持续下去。世界经济自世纪之交以来的持续低迷使全球性经济机构的影响力得以发挥，其存在的必要性再次凸显出来。

国际组织若要成为有影响力的机构，需要走过漫长的道路。即使是自 1945 年成立以来所受关注超过任何一家国际经济组织的联合国，至今仍然难以做到真正的自立。不过，它毕竟是由许多国家共同支撑的，它拥有五个拥有否决权的安理会常任理事国，而国际货币基金组织的决策权实际上完全掌握在美国一家手中。美国、欧洲和中国的力量对比，在形式上便可一目了然。美国在国际货币基金组织中拥有超过 17% 的票数，超过排在其后的三个国家——日本、德国和英国的票数总和。另

[①] 　约瑟夫·斯特格里茨：《在全球化的阴影中》，第 97 页。

外，该组织总部位于华盛顿，使美国政府干预起来更加容易。除日本之外，其他亚洲国家拥有的票数仅占总票数的10.5%。世界银行的行动往往由美国人所掌控，而国际货币基金组织总干事则由非美国人担任，不过美国对该人选的重视甚至超过对联合国秘书长人选的重视程度。中国为自己设定的目标是，扩大自身在世界经济组织中的影响，力求达到类似在联合国中的地位。

由于亚洲金融危机的压力，中国在国际货币基金组织中的地位大大提高。国际货币基金组织逼迫出现危机的国家开放本国市场，其对此的解释是：一个国家的真正实力只有通过这一方式才能得到检验。换句话说，一个人只有抛开救生圈才能知道自己会不会游泳。这种观点有一定道理，但前提条件是，这些国家必须具备最低限度的抗危机能力，否则，开放市场只会加速其经济形势的恶化。20世纪90年代初，俄罗斯曾因实行类似的开放战略而最终导致经济崩溃。但是国际货币基金组织"至今仍然抱着意识形态式的热情，极力宣扬市场至上论"，斯蒂格利茨在其研究国际组织的专著——《在全球化的阴影中》一书中写道，国际货币基金组织在一些国家"社会保障体系和相应法律框架尚未建立，国家在突如其来的市场变化面前尚不具备应对能力之前，便强迫其开放市场，而上述前提条件正是现代资本主义的核心内容；在这些国家尚不具备创造就业的最重要条件时，强制实行的经济政策性措施导致大量就业岗位的流失；并在充分的竞争尚未形成时，强迫其推行私有化。"[1] 美国经济学家保罗·克鲁格曼（Paul Krugman）将国际货币基金组织的官员比喻为"为病人进行放血治疗的中世纪庸医，在病人因失血而病情加重的情况下，依然固守自己的疗法。"[2]

但反过来看，并没有人强迫"四小龙"靠透支过日子。早在1986

① 约瑟夫·斯特格里茨：《在全球化的阴影中》，第93页。
② 保罗·克鲁格曼：《大营销》，第43页。

年，为维持 7％的经济增长率，泰国政府便大量借债，债务高达国内生产总值的 8％以上。1993 至 1996 年期间，泰国外债数额增加了 320 亿美元。[①] 同期，泰国企业的债务（大部分是短期债务）也翻了一番，由 380 亿美元增至 740 亿美元。面对这种情况，泰国政府故作镇静，似乎一切仍在控制之中。被假象所蒙蔽的首先是美国的债权人，当他们发现债务无法得到偿还时，对泰国人大为恼怒。国际金融市场也受到"四小龙"的蒙骗。全球化的反对者将随后而来的经济崩溃形容为"以国际货币基金组织为帮凶的暴力经济帝国主义"[②] 或者"全球化的极端市场化形态"。[③] 上述判断虽然贴切，但却略嫌简单。德国地产商于尔根·施奈德（Jürgen Schneider）诈骗德意志银行一案，由于德意志银行先是贷款给施奈德，后来又将其送进监狱，[④] 因此大概不会有人称之为"暴力经济帝国主义"。与不法地产商相比，那些景色美丽、人民友善的亚洲国家自然会博得公众更多的同情。施奈德案件所涉及的银行与国际金融界在泰国危机中的做法如出一辙，都是最初对风险视而不见，之后却连下重手，不过这只是问题的一个方面。事情的关键，即谁是欺骗方，谁是受骗方的事实，则是无法改变的。就连深谙内情的德国前财政部长奥斯卡·拉方丹（Oskar Lafontaine）在谈及"四小龙"在金融危机中的责任时，也在编造谎言。他说，"人们要求这些国家或地区在市场开放的同时允许资本自由流通。这些国家或地区的经济对外资需求非常小，'四小龙'和日本的储蓄率在世界上首屈一指。在关税保护和对资本流通的控制之下，这些国家或地区大力发展出口型经济，并投资教育与基础设施建设，保持了多年的高经济增长率。其受益者不仅是少数富

---

① 参见 2004 年 7 月 2 日《国家》杂志，第 82 页。
② 克里斯蒂娜·格雷弗，马蒂亚斯·格雷弗拉特，哈拉特·舒曼：《进攻——全球化反对者到底要什么》，第 62 页。
③ 克里斯蒂娜·格雷弗，马蒂亚斯·格雷弗拉特，哈拉特·舒曼：《进攻——全球化反对者到底要什么》，第 101 页。
④ 施奈德 1994 年因涉嫌诈骗数亿美元被判处多年监禁。

人，而是全体国民。由国际货币基金组织推动的资本自由流通破坏了亚洲经济模式，使其原本快速增长的经济被卷入国际资本流动的浪潮，从而导致众所周知的房地产价格泡沫以及货币的崩盘。"①

泰国政府在崩溃之前已经意识到自己将难以支撑。但是国际货币基金组织为使西方工业国在泰国破产后能够保住自己的一份财产，起到了火上浇油的作用。泰国帕塔拉证券公司（Phatra Securities）总裁苏帕瓦·塞舍（Supavud Saicheu）对此的形容是："对冲基金和其他投机者像是一群扑向病弱不堪的猎物的饿狼。狼群只是利用了这一局面，而局面本身并不是由它们造成的。"②

中国是亚洲金融危机中的唯一赢家。国际货币基金组织使中国最直接的竞争对手丧失了竞争力，以此帮助中国跃升为美国最大的竞争对手，这一点颇具讽刺意味。中国接下了"四小龙"原有的市场份额，并将其牢牢掌握在自己手中。德国企业在亚洲投资的选择余地随之缩小。国际货币基金组织的所作所为不仅损害了自身利益，同时也损害了世界的利益，帮了美国的倒忙。正如亨利·基辛格所言，美国在亚洲的利益是"避免亚洲大陆被某一个国家，特别是敌对国家所控制，以保证亚洲国家为全球繁荣做出贡献，并缓和亚洲国家之间的冲突"。③

"四小龙"之一中经济实力最强的韩国，成为国际货币基金组织奉行政策的最大牺牲品。1997 年，当泰国被迫宣布接受国际货币基金组织的条件后仅仅几个月，韩国也陷入了困境。有关韩国无力偿还债务的传言，引发了对韩元贬值的猜测。数以千计的投资人纷纷将韩元兑换成相对稳定的货币，其中大部分为美元。为支撑本国货币，韩国政府不得不用宝贵的美元购买韩元。国家外汇储备在数周之内便消耗殆尽，④ 外

---

① 奥斯卡·拉方丹：《愤怒的增长—政治需要原则》，第 183 页。
② 《国家》杂志，2004 年 7 月 2 日，第 18 页。
③ 亨利·基辛格：《美国的挑战—论 21 世纪国际政治》，第 198 页。
④ 1997 年 12 月，外汇储备缩减至 39 亿美元。

债攀升至 1700 亿美元。由于急需资金，韩国政府邀请国际货币基金组织代表访问首尔。为得到一笔 580 亿美元的援助项目，韩国政府承诺 1997 年 12 月放开汇率，开放债券市场，允许外资收购韩国企业，取消进口限制，允许银行和证券公司进入本国市场，为外国人在韩购买房地产提供便利。此外，韩国还须提高货币利率，简化解雇手续，解散大型企业联合体，关闭数家银行。由于偿付能力低下，政府几乎已考虑接受上述条件。就在这时，韩国政府作出决定，呼吁反抗国际货币基金组织。金大中总统号召人民将私人储备的黄金借给国家，以尽快偿还国际货币基金组织的贷款，从而摆脱束缚。政府号召果然奏效，韩国人在 3 个月内贡献二百多吨黄金，政府用这些黄金兑换了 20 亿美元。西方投资人 1998 年在韩国投入近九十亿美元，与此相比，20 亿美元的数目只是杯水车薪。在 90 亿美元当中，有 20 亿来自德国。德国巴斯夫公司（BASF）收购了韩国 Deasang 化工集团的饲料公司，博世股份（Bosch AG）收购了韩国最大的汽车零配件制造商 Mando 公司。与此相反，中国则利用天时地利的优势，在造船业和汽车工业等领域以价廉质优的产品抢占韩国商品的市场。为维持生存，韩国企业纷纷将生产转移到中国。

国际货币基金组织试图采取高压战略，以期在开放资本市场的条件下，用最短时间对韩国进行整顿。但结果却帮了中国的忙，并使韩国暴露出新的软肋。[①] 泰国和印尼的情况与此相仿。令人不解的是，国际货币基金组织的做法所产生的效果，往往与它的反对者所期待的结果不谋而合。后者一直期待能够出现一个能与美国这一超级大国相抗衡的国家，从而实现世界公平的目标。中国正是目前唯一能够担当这一角色的国家。

---

① 韩国银行向客户提供低息贷款，以鼓励消费。韩国 2001 与 2002 年度财政赤字增长达到国内生产总值的 12%。而根据欧盟规定，作为其成员国的德国财政赤字不得超过 3%。韩国家庭负债率高达国内生产总值的近 2/3，与人均收入的比例在经合组织（OECD）成员国中居首位。

　　国际货币基金组织显然低估了中国的经济实力，它的领导人本应对中国有更多的了解。中国虽是国际货币基金组织的出资国，但实际上早已不受该组织的束缚，其实行的政策与国际货币基金组织推崇的理念完全背道而驰。但中国却为此受到嘉奖，而其他亚洲国家反而受到指责。这种多重标准在 1999 年 1 月亚欧部长会议上表现得尤为明显。马来西亚对国际货币基金组织的战略采取抵制，走上一条与中国相似的道路：将本国货币重新与美元挂钩，允许本国资产转移到境外，对西方投资者进入国内市场设置限制，控制外债增长速度等等。此外，马来西亚还批准政府高额财政赤字，通过增加政府采购来刺激需求。2002 年上半年，外国投资者将 25 亿欧元资金投向马来西亚，促使股市上扬，经济增长由 0.3％跃升至 4.1％，不良贷款率降至 10％以下。经济危机很快得到了控制。概括来讲，马来西亚采用了中国战略，而不是美国战略。马来西亚也为此在亚洲赢得了格外的尊重。

　　但是，国际货币基金组织却将马来西亚的经济状况评定为"脆弱"级，并发出预言："与其他东亚国家相比，马来西亚在中短期内恢复经济的前景尚不明朗。"[1] 尽管金融业和企业界情况有所改观，然而政府的某些措施却使一些积极进展"再次面临风险"。[2] 国际货币基金组织还警告说："投资者的信任受到损害……官方外资来源已经枯竭。在马来西亚政府对其政策进行调整之前，无论外国政府投资还是私人投资都难以指望。"[3] 与此相反，虽然中国和香港虽然同样采用了古典的凯恩斯主义政策，但却受到了嘉奖。国际货币基金组织称，中国"成功维护了其汇率制度……以此为亚洲金融市场的稳定做出了贡献"，[4] 使亚洲各国货币受到的压力得到"一定程度的缓解"，中国政府开支的增加"是适当有度的，另外重要的一点是，中国政府虽然近来加强了对资本的控制，但并未因此给合法贸易和投资行为带来消极影响"。[5]

———————

[1][2][3][4][5]　参见 www.imf.org。

对韩国或泰国，国际货币基金组织只在其满足苛刻条件后，才为其提供资金援助。对待中国的态度则完全不同，即使批评也仅限于客气的建议，且往往以赞誉之辞作为包装。例如，2001 年 8 月，国际货币基金组织在对中国予以充分肯定（"取得出色经济成就，保持强劲增长，通货紧缩压力得到缓解，外贸地位稳固"）之后，才小心翼翼地建议中国放弃将人民币与美元挂钩，并将汇率浮动范围限定在 0.2％ 的做法。中国"应在适当时候，逐渐放开对汇率浮动范围的限制，以将人民币盯住一个货币篮子的方式取代现行做法"。① 中国方面未予回应，金融市场对此也毫无反应。美利坚银行（Bank of America）香港分行的一位金融分析师在描述当时形势时说："我怀疑，国际货币基金组织的一个表态是否就能加快中国的改革步伐。"② 另外一位分析家更加尖锐："只要涉及中国，国际货币基金组织就好像变成了一家咨询机构。"③ 摩根斯坦利银行亚太区首席经济学家谢国忠甚至对国际货币基金组织的专业性间接提出质疑："在该领域的政策调整还需要几年时间。无论从世界经济还是国内经济的角度，我都看不到任何需要立即改变目前做法的情况。"④

·1998 年春，日元汇率跌至近十年来的最低点，人民币贬值压力再次加大。这时中国开始尝试利用其在世界上新的实力和地位施加影响。中国央行行长戴相龙自信地表示："我们希望日本稳定日元汇率。"⑤ 戴的这一表态不仅将矛头指向日本，同时也是针对美国，因为只有美国拥有足够的财政能力帮助日本。虽然这位央行行长没有威胁使人民币贬值，但也没有排除这种可能性。⑥ 戴警告说，"日元贬值对中国的对外

---

① ② 道琼斯通讯社 2001 年 8 月 27 日报道。
③ 道琼斯通讯社，1998 年 6 月 15 日。
④ 参见 www. morganstanley. com。
⑤ 道琼斯通讯社 1998 年 6 月 15 日报道。
⑥ 《金融时报》，1998 年 6 月 15 日，第 1 版。

贸易产生了很大影响，并且影响到中国的经济改革。从维护东亚地区经济稳定的角度看，中国的压力更大了。"[1] 看到美国和日本对此未作出反应，中国商务部副部长更加明确地表示，不排除调整汇率的可能性。[2] 威胁终于产生了效果。一个小时过后，美国央行便做出让步，决定动用 40 亿美元干预外汇市场，以支撑日元汇率。[3]

中国有史以来第一次成功地迫使世界最强大的国家动用数十亿美元的资金，以此显示出其在世界经济中新的地位。由于日本政府不得不因此向美国作出政治妥协，其独立性难免受到削弱。中国人推测，克林顿政府为美国经济利益考虑，一定不希望中国经济出现强烈动荡。这一判断是有道理的。特别是克林顿正在计划于几天后访华。中国央行行长表示，"我们希望美国和日本采取进一步措施稳定日元汇率，"同时强调中国不会调低人民币汇率。[4] 这或许是中日力量对比变化的一个转折点：中国赢得了自主和尊重，而日本则越来越依赖于中国，这种状况一直延续到现在。半年之后，在东京召开的一次国际银行界会议上，戴相龙行长在国际货币基金组织的攻势面前，告诉对方："我们正在认真考虑是否调低汇率。"国际货币基金组织对此感到震惊，因为没有任何人愿意看到人民币明显贬值。此后的情况显示，戴行长这一出人意料的表态，只是在警告他的日本同行，应当采取措施，阻止日元继续贬值。日本毕竟是中国最大的贸易伙伴。几天之后，朱镕基总理在中国的热带岛屿海南省明确表示："为维护本地区以及中国自身利益，中国政府将坚持人民币不贬值，保持人民币与美元的固定汇率基本不变。"[5] 国际货币基金组织的攻势最终成为一枚"哑炮"。

---

[1] 《金融时报》，1998 年 6 月 15 日，第 1 版。

[2] 据路透社 1998 年 6 月 17 日 6 时 27 分（标准时间）报道。

[3] 据路透社 1998 年 6 月 17 日报道。

[4] 法新社 1998 年 6 月 18 日报道："中国对美国干预日元汇率表示欢迎"。

[5] 路透社 2002 年 4 月 12 日报道。

几年之后，国际货币基金组织在金融政策上明显有利于中国。国际货币基金组织前任总干事、现任德国联邦总统克勒在 2002 年 9 月访华期间的一次正式讲话中，不仅对中国的经济政策没有任何微辞，相反，他以一种委婉的外交措辞强调说，在这一问题上，欧洲国家的利益与中国的利益相互吻合，而与美国的主张相悖，他说道："中国以自己的行动证明，如果所有国家都能参与全球增长，并在尊重各国合法权益的基础上开展国际合作，全球化就可以给所有人带来好处。"[①] 言外之意是，美国独霸世界的欲望应受到制约。不过当美国时任财政部长斯诺（Snow）访华时，克勒却又改变了原来的态度，要求中国在汇率问题上采取更为灵活的做法。他指出："一段时间以来，国际货币基金组织一直认为，逐步建立更为灵活的汇率机制，完全符合中国的利益"，[②] 这样可以使央行更好地控制货币总量，并且可以更有效地防止本国经济受到来自国内外的冲击。因为随着货币量的迅速增加，中国通货膨胀的风险也在不断增加。他同时也对一些问题表示出担心："我建议不要在一夜之间全面放开资本市场。"[③] 克勒播下的种子渐渐生根发芽。2004 年 10 月，西方工业国首次邀请中国财政部长出席在华盛顿召开的七国集团财政部长会议。会议再次明确提及有关人民币汇率问题，然而中方仍然不为所动。金人庆部长表示："保持人民币汇率合理、均衡的稳定，既有利于亚洲经济，也有利于世界经济。"[④] 德国时任财政部长汉斯·艾歇尔（Hans Eichel）与金人庆部长举行会晤之后对形势的判断是，中国的让步更多是口头上的让步，"新的变化只有一点，这就是他们接受了货币自由交易的市场经济原则。"[⑤] 紧接着，艾歇尔对美国提出公开批评："我认为，解除人民币与美元的固定汇率没有太大意义。中国经济必须保持稳定。我们德国也是直到 70 年代才完全放开货币汇率。"

---

①②③　参见 www.imf.org。
④⑤　新华社 1997 年 9 月 13 日报道。

　　在随后几个月里，布什政府加大了对中国货币政策的压力。美国反复强调，由于人民币价值被过分低估，从而导致国际竞争出现畸形，中国外贸得以从中渔利。甚至有专家认为，人民币被低估的幅度高达40％。2005 年 7 月 21 日，中国政府最终对此作出反应，将人民币汇率上调了 2.1％。摩根斯坦利银行香港首席经济师谢国忠表示，"这对经济的影响实际上微不足道，因为各国货币每天都在这一范围浮动。"人民币升值只是一种象征性的举措。中国不仅以此化解了国际压力，同时也给自己带来好处。

　　人民币此后不再锁定美元，而是盯住一个货币篮子，其中包括欧元、日元和其他几种货币。中央拒绝透露该货币篮子的具体构成，这样可以为本国货币政策留出更大的空间。货币篮子的构成可以根据需要随时作出调整。如果谁再提出人民币升值的要求，只要指出该货币篮子的变化便可使压力得到化解，而且没有任何人能够对此加以核实。今后要想清楚地了解人民币汇率是否被低估，以及在多大程度上被低估，将变得更加困难。对中国政府来说，这可谓正中下怀。它们本来没有打算在近期内将人民币明显升值，而且也没有人能够强迫它们这样做。中国是一个特例。在历史上，从来没有哪个国家在货币升值的压力下，还能够对世界经济产生如此重大的影响。其根本原因在于，世界经济从未像今天这样相互交织得如此紧密。仅举一例，美国从中国进口商品的三分之二是由中美合资企业生产的，因此，对中国商品实行惩罚性关税必然会将殃及美国企业。美国经济是否景气，在很大程度上取决于中国。美国人为保持目前的生活水平，需要每天借债大约三十亿美元，而其中很大一部分来自中国。假如中国人不再借钱给美国，美国国内的利率将急剧上升，并由此导致房地产泡沫破灭，给整个经济带来冲击。但如果出现这种情况，中国的出口收入也会随之下降。正是因为中美之间的利益关系密不可分，双方都不希望看到关于人民币汇率问题的争论升级。汇率问题不过是中国政府手中的一张牌，对华盛顿政府来说也同样如此。因此，人民币汇率在近期内将大体保持目前水平不变。

这是我们面对的一个新的现实：目前世界上没有任何力量、国家或机构，能够在人民币汇率问题上强迫中国改变自己的意志。但值得注意的是：中国与欧洲正在逐渐相互靠拢。

中国开始尝试在国际货币基金组织中扮演发展中国家代言人的角色。早在1997年9月国际货币基金组织香港年会上，中国便曾与这一全球性机构中的强硬派展开交锋。中国时任总理李鹏以一种中国人少有的坦率，向国际货币基金组织提出批评，一半出于对危机可能波及自身的担忧，一半则出于对自身实力的自信。李鹏总理在年会上发言时指出，"国际资本的自由流动是世界经济发展的一种趋势，有利于各国吸收资金，但本身也会带来金融风险。发展中国家更容易出现金融风险，也容易成为国际金融投机的袭击目标。金融危机对任何国家都没有好处。"① 他接着补充道："国际社会要想在和平安宁的环境中集中精力发展经济，就不能无视发展中国家的合理要求。"② 国际货币基金组织应当遵循以下指导思想，即"要尊重各国自主选择社会制度、发展模式和生活方式的权利，要选择适合本国国情的发展道路"，③ 这一点同时也符合西方工业国的利益。"发展中国家经济发展、社会稳定，可以扩大世界市场的容量，为各国创造更多的商业机会和就业机会，带来巨大的利益。"④ 另外他还指出："不能恃强凌弱和以富压贫，更不能动辄对别国进行制裁或以制裁相威胁。"⑤ 他虽然没有点名批评美国，但其所指显而易见。这篇讲话在内容上与《世界外交》（Le Monde diplomatique）杂志总编撰写的题为《给市场解除武装》的文章观点惊人的一致，该文发表于1997年12月，即在李鹏发表上述讲话几个月之后。该文指出："摧毁亚洲金融市场的龙卷风，威胁着整个世界。投资资本的全球化引

①②③④⑤　新华社1997年9月13日报道。

起了人们的普遍不安。它冲破了国家之间的边界，削弱了国家保障公民民主与幸福的权力。金融资本的全球化衍生出一套自己的规则，并构建起一个独立的、超民族的'国家'，拥有自己的管理机器、势力范围和政策，这就是国际货币基金组织、世界银行、经济合作与发展组织以及世界贸易组织。这些拥有强大权力的机构用同一种腔调歌颂市场价值，并得到世界主流媒体忠实的附和。"① 这一阵营的德国代言人也不甘落后，哈拉尔德·舒曼（Harald Schumann）在他的《进攻——全球化反对者究竟想要什么》一书中写道："决策者向来只是美国、日本和欧盟的货币发行银行和金融界的技术官僚们，他们不受任何民主监督，在制订政策时完全从本国利益出发，而将世界经济的发展以及解决贫困和失业问题等置之脑后。然而世界金融业的领导者始终拒绝承认这一点，相反，他们把原本肩负着避免危机职责的国际货币基金组织，演变成一个制造和激化危机的主要工具。"② 假如有一种力量，能够有能力将全球化反对者的思想付诸于现实，这便是中国政府。锲而不舍一向是中国人的传统，中国在此后的几年中始终坚持自己的立场，毫不松动。2001年5月，中国银行副行长兼国际货币基金组织干事李若谷在国际货币和金融委员会面前，要求发达国家采取有效措施，"为发展中国家创造一个良好的国际经济环境。"③ 中国的政策目标一目了然，就是要求西方发达国家的权力，特别是美国的强权受到约束。为维护世界经济的稳定，发达国家应当向包括中国在内的发展中国家转移资金和技术。工业国应当尽早实现联合国提出的政府发展援助占国内生产总值 0.7％ 的目标。这位国际货币基金组织的中国代表还提出，发达国家应当向发展中

---

① 奥斯卡·拉方丹：《愤怒的增长—政治需要原则》，第 209 页。
② 克里斯蒂娜·格雷弗，马蒂亚斯·格雷弗拉特，哈拉特·舒曼：《进攻—全球化反对者到底要什么》，第 34 页。
③ 参见 www.imf.org。

国家"全面开放市场"。① 中国政府不点名地要求某些国家"在制订有关的标准和准则时，要特别注意发展中国家的国情和需要，充分吸收发展中国家参与标准和准则的制定过程，所有措施都必须是自愿的，绝不能强加于人。"② 中国方面在表达批评性意见时的表现日渐自信，措辞也更为明确。中国央行行长戴相龙于 2002 年 4 月在华盛顿召开的国际货币金融委员会第五次会议上的讲话，听起来好像是由国际货币基金组织的批评者斯蒂格利茨起草的一样。③ 讲话一开始，戴便以强硬而犀利的口吻说道："美国经济没有明显的复苏迹象"。紧接着，他要求欧元区作出"结构性调整"，并向日本施加压力，认为日本应"采取有利复苏的有效措施"。接下来，戴直接戳向国际货币基金组织的痛处："国际金融体系的制度性的不合理，导致了全球资源配置的不平衡，以及主要货币汇率的大幅波动，这反过来又对国际金融和贸易带来消极影响。"在后面的讲话中，他甚至点出了有关机构的名字："国际货币基金组织应对国际货币体系改革给以更大关注。"没有任何其他国家的代表敢于使用如此强硬的措辞。

在美国 2003 年对外关闭本国钢铁市场几周之后，戴相龙要求"特别关注在经济形势不佳的地方逐渐抬头的贸易保护问题。"他针对这一问题提出的解决方案与国际货币基金组织的目标完全相悖。他要求采取措施，"避免主要货币汇率出现过度波动，确保国际金融体系安全、有效地运转，促进全球经济的健康发展。"此外，发达国家应在"提供资金和技术援助的同时，向所有发展中国家开放市场。"他进而呼吁促进世界经济发展的"多极化"，推动"建立公正合理的国际政治经济新秩序"。他表示，发展中国家迄今为止始终未能参与新的标准和规则的制定，其自身的特殊需求未能受到重视，身陷困境的发展中国家不应因为

①② 新华社 2002 年 5 月 1 日报道。
③ 2002 年 4 月 20 日。其他发言者的讲话明显含蓄得多。

受到国际货币基金组织的批评而被"排斥在国际资本市场之外",不应使其承受"不公平的负担",在实施国际货币基金组织制订的措施时应给它们留出"更大的余地"。另外,世界银行和国际货币基金组织应加强合作,明确分工。几周之后,中国国家新闻通讯社援引中国央行代表的话说:"有必要对强大的国际金融机构加以监管,中国对该领域的进展迟缓感到担忧。"①

又过了四个星期,时任国际货币基金组织货币及金融系统部门主管的瑞典人斯特凡·英韦斯(Stefan Ingves)在第二届中国金融论坛发言时,② 对来自中国的强烈批评采取了克制态度。他只字未提中国金融市场对外封闭的问题,也未提及人民币与美元汇率浮动范围过小,对资本流动控制过严以及外资银行在中国入世后迟迟不能获得市场准入等问题。相反,英韦斯从讲话一开始便列举中国取得的成绩,他说:"中国经济的领导者明确意识到所面临的挑战,实行了一套可靠的改革战略。银行结构调整的基本要素——管理层、组织机构、行为规则和战略,都取得了长足进步并已形成机制。"在此之后,他才谈到中国在处理稳定与改革之间的关系,建立信贷文化以及消除坏账等方面的"不足",并表示,"如果要我亲自去做,我也会清楚地体会到,将某些战略或者解决方案从一个国家移植到另一个国家是何等困难。中国的情况的确非常特殊。"

依照国际货币基金组织的路线,本应对中国提出强烈批评和不满,然而这样的言辞人们在这里却一句也没有听到。这并非由于对中国不重视,而是因为西方不愿得罪中国。而西方工业国在金融战略问题上出现的分歧,及争论的结果则更加符合中国的利益。1998 年秋,德国财政部长拉方丹与他的法国同事多米尼克·施特劳斯·卡恩(Dominique

---

① 新华社 2002 年 5 月 1 日报道。
② 2002 年 5 月 15 至 16 日于北京。

Strauss—Kahn）共同提出一项建议：美元、欧元和日元等世界主要货币应当服从于一个固定的汇率目标。在各个大国之中，中国是迄今为止最为明确附和这一建议的国家。[1] 拉方丹提出上述建议时，当然并没有以中国作为例证，否则将给这位左翼社会民主党人带来不好的政治影响。他在提出建议时，甚至谨慎地避开了"汇率目标区"之类的措辞。然而拉方丹的建议的确包含了所有符合汇率目标区的要素，他建议，"新一轮跨大西洋对话"的目的应当是就美元和欧元汇率变化的"指导性方针"进行协商，以防止针对上述货币的大规模投机行为。有关国家应据此制定本国宏观经济政策。同时，货币政策合作应成为广泛的国际经济政策协调的核心内容。按照这一政策，最大输家将是拥有世界最强势货币的美国，其行动空间将因此受到限制。日本对该建议表现出谨慎兴趣，而其他西方国家则纷纷表示不满。拉方丹事后说："我不知道到底捅到了哪个马蜂窝。"[2] 1998 年 11 月 20 日在法兰克福召开的第八届欧洲银行大会成为与拉方丹"算账"的日子。来自欧美各国的央行首脑、银行行长以及政界领导人以激烈言辞对德国联邦政府的计划提出警告。美国联邦储备委员会主席艾伦·格林斯潘（Alan Greenspan）将拉方丹试图引入固定汇率制度的打算称作是"一个幻想"，认为"该计划既不可行，也无意义"。[3] 欧洲央行行长维姆·杜依森堡（Wim Duisen-berg）也明确禁止对欧洲央行的独立性发出挑衅，他表示，"我们的最高宗旨是保持欧元的币值稳定，欧洲央行不会服从任何汇率目标"，制定这样的目标将危及欧元的稳定，必须予以坚决拒绝。德国联邦银行行长汉斯·蒂特迈尔（Hans Tietmeyer）再次指出："欧元的声誉和稳定取决于市场对欧洲央行不会屈服于政治压力的信心。如果长期受到政治

---

[1] 这一提法并非由中国首创，而是美国国民经济研究所约翰·威廉姆森（John William-son）于 80 年代初作为一项货币政策措施首先提出的。

[2] 奥斯卡·拉方丹：《愤怒的增长—政治需要原则》，第 174 页。

[3] 路透社 1998 年 11 月 20 日报道。

的困扰，人们总有一天会对央行产生怀疑。谁能排除出现这种局面的可能呢？”他随后提出有关权力的问题：“即便与美国财政部长就汇率达成了协议，但如果美国国会对此不予理会，另行其是，那么汇率协议又有什么意义呢？在这种情况下，汇率目标是无法保持的。”① 这番话或许言之有理。1999 年 2 月，在波恩召开的七国集团峰会上，美国财政部长罗伯特·鲁宾（Robert Rubin）明确宣称，作为世界最大的经济强国，美国不能容忍别国干涉其货币政策，汇率稳定不能通过想方设法操纵汇率的途径来实现，而必须在本国建立健康的经济结构，实行理性的经济政策。他的这番话显然是在教训拉方丹。如果换成中国，美国肯定不会使用这样的腔调。虽然该建议系由德国政府提出，但是中国却是它的坚定奉行者。在这里讨论该建议的是与非，未免有些离题，但我们不应忘记，问题不仅尚未解决，而且将会随着中国国力的不断上升再次凸现出来。美国已不可能像对待德国政府的建议一样对待中国。2004 年 10 月初，在国际货币基金组织和世界银行年会上，中国人民银行行长周小川指出：“主要发达国家的经济结构性问题对全球经济发展和汇率乃至金融市场的稳定具有潜在的不利影响。”② 2004 年秋，联合国贸易和发展会议（Unctad）表示了同样的看法，该组织在年度报告中警告说，货币的竞相贬值很可能引发新一轮世界经济危机。作为解决办法，该组织建议在全球范围内协调货币汇率。这一主张的主要倡导者也是一位德国人：联合国贸发会议首席经济师海纳·弗莱斯贝克（Heiner Flassbeck），他曾在德国财政部长拉方丹手下担任财政部国务秘书。

　　由于中国的崛起，欧洲获得了更大的行动空间。只要中国和欧洲在一些问题上的共同利益不发生变化，这一趋势还将持续下去。特别是，如果亚洲国家在核心问题上能够用一个声音讲话，这一趋势还将得到加

---

① 《时代周报》1998 年第 48 期，第 14 版。
② 周小川，2004 上 10 月 3 日，参见 www. pbc. gov. cn。

强。亚洲国家的下一个目标是建立共同资金储备和地区债券基金。亚洲各国的中央银行管理着全球二分之一的外汇储备，迄今以投资美国国债为主。仅 2004 年，中国购买的美国国债数额便高达 1600 亿美元。这些国债为布什政府的巨额财政赤字政策提供了支持，对亚洲的经济增长则毫无裨益。作为"试验气球"，包括中国在内的 11 个亚洲国家央行于 2003 年出资 10 亿美元，共同设立了"亚洲 A1 债券基金"。一年后设立的亚洲证券基金二期（ABF2）的规模现已达到 110 亿美元。此外，亚洲各国政府还将共同建立一项数额 400 亿美元的储备基金，目的是在未来发生危机时相互提供支持。由此可见，中国对全球化游戏规则的影响正在与日俱增。

第十章
全球化陷阱

　　21 世纪之初，世界似乎正在朝着有利于中国的方向转变，这是历史上前所未有的。其根本原因在于，全球化使世界各国的联系日益密不可分，而中国政府则聪明地利用了这一趋势。本世纪带给人们的最大意外是：全球性经济危机迫使企业必须不断开发新市场并降低生产成本，在这样的压力之下，投资者纷纷涌向中国。

　　其他出乎意料的事情还有不少。国际奥委会将 2008 年奥运会这一世界第一大体育盛事的主办权交给了北京；纽约世贸大楼遭受恐怖袭击，使中国最大的竞争对手遭遇有史以来在本土最惨重的失败。与此相反，中国则始终保持着稳定，其作为亚洲投资基地的吸引力与日俱增。因此，美国也不得不改变其对华政策。短短数日间，华盛顿将中国的定位由"战略对手"① 改变为"战略伙伴"。② 在反恐问题上，中美两国找到了共同利益。

　　2003 年，中国成功实现了首次载人航天飞行，成为继俄罗斯和美国之后的世界第三航天大国。在 2003 年春天的"非典"危机中，中国政府最终成功战胜了危机。这不仅显示了政府应对国内危机的出色能

---

① 据《哈佛国际评论》中《战略三角关系》一文，参见 www.harvard.edu。
② 艾弗里·格尔斯坦：《"9·11"上海峰会与美国对华政策的转变》，参见 www.fpri.org。

力，也反映出民众对政府的拥护支持。对世界未来影响最为深远的变化出现在第三次海湾战争中，这一变化就是：经济实力对世界的影响力已经超越了战争，在现代战争中没有明确的赢家和输家。中国对此早有意识，而美国却依然抱着陈旧的强权政策不放。

但是，第三次海湾战争同时也暴露出中国在石油资源方面的薄弱。全世界日趋激烈的能源争夺，给中国带来深刻影响。中国国内的石油储量仅占世界的 2%，而对石油的需求量却在迅速攀升，增长速度远远超出经济决策者的预期。为确保充足的能源供应，中国必须在更大程度上融入世界经济。在这一点上，美国的攻击性战略帮了中国的忙。出于对这一世界超级大国的不信任，中国与周边邻国之间的关系比以往任何历史时期都更加密切。这些国家在新的世界强国中国面前放下了自己的矜持。中国政府正在慎重而有条不紊地按照自己的设想改变着世界。

2001 年 12 月，中国正式成为世界贸易组织成员，以此朝着改变世界的目标迈出了重要一步。从谈判之初，在世贸组织有关协议的落实时间及方式问题上，中国便牢牢掌握着主动权。德国企业长时间以来一直误以为，中国加入世贸组织将意味着其在华利益获得了保障。但后来的事实表明，中国人始终自主决定着，以何种速度开放市场以及开放哪些市场。中国毫无疑问将是世界未来最大的市场。加入世贸组织是中国融入世界经济的最重要一步，回过头来看，中国的入世过程颇为坎坷。由于世贸组织的一致性原则，中国必须与所有成员国就市场准入条件达成协议。根据最惠国待遇原则，如果中国给予某一成员国优惠，这些优惠将自动扩展到所有成员国。谈判争执的焦点集中于中国开放市场的速度与程度问题上，主要谈判伙伴是美国、日本和欧盟。中国可以耐下心来慢慢谈，时间拖得越久，在华投资的外国企业就越多，世贸组织官员也就更加清楚力量对比的变化。随着时间的推移，中国的市场准入门槛只会抬高，而不会降低。中国人没有忘记 170 年前英、法、美等国强加于自己的不平等贸易条约，因此绝不希望再一次蒙受屈辱。中国前外长钱其琛在谈到这一问题时说："绝不能认为经济全球化之后整个世界就大同了,有这样看法的人是书生论政。"①

因此,中方谈判代表龙永图在与那些老牌殖民国家谈判中采取了强硬立场。欧盟贸易代表拉米(Pascal Lamy)说:"与中国人谈判就像冲着墙踢球,球一碰到墙就会弹回来。"② 从始至终,中国政府加入世贸组织的目的十分明确。一方面要借此打开西方市场,另一方面则通过入世向本国的国有企业施压,迫使其进行改革。

经过长达15年的谈判,中国终于在2001年9月与所有145个世贸组织成员国就厚达900页的入世协议达成一致。

"随着中国的加入,世贸组织向名副其实的世界性贸易组织的方向迈出了一大步",世贸组织时任秘书长穆尔(Mike Moore)在贺词中表示。③ 对于中国加入世贸组织,中国老百姓没有像之前北京获得2008年奥运会主办权时那样涌上街头,欢呼庆祝,④ 尽管入世为中国经济开辟了广阔的空间,其对中国的意义远比举办奥运会重要得多。

中国在成为世贸组织成员国的短暂历史上,更多的是对本国市场的巧妙封锁,而不是对世界经济的开放和融合。西方工业国家对中国市场的需求远远超过中国对西方市场的需求。尽管西方对此牢骚满腹,但在表达意见时则采取谨慎态度。

----

① 钱其琛:《外交十记》,第364页。

② 他的一位同事告诉作者。

③ 参见 www.wto.org。

④ 就在之前,《华盛顿邮报》还将北京获得奥运会主办权与1936年希特勒执政时举办的柏林奥运会相提并论。但这种说法在西方媒体报道中并不占主流。2001年5月21日《华盛顿邮报》编者按中写道:"当国际奥委会协调委员会主席维尔布鲁根强调说'国际奥委会必须维护奥林匹克运动的统一性,因而不应采取任何政治立场'时,人们不禁会问,维尔布鲁根先生到底在想什么。当国际奥委会将1936年奥运会主办权交给纳粹德国时,或许曾有同样的想法。希特勒和他的朋友们曾将其视为其'公关'工作的一大胜利。人们不应让这一历史重演。如果维尔布鲁根先生想要唤起这一记忆的话,他可以找来纳粹德国电影导演莱妮·雷芬斯塔尔拍摄的纪录片看一看,这曾是当年影响力最大的宣传品之一。"

世贸组织成员违背协议并不是什么新鲜事。即使是入世多年的成员国，也会千方百计保护自己的市场。以日本为例，虽然按照世贸协议日本必须开放其金融市场，但西方保险公司在日本的市场占有率仅为4%。[①]在韩国，进口汽车所占市场比例仅有1%。2003年，美国总统布什通过抬高关税来保护美国的钢铁工业，世贸组织指责这一做法为"违法"。

但是中国对待世贸组织协议的态度以及在贯彻自身战略时的执著程度，却是前所未有的。而中国市场规模之大以及西方国家和企业在维护自身权益时所处地位之被动，同样也是史无前例。假如德国企业拒绝中方提出的条件，中国人随时可以转向法国、美国或澳大利亚等国的企业。这些企业为了从竞争者手中抢走订单，往往会心甘情愿地接受这些条件。

配额的取消和贸易限制的减少主要使中国出口企业受益。由于对华贸易增长迅速，这一情况也影响到德国。2003年，德国对亚太地区的出口增长仅为4%，2004年，德国对华出口增长将近25%，同期从中国的进口增长了17%。中国作为德国在亚太地区最重要贸易伙伴的地位得到巩固。[②] 但是中德之间的贸易平衡却越来越倒向了中国一边。虽然德国对世界几乎所有地区的出口都呈增长趋势，但对中国的出口却从2004年上半年开始出现大幅下滑。2005年第二季度，德国对华出口与上年同期相比减少了15.8%，降至49亿欧元，同期从中国的进口却增长了24.1%，达到91亿欧元。

为避免欧洲市场对中国产品产生过度依赖，欧盟委员会于2004年夏针对中国的经济扩张设置了一个小小的屏障：欧盟暂时不打算承认中国的完全市场经济地位。只有中国进一步实行市场自由化，欧盟才逐步取消对中国商品的进口配额。不过即便欧洲人不承认中国的市场经济地位，中国的外贸出口也已拥有足够的空间。

---

① 参见 www.swissre.com。
② 参见 www.eiu.com。

在汽车行业，中国经济计划部门对其战略毫不遮掩。入世半年后，中国进口汽车贸易中心副总经理丁宏祥对新华社记者表示："政府将继续加强对汽车进口的管理，并利用非关税贸易壁垒来保护本国汽车工业的利益。"① 与此同时，政府向汽车进口商下发通知，凡在过去 3 年内有违反汽车进口规定的行为，都必须补交罚款。此后不久，一家香港的"沃尔沃"经销商被判交纳 940 万欧元的罚款。这家公司随后退出了中国市场，其在华业务由一家国内经销商接手。

作为发展中国家，中国不甘屈服于世贸组织的压力，这一点理应受到全球化反对者的欢迎。世贸组织不惜一切代价推行贸易自由化的目标，在中国这里却遇到了阻碍。中国将维护国内稳定放在首位，而世贸组织的战略基础则因此受到动摇。这一点从德国企业界普遍失望的反应便可以看出。中国反对以西方经济利益为中心，给世界带来了更多的公平，这正是西方以及发展中国家的反全球化运动倡导者一再呼吁的。② 如果世界上哪个国家的农民和当地企业能够与西方提倡的新自由主义竞争相抗衡，这个国家便是中国。尽管中国政府常常被某些西方国家斥为轻视人权的政府，但是它却在短时间内使众多人口摆脱了贫困，这一成绩是史无前例的。中国政府坚决反对西方工业国的经济强权政策，成功地使资本以前所未有的规模从第一世界转向第三世界。中国给世界力量对比带来的变化，无论是美国、联合国还是世界贸易组织都无法做到的。在这方面，中国显示出非凡的实力，并取得了卓著成绩。诺贝尔经济奖得主斯蒂格利茨在谈到中国的成就时说道："在经济增长方面，中国的表现超过了所有其他大国；在克服东亚经济危机问题上，中国表现出出色的管理与灵活应变的能力。"③ 中国成功实现了全球化中的社会主义原则。

---

① 新华社 2002 年 5 月 12 日报道。

② 《日报》，2004 年 8 月 23 日。

③ 《商报》，2004 年 9 月 3 日，第 2 版。

在世纪之交，当亚洲金融危机过去短短几年之后，世界性经济危机爆发了。此时，中国的稳定再次凸现出来。美国股市在经历了几次小的跌幅之后，于 2001 年 3 月 12 日至 16 日期间出现了自 1929 年以来最严重的一次暴跌。[①] 纳斯达克指数下跌近 8％，损失接近 4.5 万亿美元，相当于美国国债的总额或者日、韩两国国民经济总量之和，[②] 与 2000 年 3 月行情最高时相比，下降了 63 个百分点。危机震荡了全世界，资本主义的三大中心——美国、日本与西欧 25 年以来第一次同时陷入经济危机。2001 年，欧盟经济增长率只有 1.7％，仅在德国，汽车销量便下降了 12％。欧洲九大股票指数中有八个跌幅超过 10 个百分点。

继亚洲危机之后，中国政府又一次表现出非凡的智慧：不把目光盯住那些"快钱"，而是尽量避免高额外债和短期贷款。在 2001 年这一危机之年，中国当年的外汇储备仍然超过了上千亿美元，相当于下一年需要偿还外债的四倍。[③] 由于中国股市并未对外开放，因此国际投机者集中撤资带来严重损失的风险相对较低。[④] 即使股市出现下跌，跌幅也会有限。中国成功保持了人民币和港币对美元汇率不变。此前很长时间以来，国际金融市场对于中国汇率政策能否顶住压力一直抱有疑虑。但在危机过程中人们看出，中国从危机中得到的好处与受到的损失至少持平。尽管出口有所下降，但却有越来越多的西方和日本企业将投资转向中国。外国投资者的信心成为中国经济发展的一个决定性因素，直到今天仍然如此。中国的繁荣从房租价格上也可以反映出来，2001 年中国

---

① 道琼斯指数同期下降了 16 个百分点，S&P500 指数下降了 25 个百分点。

② 自 1989 年和 1990 年房地产市场崩溃后，日本经济在整个 90 年代期间始终处于停滞状态。这场始自美国的危机将对日本经济造成冲击，这一点很早便可预见。日本银行和日本公司购买了大量美国国债，而美国则是日本高科技产品最重要的出口市场。2001年，日本企业持有的美国国债数额高达 3500 亿美元，另外还包括数额更大的美国公司股票及其他债券。

③ 据评级机构穆迪投资服务公司（Moodys Investors Service）估算。

④ 参见《中国日报》，2004 年 10 月 7 日，第 3 版。

大城市黄金地段的房租上涨了将近 10%，而在亚洲其他地区却下降了大约 20%。[1] 中国觉醒了，并且表现出惊人的抵抗危机能力。

2005 年 10 月，中国开始施行第十一个五年规划，确定了政府工作新的重点。这份文件不再称作"计划"，而改称为"规划"，其中特别强调了"加快经济发展模式调整"的重要意义。在《十一五规划》颁布前的一年多时间里，中国经济出现了过热趋势。《十一五规划》决定，各地经济发展必须选择更加谨慎稳妥的方式，不能片面追求高投资、高增长，应以城市和农村的平衡发展以及保护环境为核心，以"可持续发展"为目标，建立有效的宏观经济调控机制。

由于利率调整的作用尚未显现，政府决定严格限制个人贷款。2004 年初，40%的私人轿车还是以贷款形式购买的。而到了年底，这一数字降为 10%。房地产市场的情况与此相同，个人购买商品房只能更多地动用个人存款。另一方面，民工的工资则在大幅增加。仅 2004 年下半年，广东的工厂便出现了 3 百万劳动力的缺口。

中国政府对社会保障领域的政策变化进行公开宣传，对另一政策变化也开始注意，而后者却对世界经济有着深远的影响，这便是：中国正在发展成为一个原材料消费大国。尽管中国人均石油消费量仅为美国人的十分之一，[2] 但是在消费总量上，中国早已是一个重量级国家。2004 年，中国石油消费量超过了日本，占世界石油总消费的 10%，居世界第二位。[3] 国际能源署预测，2030 年全球石油消费量将增长三分之二，而中国则将在 2020 年跃升为世界头号石油消费国。国际能源署总干事克劳德·曼迪尔（Claude Mandil）表示："在我们机构内，也低估了中国

---

[1] 据国际知名房地产公司高纬物业（Cushman & Wakefield）2004 年 10 月的一份资料。

[2] 据美国能源信息管理局 2003 年统计数据：中国石油日消费量为 560 万桶，全世界石油日消费量为 7910 万桶。

[3] 据国际能源局推测，中国 2004 年石油日消费量为 580 万桶。中石油认为，中国 2003 年石油消费量约为 2.5 亿桶。目前世界石油年产量大约为 30 亿吨。美国石油消费量为 10 亿吨，日本为 3 亿吨。中国 2004 年石油消费量大约是日本的两倍。（1 吨≈7.3 桶）

石油消费的增长速度。"① 摩根斯坦利投资银行亚太区首席经济师谢国忠认为："如果中国的能源政策不出现根本性变化，10 年后，中国石油消费量将达到每天一千四百万桶。"②

中国能源消费的急剧增长同样使中国政府感到始料不及，直到"9·11"事件后这一问题才骤然显现出来。中国的石油储量仅占世界石油储量的 2％，中国石油需求的三分之二依赖进口。中国能源研究所副主任朱兴珊认为，"'9·11'事件影响的不只是石油价格，中国必须重新全盘考虑石油供应问题，必须利用各种渠道来避免风险。"③

自 1996 年起，中国先后投资数千亿元，用于在苏丹、委内瑞拉、哈萨克斯坦、尼日利亚、加拿大和印度尼西亚等国的油田开发。同俄罗斯一样，最令中国感兴趣的目标是伊拉克。尽管伊拉克 1997 年后受到联合国制裁，但它毕竟是仅次于沙特阿拉伯的世界第二大产油国。中俄两国分别在伊拉克得到油田开发项目。法国也已开始进行有关谈判，目前尚无结果。俄罗斯最大的石油企业卢克公司（Lukoil）斥资 12 亿美元购买伊拉克西古尔奈（West－Qurna）油田的股份，而中国石油天然气集团公司则与另一家中国工业巨头北方工业公司联手，与位于巴格达以西 100 公里的阿赫代布（Ahdab）油田签署了总额为数亿美元的合作开发协议。此外，中石油与伊拉克另一家油田哈发亚（Halfayah）的共同开发项目正在谈判中，中俄两国与伊拉克合作的目的，并非限于解决自身石油需求问题，同时也是为了削弱美国在中东地区的地位。为了长期巩固与伊拉克的关系，中国自 90 年代初第一次海湾战争结束后，便积极参与伊拉克基础设施的建设。

2003 和 2004 年，中国开始修建从新疆至上海的长达 4 千公里，造价 200 亿欧元的输油管道，以此将中亚地区与中国发达的沿海地区连接

① 参见 www.iea.org。
② 参见 www.morganstanley.com。
③ 新华社 2001 年 9 月 28 日报道。

起来。自 20 世纪 90 年代起，中国政府还致力于发展与其他中亚国家的经济关系，例如帮助乌兹别克斯坦修建铁路等。2001 年夏，在"9·11"事件发生之前，中国政府与俄罗斯、哈萨克斯坦、塔吉克斯坦、吉尔吉斯坦以及乌兹别克斯坦共同成立了以打击恐怖主义与分裂主义为宗旨的国际性联盟——"上海合作组织"。这是中国首次在地区政治中高调充当主角。美国起初对这一联盟不屑一顾，但在"9·11"事件后，上海合作组织的作用骤然凸现出来。

早在第二次伊拉克战争爆发数月之前，中俄两国已对其在伊拉克的投资项目产生了担忧。在对外界的表现上，中国显得较为含蓄，而俄罗斯则完全直言不讳。俄罗斯一家石油企业的高层经理表示，中俄两国应联手对美国进行干预，并建议两国在普京总统 2002 年 12 月访华时就此进行协调。① 美国面对中俄削弱其在中东地区地位的企图，表现出极为强硬的态度。美国军队尚未彻底占领伊拉克，由美国任命的伊拉克代理石油部长加班（Thamir Ghadhban）便对《华尔街日报》称，中伊签署的共同开发阿赫达（al—Ahdad）油田的合作协议已经两国政府同意废除。② 中国石油天然气勘探开发公司总经理王莎莉对此反驳道："我们从未听说过这回事，加班才刚刚上任，他根本不认识我们。"③ 法律界专家认为，因为"伊拉克共和国及其政府机构仍然存在"，按照国际法，这一开发蕴藏量在 15 亿桶以上的大油田的协议依然有效。④

为了继续保持美国目前的生活水准，华盛顿政府不惜牺牲美国与其他国家间的关系，甚至不惜以美国士兵的鲜血为代价。⑤ 很多迹象表明，这远不是中美围绕能源问题的最后一次较量。

中国曾试图逐步而不事声张地建立战略石油储备。但在能源供应呈现危机，石油价格暴涨的情势下，建立石油储备已迫在眉睫。在伊拉克

---

① 路透社 2002 年 12 月 5 日于莫斯科报道。
②③④ 《亚洲华尔街日报》，2003 年 5 月 28 日。
⑤ 赫尔穆特·施密特：《伟人与大国》，第 111 页。

战争爆发前，中国的战略石油储备只够满足 35 天之需，西方国家的战略石油储备普遍达到 90 天，日本甚至高达 120 天。

中国不仅从国外进口石油，同时也着手在海外寻找其他原材料的供应途径，包括天然气、铁矿石、铜以及炼钢必不可少的铝土和用于制造白铁皮、植物养料和染料所需的锡。近年来，由于蓬勃发展的电子业需要大量的锡作为焊锡，中国对锡的需求量已经跃至世界首位。

2003 年，中国钢铁消费量达到 2.57 亿吨，占世界钢产量的四分之一。中国同时成为世界第一个钢铁年产量超过 2 亿吨的国家，相当于世界总产量的 23％，超过了美日两国 2003 年钢铁产量的总和。2004 年，中国钢铁产能增长了 20％，占世界总增量的一半。中国同期的煤炭消费量占全世界煤炭产量的 40％，而产量则为世界总产量的 25％。

能源消费的剧增同样令中国政府感到措手不及。按照 2000 年制订的第十个五年计划，预计 2004 年钢铁产量只有 1.4 亿吨。然而 2003 年中国钢铁行业投资涨幅达到 96.6％，2004 年第一季度则一路攀升至 106.4％。德国原钢年产量为 4500 万吨，居世界第六位，排在中国、日本、美国、俄罗斯与韩国之后。2007 年中国不锈钢产量超过欧盟，成为全球最大的不锈钢生产国。

在中国钢铁工业迅速崛起的过程中，中国该行业部分企业已跻身于世界钢铁巨头之列。中国最大的钢铁企业是上海宝山钢铁公司。2003 年，这家拥有 10 万名员工的大型企业创造了 140 亿美元的营业额，以此跃升为世界 500 强企业之一。宝钢当年盈利 16 亿美元，利润率高达 14％，上海证券交易所的宝钢股票价格直线上升 70％。在国内市场上，宝钢所占份额为 10％。中国目前 14％的钢材来源于进口，其中以价格昂贵的高档钢材为主。中国正在努力扭转这一局面，力争在最短时间之内发展为钢铁出口国。

德国低估了中国钢铁工业的发展速度。德国钢铁联合会主席迪特·阿梅林（Dieter Ameling）坦承："我们对中国人的扩张计划缺乏了解。"

因此，德国没有及时扩大自身的钢铁生产能力。2004 年，世界钢铁产量增长了 9％，而德国仅增长 3％。① 德国钢铁企业沙士基达股份公司（SalzgitterAG）2004 年的利润仅与 2001 年勉强持平。蒂森－克虏伯公司对钢铁市场的发展趋势喜忧参半。一方面，钢材需求的持续增长给公司带来了丰厚的订单；另一方面，公司却无法将因原材料涨价而增加的成本转嫁到客户身上。德国杜塞尔多夫的中型钢铁企业施莫尔茨·比肯巴赫公司（Schmolz und Bickenbach KG）总裁贝内迪克特·尼迈耶（Benedikt Niemeyer）说："如果认为目前的情况将很快发生变化，原材料和钢材供应不久将会出现过剩，那么他一定会错判形势。"②

由于钢材价格的上涨，废旧钢材随之变得紧俏起来。2004 年，钢材废料价格上涨了 145％。德国人几年前淘汰一辆旧汽车，需要向废旧汽车处理场支付 100 欧元以上的垃圾处理费，而现在回收商则反过来要付给车主至少 100 欧元。中国钢材需求的膨胀也许只在这一点上给德国消费者带来了一些好处。2003 年施罗德总理启程访华之前，德国金属工业界人士在他面前提出抱怨，中国政府向那些为非钢铁行业采购原材料和金属废料的企业返还营业税。由于废旧钢材被抢购一空，德国企业只得购进昂贵的高档原料进行加工，否则将不得不缩减生产规模。

原材料价格暴涨给经济形势带来的压力在金融市场也有所体现。美元下跌，欧元上涨的总趋势已持续多年。2004 年 11 月布什连任总统后，美元对欧元汇率一度跌至 1∶1.3 的历史最低点。尽管美国财政赤字的增长幅度低于普遍预测，但是美国经济却难以给本国货币提供升值动力。在美元疲软的压力下，欧洲货币已经与经济的真实状况脱钩，相对于欧元区经济普遍增长乏力，欧元币值过于坚挺了。由于中国对石油价格的影响，人民币对美元的固定汇率以及其中国外汇储备等因素在很大

---

① 德国北方银行《股市周刊》，2004 年 9 月 24 日。
② 《法兰克福汇报》，2004 年 10 月 28 日，第 11 版。

程度上决定着汇率的走向，因此世界主要货币的命运逐渐被亚洲，特别是中国所控制。类似德国等严重依赖出口的国家对源于亚洲的汇率波动尤为敏感。目前迹象表明，中国的原材料需求将对未来德国经济形势产生决定性影响。德国产品的最大出口国美国的经济形势正在一步步陷入困境，物价持续上涨，目前仍看不到任何转机。自2004年下半年以来，越来越多的国际金融市场、特别是伦敦证券市场的投机家们押下赌注：① 只要美元下跌，他们便可以牟利。这又给美元增添了额外的压力。

能源短缺难道不会遏制中国经济的增长吗？中国终究和其他国家一样，也要在世界市场上高价购买原材料。多年以来，能源紧缺问题一直困扰着中国。中国以燃煤发电为主的电力网络早已达到极限。多年以来，每逢夏季，上海以及南方经济发达地区的工厂经常出现停电情况，有时甚至长达数日。很可能要到2010年，当一些新的核电站和现代化火力发电厂建成之后，中国的能源问题才能彻底解决。但是尽管如此，目前的世界能源危机对中国来说仍然利大于弊。中国政府已经学会如何利用发达国家的危机来达到自己的目的。经济危机造成世界各国购买力的普遍下降，因此企业必须想办法降低生产成本，于是中国成为最大受益者。

高盛投资银行分析家认为，我们目前尚处于新一轮经济周期的开始阶段，这一周期有可能持续5至10年。这是建设基础设施以及开采新的资源所需要的时间。不过中国可以运用外汇储备杠杆，在意外情况发生时起到减震的作用。中国的外汇储备成为一种有效的保险，中国可以通过改变外汇储备中欧元、日元和美元的比例对其主要贸易伙伴国的经济施加影响。② 此外，人民币与美元挂钩相当于一个安全阀门，如果必要的话，中国可以在数分钟之内使美元所受压力得到缓解。

---

① 据德国商业银行伦敦证券部货币政策专家的分析。
② 《法兰克福汇报》，2004年9月22日，第14版。

　　为了减轻对美国的依赖，中国将目光转向了邻国，以经贸往来的名义积极开展邻国外交。由于诸邻国内心对中国不无戒备，中国刻意避免纠缠政治战略问题，而是向其提供对双方都有吸引力的商业机会。中国向哈萨克斯坦、越南、蒙古、老挝、泰国等国提供了各种形式的经济援助，如：帮助修建基础设施，提供技术转让等等，同时向其购买价格不菲的原材料。这种互利合作使该地区各国之间的联系日趋紧密。而从上述国家的角度看，与美国关系愈难处，与中国的合作便愈有吸引力。

　　在过去几年中，哈萨克斯坦陆续发现了多处大型油田和天然气田，这也给中国带来了好运。哈萨克斯坦领土面积居世界第 9 位，人口数量还不及北京，而据公布的资料显示，该国拥有约 40 亿吨石油资源，实际蕴藏量很可能是这一数字的 3 至 4 倍。目前哈萨克斯坦的石油产量约占世界的 7%。这里出产的石油质量好，但开采难度较大，不过油价每上涨一美元，投资者的收益便会随之增长。在 2003 年 3 月美国攻打伊拉克前夕，中国海洋石油总公司（CNOOC）与中国石化（Sinopec）以数日之隔先后与英国天然气集团（BP）签署协议，分别投资 6.15 亿美元收购了该集团在里海北部油田共约 16% 的股权。该油田是最近 30 年以来世界上发现的最大油气田之一。在此前半年，中国企业曾经以 11 亿美元收购了澳大利亚和印度尼西亚部分油田的股权，并投入近 400 亿美元收购了尼日利亚一家油田的开采权。中国有史以来第一次在如此短的时间内展开如此大规模的海外油田收购行动。美国有线电视网（CNN）甚至将其称为富有"挑衅性"的收购行动。[①] 外界对此的反应喜忧参半。在非洲、中东以及里海地区的油田争夺中，中国和印度的企业多次交锋，印度企业往往因中方开价过高而被迫知难而退。为在今后竞购时避免新的紧张局面，中印两国于 2006 年 1 月 12 日在北京签署了《加强石油与天然气合作备忘录》，就海外收购的信息共享达成协议。

———————————

① 据 CNN 亚洲商务编辑，2003 年 4 月 12 日。

通过在里海竞购油田的成功，中海油加入了几家国际大型能源企业在
该地区业已开始的能源争夺战。美国埃克森·美孚（ExxonMobil）、荷兰
皇家—壳牌（Royal DutchShell）以及法国道达尔（Total）等石油大企业
在里海油田这块蛋糕中所得份额与中海油大致相当。[①] 2008 年底，中海油
将走出海外扩张的重要一步：尼日利亚 OML130 油田 44 个采油机组中的
前 10 组将开始产油。2006 年 1 月中海油宣布，已斥资 23 亿美元收购了尼
日利亚 OML130 海上油气田 45％的权益。中国与尼日利亚这一非洲最大
石油国和世界第十一大石油国的密切合作从此开始。尼日利亚是对中国颇
具战略意义的国家，因为此前它在政治上一直被牢牢控制在美国人手里。
自从 1958 年尼日尔三角洲首次发现石油以来，西方石油公司始终垄断着
这里的石油开采。直到 2006 年底，西方五大石油巨头仍然占据着尼日利
亚 90％的市场，这五家企业分别是：英国与荷兰合资的荷兰皇家壳牌、
美国埃克森—美孚和雪佛龙、法国道达尔以及意大利埃尼。

中国与尼日利亚南大西洋石油公司（South Atlantic Petroleum）签署
了收购协议，该公司所有人为尼日利亚前国防部长蒂奥菲勒斯·丹朱马
（Theophilus Danjuma）。这是这家中国石油企业在亚洲之外的第一次收购。
2002 年中海油曾投资收购了西班牙莱普索尔（Repsol）石油公司在印度尼
西亚 5 个块区的资产。中国与尼日利亚国家石油公司（Nigeria National
Petroleum Corporation）签署了石油供应协议。石油投资对中国来说可谓
一举两得：既花出了令人棘手的美元，同时保证了未来石油供应。

各大跨国石油企业的长期计划目前已初现雏形。美国雪佛龙—德士
古石油公司（Chevron Texaco）计划在未来 4 年中为哈萨克斯坦的石油
开采项目投资约 40 亿美元。埃克森—美孚公司甚至提出，将在未来 40
年中投资 500 亿至 600 亿美元。[②]

---

① 据 CNN 亚洲商务编辑，2003 年 4 月 12 日。

② 参见 www.dgap.org。

2004 年 5 月，中国与哈萨克斯坦签署了铺设穿越两国边境的输油管道的协议，并以"中国速度"开展建设。中国石油天然气集团公司（CNPC）与哈萨克斯坦国家石油天然气公司（Kazmunaigaz）宣布，这条长达 1240 公里的输油管道将于同年 8 月开工，第二年年底前竣工，年输油量将由开始时 1000 万吨逐步提高至 2000 万吨。除此之外，中石油还投资开发里海大陆架的石油与天然气资源。2004 年 9 月，由里海通往中国境内的中哈石油管道二期工程开工。这条全长 988 公里的输油管道西起哈萨克斯坦境内的阿塔苏，东至中国境内的阿拉山口，计划于 2008 年正式投入使用。这条投资超过 40 亿美元的输油管线造价极为昂贵，建成后的初期年输油能力为 1000 万吨，仅能满足中国石油进口需求的 4% 左右。

在与中国开展密切合作的同时，哈萨克斯坦总统纳扎尔巴耶夫（Nursultan Nasarbajew）希望对各方持开放态度，而不愿过于依赖于俄罗斯、美国或是中国的任何一方。2003 年 11 月，纳扎尔巴耶夫总统表示："我们将努力与三方保持良好关系，并希望我们的输油管道尽可能通往更多的地区。我们与俄罗斯保持着良好关系，同时正在修建通往中国的大型输油管道。我们非常感谢美国的投资以及在阿富汗打击塔立班的行动，支持美国在伊拉克的重建工作。但我们相信，伊拉克问题最终应当由伊拉克人民自己解决。"[1] 尽管如此，中国在帮助哈萨克斯坦成为中亚的"沙特阿拉伯"方面有着决定性优势。作为崛起中的世界强国，中国与不顾一切挽回颓势的老牌强国美国相比，表现得更加稳健沉着。哈萨克斯坦与中国的关系不像其与俄罗斯关系那样，受到各种历史纠葛的困扰，俄政府在该地区至今仍缺乏信任。哈萨克斯坦前央行行长、现任副总理格里高里·马尔琴科（Grigori Marchenko）说道："中

---

[1] 参见《经济周刊》，2003 年 12 月 4 日，第 34 页。

国人只是做生意，并不想改造世界。"① 马尔琴科的这句话一语中的。人们正是在这一点上不愿再买美国人的账。

拥有 8200 万人口的越南，现在也不得不与中国这位素有龃龉的邻居拉近关系。越南人均年收入不足 480 美元，尚不及中国的一半，而中国的工资水平相当于越南的两倍。越南除了搭乘中国崛起的快车之外已别无选择，为了实现持续发展，越南离不开中国的帮助。越南目前是亚洲唯一的自然资源与食品纯出口国。越南时任总理潘文凯（Phan Van Khai）表示："我们并不害怕中国。中国是一个超级大国，拥有世界独一无二的竞争力。对越南的外贸来说，中国是一个巨大的市场。另外，中国也急需我们的原材料。"② 中越两国目前正在就共同开发铝土矿进行谈判，该项目计划投资约 20 亿美元。

反过来看，越南对中国进口的工业品具有依赖性，市场上的电视、冰箱以及数量众多的摩托车，大部分都来自中国。潘文凯总理认为，"我们的老百姓从这些廉价产品中享受到好处。"尽管越南的劳动力价格低于中国，但是外国投资者仍更加青睐中国。家居用品零售商"宜家"曾经做过一次试验：分别在中国与越南两地生产同一种金属折叠椅，其结果是，尽管越南生产成本比中国低 15％，但是将集装箱成本、办理许可证以及电话通讯等费用加在一起，在中国生产仍然更合算。

在全球形势变化的压力下，泰国与中国的关系也在发生转变。由于美国的一些做法引起泰国南部一些少数民族的反美情绪，美国作为合作伙伴的吸引力日益降低，与此同时，中国越来越受到欢迎。2003年底的一项民意调查显示，76％的泰国人将中国视为亲密的伙伴和盟友，相反，对美国感到亲近的比例仅为 9％。10 年前的情况与此截然

① 参见《经济周刊》，2003 年 12 月 4 日，第 34 页。
② 据 2004 年 7 月与作者的谈话。

相反。泰国前总理他信（Thaksin Shinawatra）于 2004 年 3 月表示，"中国使我们更加强大，因为我们接受了竞争。我们将找准自己的定位，而不会通过压低价格的办法与中国抗衡。"[①] 为此作出的努力中包括中泰在能源运输方面的合作。2003 年，两国就修建一条 400 公里长的输油管线达成协议。通过这一途径可以将石油更加便捷安全地运送到东亚地区。[②]

　　朝鲜同样受到全球能源需求增长的影响。目前中、俄、美都在按照自身利益争取使朝鲜融入国际社会。其原因一是由于这一国家对地区安全构成了威胁，另一原因还在于，该国领土上蕴藏着丰富的自然资源。朝鲜拥有煤炭以及其他 43 种稀有矿产资源，是世界第二大镁矿开采国。朝鲜迟早要对外开放，而这将给中国经济带来巨大好处。2003 年，中朝贸易额达到 10 亿美元，比上年增长了 46％。

　　中国原材料供应的来源地已远远超出亚洲范围。由于中国企业的报价高、合同期长，世界最大的矿产企业之一、澳大利亚跨国企业 BHP Billiton 公司于 2004 年首次决定与中国国营钢铁企业合作开发铁矿，BHP 公司持有 40％股权，双方还签订了矿石供应合同。[③] 此外，BHP 公司还同意将今后镍产量的一半出口中国。BHP 公司 2003 至 2004 业务年度的利润额达到 34 亿美元，创造了澳大利亚企业有史以来的最高纪录。

　　在巴西，中国投资数亿美元建立了一家铝土及氧化铝生产厂，并投资巨额美元，用于建造钢铁厂，修建天然气管道以及铁矿和铀矿的开采项目；中国在印度还投资数亿美元进行铝业生产，在巴布亚新几内亚投

---

① 《经济周刊》，2004 年 3 月 25 日，第 44 页。

② 中国同时努力摆脱对国际造船业的依赖，自 2004 年起，中国已成为仅次于日本和韩国的世界第三大造船国。

③ 参见 www.bhpbilliton.com。

资数亿美元收购了一家镍矿的 85％股份。① 中国将在未来几年中向阿根廷大量投资，用于巴塔哥尼亚海岸的石油开采、铁矿开发和铁路建设项目。在智利投资数亿美元开采铜矿，在委内瑞拉向石油开采、天然气管道建设、炼油业以及金矿开发投资超过数亿美元。

2004 年 11 月，中国国家主席胡锦涛对南美四国进行了为期两周的访问，由 500 名企业家组成的代表团随访。在 2004 年的最后几天，委内瑞拉总统查韦斯（Hugo Chávez）与中国政府签署了多项合作协议，同意中国开发委内瑞拉的 15 座油田，并建立一家炼油厂。这些协议使美国蒙受重大损失，此前委内瑞拉石油产量的 60％均出口到美国。②

非洲近来也成为中国原材料供应的来源。2002 年，中国斥资数亿美元购买了尼日利亚一家油田的开采权。2004 年 4 月，当壳牌公司正准备将其安哥拉油田的 50％股份出售给一家印度石油企业时，中国与安哥拉政府达成协议，向安哥拉提供上亿美元的贷款。于是安哥拉政府出面干预，迫使本国一家国营石油公司出面，动用优先购买权买下壳牌公司油田股份，以便下一步再与中石油等中国企业谈判转让问题。

在积极开展经济活动的同时，中国对非洲的外交关系也在不断升温。胡锦涛主席刚刚上任，便提出要加强对非洲关系。2006 年 1 月11 日至 19 日，中国外长李肇星出访非洲六国，其中包括尼日利亚、利比亚、塞内加尔和马里，此访是中非之间活跃的"访问外交"的延续。仅 2004 至 2006 年两年中，中国与非洲的高层领导人以及经济界代表便举行了上百次会晤。中国政府于 2006 年 1 月首次发表的《中国对非洲政策文件》是中国对非洲兴趣显著增加的另一个例证。2006年 11 月，中非峰会在北京举行。中国与非洲的 1700 名代表参加了会

---

① 《纽约时报》，2004 年 12 月 28 日。
② 《纽约时报》，2004 年 12 月 28 日。

称主要针对中国），同时也有着其他目的。美国强化了与新加坡的国防战略合作，泰国和菲律宾于 2003 年获得了"非北约同盟国"（major non－NATO allies）地位。美国 2005 年的下述外交行动也属于这一范畴：

一、与日本签署《日美新安保条约》，部署航空母舰及弹道导弹防御系统（2005 年 2 月，日美声明中首次将和平解决台海问题列为共同战略目标之一）；

二、同印度签署在民用核技术、航天以及取消军售限制等领域的合作协议；

三、同越南签订军事培训协议；

四、同印度尼西亚恢复军事合作关系，取消因人权问题而实行的军售禁令；

五、美国总统首次访问蒙古，向蒙古提供每年两千万美元的军事援助，帮助蒙古军队实现现代化，举行以联合维和行动为目标的蒙美联合军事演习。

美国的对华双重战略是一种理智的选择，它既顾及了美国自身利益，也考虑到中国政治影响力的上升所带来的不确定性与不可测性因素。这一政策显然得到了美国政府内部的一致认可，美国公众和国会对布什政府的对华政策迄今也鲜有指摘。这主要出于下述原因：

一、自从克林顿政府执政后期（2000 年）给予中国永久正常贸易国地位后，以往每年一度的有关延长中国最惠国待遇的讨论宣布告终。美国对华持批评态度的团体和国会成员就此失去了一个影响公众舆论的核心手段。

二、布什政府一方面警告台湾不得单方面改变台海现状，另一方面加强对台湾的支持，这一政策使得美国国会中强大的亲台势力抓不到把柄。

三、反恐战争以及其他议题使美国外交政策的重点发生转移，对华政策在美外交中退居次要位置。此外，美国"一致政府"（unified government）的传统在某种程度上也使美国国会强化了自我克制。

不过，只要美国政府在对华政策上对外保持相对一致，就不必担心来自国会方面的挑战。但是如果美国内政形势发生变化，特别是一旦中美两国由目前的"合作＋对抗"的关系转向对抗时，美国国会的态度很可能将再次转向强硬。

第十一章
中国密码

在 21 世纪之初，世界经济与政治力量的重心逐渐东移，移向中国及周边地区。对此，我们首先必须学会适应。几个世纪以来，我们在中国面前始终有一种高高在上的感觉，这甚至构成了我们文化的部分基础。启蒙运动的杰出代表人物康德（Immanuel Kant）认为，只有那些生活在世界最进步地区的人（在他的眼里这仅限于欧洲人），才有能力脱离自我招致的"未成年状态"，从而真正认识世界。另一位德国哲学家赫尔德（Johann Gottfried Herder）在《人类历史的哲学思考》一书中，对他所处的文化圈也是赞赏有加。他写道："欧洲以其行动、科学以及诸多发明，确立了自己的优势地位。"他同时对中国人表现出一种蔑视的态度："生活在那个地区的人种永远不会成为罗马人或者希腊人。中国人无论现在还是将来都是这样一个民族：他们天生的相貌是细眼睛、塌鼻子、扁额头、长耳朵，胡须稀疏，腹部前凸。中国的社会制度已基本走到了尽头。"在他看来，中国僵化而落后，仿佛一只"冬眠的老鼠"。[1]

尽管存在上述近乎狂妄的观点，但在当时的欧洲，人们对来自中国的物品却趋之若鹜。尤其是欧洲的贵族们，对经由丝绸之路运到欧洲的

---

[1]　大卫·马丁·琼斯：《西方社会和政治思想中的中国形象》，第 72 页。

中国瓷器和绸缎更是情有独钟。他们竞相收藏中国产品，并互相炫耀。由于正宗中国货数量稀少，因而出现了仿制的中国工艺品，由此衍生出的"中国风"（Chinoiserie）成为洛可可艺术中一个独立的门类。这一盛行于 17 世纪末和 18 世纪初的艺术风格，其流传得益于德国迈森瓷厂的名气。在当时欧洲人看来，所有来自中国的东西，西方都可以做得更好。直至 19 世纪初期，德国诗人冯·施莱格尔（Georg Wilhelm Friedrich von Schlegel）还将中国经济描述为"退化"的经济。[①] 德国哲学家黑格尔（Friedrich Hegel）是第一位试图将世界历史作为一个相互关联的整体看待的学者，但在他眼里，中国简直就是处在"世界史之外"。法国哲学家和政治家托克维尔（Alexis de Tocqueville）属于最早具有跨大西洋思维的欧洲人。然而他在 19 世纪 30 年代甚至也对中国人持相同观点，认为："中国人处处因循守旧，往往忘记了自己原本的目的。……中国人丧失了自我调整的力量，无法进行自我改善。……产生知识的源泉已经枯竭。"[②]

欧洲商人和外交官对中国的印象，深受欧洲诸多思想精英的影响。19 世纪时，他们的活动半径超越了西亚和中亚地区，抵达中国的边界，不久又延伸到中国内地。一位英国公使在匆匆发回国内的电报中，将中国人描绘为"半野蛮人种"。电报里写道：中国人"是世界上最早达到某种完善程度的民族之一……但是之后他们便止步不前，其文明程度与两千年前无异，而那时，欧洲大部分地区可以说仍处于蛮荒状态。然而从此之后，他们在各方面都再也没有取得任何进步。"[③] 这种判断产生的后果是，欧洲人据此为自身行为找到了理由：即以所谓的文明来改造落后的国家，给荒蛮之地带去基督教福音。因此，上述思想最终演变为欧洲帝国主义的工具。

---

① 大卫·马丁·琼斯：《西方社会和政治思想中的中国形象》，第 75 页。
② 大卫·马丁·琼斯：《西方社会和政治思想中的中国形象》，第 39 页。
③ 大卫·马丁·琼斯：《西方社会和政治思想中的中国形象》，第 41 页。

直到 20 世纪中叶，当殖民帝国纷纷瓦解，欧洲人带着某些偏见收拾残局时，中国的对外形象仍未得到改善。尽管美国人和英国人对蒋介石领导的国民党军队给予了鼎力支持，但政权最终由共产党掌控。20 世纪 60 年代，中国几乎与外界完全隔绝，然而欧洲一部分青年人却将中国理想化，将其视作未来模式。此后，欧洲左派运动逐渐衰亡，取而代之的是知识市民阶层对"文化大革命"疯狂破坏欲的深深恐惧。

多年后，西方对中国的态度由居高临下逐渐转为趋之若鹜，这并非出于理智或者精明，而是由于中国的市场对西方吸引力的上升，同时也是为了和苏联人作对。1971 年，中国获得联合国的合法席位，成为安理会常任理事国，该席位此前一直为台湾当局所占据。从此，中国重返世界舞台。1972 年，美国总统尼克松访华，会见了毛泽东。尽管发展对华关系在当时仍与西方的军事战略相悖，然而西方企业却已逐渐将触角伸向这一遥远的国家。在经济需求面前，根深蒂固的政治文化传统变得黯然失色。20 世纪 80 年代，邓小平开始在中国实行改革开放政策，令世界为之瞩目。1985 年，邓小平甚至被美国《时代周刊》评为年度人物。

一时间，各大跨国公司纷纷开始打起如意算盘：假如 10 亿中国人每人每星期喝一瓶可口可乐，可以赚到多少钱？早在 19 世纪，西方商人就曾醉心于这种计算游戏。尽管如此，西方对中国仍然心存恐惧，即便后者搞起市场经济，这种恐惧也难以消除。然而西方经济急需市场，如果不改变倨傲自恃的态度，这一目的将无法实现。人们于是干脆闭上双眼，"以接近促变化"一时间成为西方对华政策的名言。由于西方期待从中国的经济繁荣中分享好处，以往的陈旧观念日渐淡薄，西方对中国从尊敬逐渐上升为某种意义上的崇拜。而真正以开放心态重新评价中国，则是在我们国家的自身弱点暴露之后才逐渐开始的。

一个国家的进步在很大程度上取决于"我群意识"的承受力和应变力。这是当今中国的成功秘诀之一，同时也是德国目前面临的最大问题之一。中国历史清楚地表明，只有在积极面对世界竞争的前提下，民族自豪感才能成为推动国家进步的有利因素。民族的自我意识虽然是一个前提，但并不能替代对世界的开放。在工业革命前，中国一直是领先世界的经济强国，而且没有外部强敌。正因为如此，19世纪时的中国缺乏开放意识。数百年来，中国似乎都没有应对其他国家竞争的必要，中国统治者因而错过了根据全球化潮流进行自身调整的时机。于是，国家权力渐渐开始瓦解。与此相反，当时欧洲各国的我群意识在竞争中趋向成熟，激发出巨大的经济活力，并伴随着"启蒙运动"的兴起，催生出新的政治体制。而在中国，"我群"危机则导致了国家权力的崩溃。在某种意义上，今天的德国与当年的中国有许多相似之处。不少德国人至今仍然认为，德国可以逃避全球化的制约。对自身经济实力长期充满自信的国家，往往缺乏面对变化及时调整自我的准备。对自身能力的信心，很可能变成危险的夜郎自大。中国人当年曾经安慰自己：眼前的危机不会使我们繁荣的国家脱离正常轨道。在经历了最初的惨败之后，中国人原本应该对世界力量格局作出客观判断，然而封建势力的表现却不如人意，他们的头脑陷入了一种骄傲自负与无所适从并存的混乱状态。我们德国目前的状况与此无异，同样陷入了一种进退两难的困境。当年阻碍中国与其他国家同步前进的原因，并不在于技术和经济实力的落后。日本取得成功的实例说明，军事上的落后也不难改变。中国当年也不缺少具有进步思想，希望改变朝廷观念的政治家。但是当时中国人顽固的"我群意识"在危机当中变本加厉，最终成为阻挡自身进步的障碍。当时的中国政府既没有能力，同时也不情愿正视严峻的形势。在时隔一个多世纪的今天，人们在德国联邦议院中仍然能够听到类似的盲目乐观的论调。2004年秋天，施罗德总理在一篇纲领性讲话中称，将形势描绘成一团糟是"毫无根据的"，德国毕竟还是世界第一出口大国，而且尽管在经济停滞时期，德国仍然获得了新的市场份额，这充分证明了德国经济并没有衰退，而是依然有实力的；必须鼓励那些成功的企业，从而保持这一上升势头。作为一国总理，他理所当然有义务振奋民众精神，但是上述一番话听起来更像是自吹自擂。2008 年，德国极有可能失去它的"世界出口冠军"头衔。德国工商联会（DIHK）的问卷调查证实了这一点。参加问卷调查的德国海外工商会一致认为，冠军将被中国夺走。2007 年中旬，德国工商联首席经济师阿克瑟尔·尼奇科（Axel Nitschke）在公布海外工商会问卷调查结果时说：中国将在 5 年之后取代德国的冠军位置。"但是中国近 60％出口商品是由德国合资企业生产的，尼奇科认为，德国企业通过这种迂回方式也可以从中国经济繁荣中得到好处。

德国的机会绝不在于对自我肯定的强化。只有承认自身的弱点，才能对我们目前在世界上的位置作出现实的判断，为此我们必须了解和认识世界。中国的历史表明，如果一个国家缺乏正确的自我认知，并且不能充分重视来自世界的竞争，国家权力便会受到威胁。一旦在社会中出现认为国家不能代表其利益的群体，整个制度很快将被颠覆。目前德国正在犯着同样的错误。而中国则在一天天进步，它不仅积极地面对竞争，并且巧妙地利用竞争。相形之下，德国的错误便显得更加严重。

德国需要的不是一味地削弱中央权威。在历史性变革时期，政府拥有强大的决策权是必要的，但应将其严格限制在一定时期内，并对其实行充分的民主监督。领导人的决策空间与公众参与决策之间不应是相互掣肘的关系。然而德国在这一问题上存在着某些弊端，其联邦体制便为一例。这一制度在德国历史上曾经阻碍过统一国家的建立，二战结束后，该体制又为同盟国进一步强化。其弊端在于，人们在一些非紧要问题上也无法取得一致意见，因而使一大部分民众对政治的信任受到削弱。加强中央权威，同时保证权威的适度使用，则可以重新增强公众对政治的信任。

其实我们在历史上对此早有认识，这一认识曾使我们在处理与其他国家关系时感到游刃有余。在国家面临危机，国家权力受到威胁时，执政者必须拿出与社会发展水平相适应的办法，必须正视自身落后于先进国家的现实。因为，通往未来之路是无法缩短的。如果多数民众希望得到更多的政治自由和个人独立，那么要求其服从强权领导者便难以获得成功；而当民众渴望拥有一位强有力的领袖时，就像中央权力薄弱时期的中国，那么实行自由选举便可能导致社会动荡。在维护国家权力问题上，民主、自由与独立皆非万能的灵丹妙药。先进国家往往低估了这一点，美国在第二次海湾战争后为实现伊拉克民主化所作出的努力便是一个例证。

20世纪上半叶，德国和中国政府在上述问题上犯了相同的错误：它们将议会制度强加于本国民众。与邻国所不同的是，本国民众当时对议会制度尚不了解。因此，当一位领袖式人物出现时，人们的意识便立刻回到了以往状态。两国都为此付出了高昂的代价。在邻国和盟国的推动下，德国经过12年时间，终于走上一条正确的道路。而中国也在漫长岁月中，凭借自己的力量做到了这一点。

及时准确地认清形势并根据形势的变化随时进行自我调整，是每个国家面临的首要任务之一。尽管西方在中国面前始终仍然拥有一种优越感，但它同样必须面对全球化的制约。最终起决定作用的是，谁能更加聪明地应对全球化。从长远来看，唯有如此，人们才可以通过规则使全球化变得更加文明，或者至少能够相对加强对它的控制。

在风云变幻的20世纪末，中国重新成为稳定、统一和自主的国家，它既向世界开放，又不为世界所摆布。令人感到吃惊的是，德国却在一步步陷入困境。在民主制度下，即使希望改革的政治家也只能着眼于当前利益，因为他们首先必须赢得选举，其行为受到院外集团的牵制。这是现代民主制度无法回避的窘境。中国前驻德国大使、德国问题专家梅兆荣认为："在经济领域，为了保持竞争力而必须对产品进行不断更新，但是如果政策不断变化却不是件好事。"①

① 《经济周刊》，1997年9月18日，第42页。

特别在进入 21 世纪之后，中国对世界经济的影响力明显上升，与此同时，中国对世界经济的依赖性也在不断加深。世界经济密切交织的关系并非由谁所设计，但中国领导人却善于巧妙地利用它。依靠自身的实力，作为世贸组织成员的中国可以自主决定在何时以及向何人开放市场。无论美国或是世贸组织总干事，都无法改变这一新的力量对比形势。中国通过贸易而非通过战争或价值观为自己赢得了实力。尽管中国开始在亚洲邻国、澳大利亚以及南美等地购买资源，但由于中国在与上述国家的经贸往来中没有附带任何道德条件，因而在所到之处都大受欢迎。中国以此引发了某种全球性连锁反应。中国经济的崛起使美国经济对亚洲的依赖度不断增加，并使美国的实力地位受到削弱。竞争迫使越来越多的美国企业为降低原料和生产成本，将采购与生产转移到中国，导致美国就业岗位和税收的流失，进而给美国国家财政造成压力。为弥补财政赤字，美国必须不断增加外债的发行。美国国债的主要购买国是一些亚洲国家，其中以日本和中国为主。中日两国通过对美出口赚取了大量外汇。美国同时还受到恐怖主义、新欧洲意识以及欧元强势等多重压力。华盛顿政府愈担心其强权地位受到削弱，其反应便愈具有进攻性，对本国国民未来生活水平的担忧也就愈深。

全球力量重心的转移近年来在文化自信心方面也有所体现。几十年来，人权一直是中国领导人与西方政治家会见时一个不愉快的问题。在 2004 年夏天与德国前外长菲舍尔的一次共同记者会上，李肇星外长明确地表示，中国不容许别人教训，也不愿意看到由西方独占对人权问题的解释权。

以下为两人的对话：

菲：“我们看到中国在人权领域取得的进步，但我们对劳教、死刑等问题也表示了关切。”

李：“中国人口多，但每个人都很重要。所以，同德国政府一样，中国政府也十分重视人权问题，特别是人民的民主权利问题。早在两千多年前，孟子就说过，'民为贵，君为轻'。我们要努力完善和加强民主和法制建设。当然，不同国家应该按照自身需要发展自己的民主和法制形式。世界上的民主形式也是丰富多彩的。"

菲："德国政府历来坚持一个中国的政策，并多次以实际行动证明了这一点。我们希望，在一个中国的基础上，中方通过与达赖喇嘛对话解决西藏问题。"

李："感谢德方承认西藏是中国领土不可分割的一部分。但达赖还在从事分裂祖国的活动，这是我们不能接受的。我们的美国朋友都称他为'政治和尚'。只要他停止分裂活动，我们与他的沟通渠道完全是畅通的。"

菲："我们也希望，中国政府能在香港实行自由普选，证明'一国两制'是行之有效的。"

李："在这个问题上我们对西方朋友不大满意的一点是，在香港回归前，香港同胞在英国殖民统治下没有任何民主可言的时候，西方的政治家们却是沉默的。"

在记者会结束时，李肇星甚至用一句幽默的话使菲舍尔甘拜下风："现在我要关心一下我们德国客人最基本的人权，就是应该请他们参加我们的午宴了。"①

菲舍尔要求中国尊重普遍价值的表态固然代表了许多德国人的观点，然而他却低估了中国政府的优势：中国所建立的一套相对稳定的体制成功经受住了地区，乃至世界性经济危机的考验。迄今为止，中国领导人始终可以做到制订长远规划，营造良好的宏观经济环境，这一切令人为之叹服。中国不仅全面而有效地防范了全球化风险，而且还利用了全球化的机遇。

---

① 该会谈于 2004 年 7 月 15 日在中国外交部举行。为清楚起见，这里特意将两国外长的观点改为对话形式。感谢德国电视一台柯爱华（Eva Corell）女士提供录音。

一个国家的稳定程度可以通过三个因素来衡量：外债额、通货膨胀率和货币的黑市汇率。从中国目前情况来看，没有任何迹象显示上述三种因素中的哪一个有可能出现问题。虽然中国的崛起并非毫无风险，但如果将希望寄托于中国自陷困境，对西方来说未免是一种冒险。

从 90 年代开始，西方对中国的各方面优势便未能予以充分重视，因此给中国提供了发展空间。从历史角度看，世界经济力量重心由一个地区向另一地区转移是再正常不过的事。在历史上，世界经济重心首先在欧洲从意大利转移到荷兰，再由荷兰移至英国，后又转移到美国，最后又部分转移到了亚洲。日本是亚洲国家中推动这一趋势的先驱，而中国目前正在完成这一转变，并将使亚洲成为世界经济的中心。

西方精英们的态度是一种胜者对待弱者的通常态度，他们将目光集中在自己阵营中的领先者身上，在他们看来，那些弱者不过是更弱者的榜样，对自己不会构成任何威胁。中国顶级管理学府——上海中欧国际商学院（CEIBS）教务长郭理默（Rolf D. Creme）曾经说过："就连欧洲名牌商学院的著名经济学教授对中国的需求也一无所知。"①

西方文化目前正在根据全新的形势进行自我调整，这是值得称赞的。如果中国继续保持迄今的崛起势头，那么西方将在现代史上第一次面对一个高度发达的文化的竞争，这一文化将倚仗其经济实力对世界施加影响。即便在"软性"文化领域，我们也可以看到，不仅中国在近几十年大量吸收了西方因素，西方同样也从中国文化中吸纳了越来越多的内容。比如使用筷子吃饭，或用红色的中式家具妆点居室渐渐成为西方人日常生活中的时尚。许多中国人如今甚至成为全球英雄，这在历史上还是第一次。中国的运动员、文学家、音乐家和演员都有可能一跃成为国际级明星，中国名人录上不再只有毛泽东和孔子的名字。

以动作片称霸香港影坛数十年的成龙尽管来自前英国殖民地，中国领

---

① 在《经济周刊》2004 年 9 月 22 日在柏林举办的中德经济研讨会上的讲话。

导人却更愿意把他看作中国人。1998年，成龙拍摄了他的第一部好莱坞电影《尖峰时刻》并大获成功。影片讲述的是中美之间的文化竞争。成龙扮演一名中国警官，陪同一位对中国充满偏见、行为放荡不羁的美国同行前往旧金山，一路上他以幽默、精明和拳脚让这位同伴领教了自己的厉害。① 2001年拍摄的续集描述了这名美国人来到香港的经历。

在西方的传统优势项目上，中国人也已具备与西方一竞高低的能力。来自中国北方城市沈阳的钢琴家郎朗使世界古典音乐界为之倾倒。1999年，年仅17岁的郎朗在一次国际音乐节上临时顶替生病的同行登台演出，此后他与所有世界著名乐团都有过合作，他录制的唱片在古典音乐畅销榜上名列前茅。美国《华尔街日报》将郎朗评为"将改变世界的20名青少年"之一。

虽然古典音乐可以体现水准，但其大众性影响毕竟有限，所以中国最出名的世界级明星并不是郎朗，而是一位来自上海的年轻人。2002年，21岁的姚明进入了美国体育的"圣殿"——美国职业篮球联盟（NBA），一夜之间成为联赛中最引人瞩目的明星。他所在的休斯敦火箭队在宣传这位新球员的巨幅招贴广告上写着："和我们一起开创大场面（Be Part of Something Big）"，其含义不仅暗指姚明的身高，同时也隐喻姚明来自的国家。② 相比之下，还从未有哪位日本人达到过这样的知名度，尽管世界上没有哪个年轻人不知道索尼和丰田。要想找出一位在特定的文化圈之外对世界流行文化产生影响的日本人，将是白费力气。有谁能够想到，在2004年雅典奥运会上，以平世界纪录的成绩获得110米栏金牌的会是一位名叫刘翔的中国人？③ 对于西方青年人来说，中国

① 成龙曾于2004年在根据凡尔纳同名小说改编的欧洲大片《八十天环绕地球》中扮演主角。
② 2002年8月在美国得克萨斯州休斯敦市周边，其中一些海报采用了中文。
③ 这位世锦赛季军在110米栏决赛中以12秒91的成绩平了英国运动员科林·杰克逊1993年在斯图加特创造的世界纪录。

已经成为当代流行文化理所当然的组成部分。

文化成就为中国迈出关键性的下一步奠定了基础。19 世纪时，中国曾经认为世界的价值观是由中国决定的，这一认识直至遭遇西方的挑战才出现动摇。与此相似，当今中国对西方价值观的普遍性产生了怀疑。特别是违背主权国家意志的军事干涉受到中国的强烈质疑。中国前外长钱其琛认为，对于一些国家而言，进攻小国轻而易举，但是"如果是一个很大的国家，别的国家联合起来为原则而战就很难。为原则而战还得看大小，专捡小的打，大的不敢动。那么你的原则就是专打小的。不就是弱肉强食的帝国主义、殖民主义的理论吗?"[1] 道理很简单：不同的国家有不同的习俗。但是承认这一点对我们来说却并不容易。有一种观点想当然地认为，"后进国家的现代化"——中国的发展常常被归入此类——将会遵照共同的价值标准来进行。但是我们实际看到的情况却并非如此。不同的价值标准正在逐步形成，世界多极化将成为现实，这是德国和中国共同与美国对抗的目标。然而世界多极化不仅仅意味着美国的削弱，同时也意味着我们德国地位的削弱。从两个简单的例子可以看出，中国是如何一步步影响我们的文化价值体系的。在德国的书店里有大量的教授企业管理者如何适应中国人文化特性的书籍，而在中国的书店里却很少见到介绍欧洲文化特性的书籍，虽然欧洲的情况远比中国更为复杂。由此可见，在谈判中处处留意不使对方"丢面子"的是西方人，而不是中国人。

电影导演张艺谋拍摄的影片《英雄》，[2] 可以说是将中国文化的基本特性介绍给世界的首次尝试。影片的主人公是中国古代统治者秦始皇，一位中国历史上极具传奇色彩的重要人物。影片所讲述的主题是臣民应当如何对待统治者。该片在西方引起了强烈反响，获得了奥斯卡最

[1] 钱其琛：《外交十记》，第 369 页。
[2] 2003 年 6 月 5 日公映，中美合拍，导演张艺谋。

佳外语片奖提名，并在 2003 年第 53 届柏林国际电影节上荣获阿尔弗雷德·鲍尔特别创新作品奖。在影片中，张艺谋力求将中国的传统与现代融合在一起，这在以往的大众文化产品中是前所未有的。按照中国的道德规范，如果有人试图推翻统治者，便会危及国家的统一和稳定。影片讲述的故事发生在公元前 3 世纪的战国时期，秦始皇以残暴的方式统一了国家，成为中国历史上第一位皇帝，战国时期从此宣告结束。张的影片并非是对专制制度的简单肯定，而是提出了中国人在 21 世纪之初需要深刻思考的问题：获得更多的参政权的确富有吸引力，但它是否应该以牺牲国家稳定和推翻政府为代价？是否可以为此牺牲中国在国际社会中的地位，丧失有可能是自身最大的资本？对这些问题无法作出简单的回答。中国领导人强调"统一和稳定压倒一切"，[①] 其含义不仅是要保证党的执政地位，同时反映出中国的历史经验和文化特点，以及"我群意识"与"国家权力"的和谐统一。《英雄》这部中国内地迄今为止最成功的影片之一，其成功之处在于将这种矛盾性作为中国发展模式的一个特征，就反抗还是顺应的问题进行探讨。[②] 中国著名作家冯骥才认为，"这是他拍摄的第一部真正意义上的中国电影。他从形式和内容上证明了，可以借用西方先进技术手段来表现中国特有的审美。这部电影既能引起国内对传统文化的反思，同时也会赢得国际上的关注。"[③]

西方主流评论界似乎不愿从这样的多重性角度看问题。一篇评论写道："尽管有人说影片表现了和平和非暴力问题，但鉴于秦始皇极端残暴的历史角色，这实际上只是一种左右逢源的说法。张艺谋在记者会上多次强调他无意拍摄一部政治影片，但事实上他不可能如此幼稚。……影片结尾的画面尤其令人感觉不舒服，导演试图弱化影片的政治内涵，将主题转化为对不畏牺牲的爱情的歌颂。另外，宫廷卫兵在宫殿前面宽

---

① 《南华早报》，2004 年 3 月 15 日，第 1 版。
② 德国影评人鲁迪·苏赫斯兰德（Rüdiger Suchsland），参见 Artechock 电影杂志。
③ 《法兰克福汇报》，2003 年 6 月 18 日，第 N3 版。

阔的广场上列队行进的画面，让人产生出一种不适的感觉。艺谋在这里将人群作为一种艺术装饰手法，与莱妮·雷芬斯塔尔（Leni Riefenstahl）颇有几分相似。"（人们可以注意到，这位在文中称呼"艺谋"的评论家显然不知道，中国人的名字是姓在前而名在后。）①

德国和中国观众对《英雄》的不同反应，清晰地折射出现代的中国与僵化的德国之间的反差。中国人在寻求新的东西，而德国人则在寻找熟悉的事物。然而西方法庭并不等于世界法庭，这一道理不仅对美国军队适用，对我们的价值观而言也是一样。杂文作家马克·西蒙斯（Mark Siemons）写道："作为一个'价值共同体'，西方文化没有权力要求自身成为某种普世准则。"② 这种声音在德国主流媒体上难得一见，更不用说在政界了。但是这样的声音毕竟是存在的。联邦司法部长屈普里斯（Brigitte Zypries）表示："所有文明国家目前都面临一个特殊的挑战。在我看来，法治国家对话是多极世界中一种新层次的合作模式，而维系这一多极世界的是各国不同的以及国际通行的规则。"这一观点体现出难能可贵的现实主义精神。屈普里斯试图为她的政策找到一种可以为双方提供不同答案的形式。她提出："与此相关的问题是，应该采取哪些法律措施使公民权利与适度原则即使在紧急状态下也能够得到有效保证。"③ 各国应当在基本原则上取得一致，而在贯彻原则的具体做法上则应顾及各国国情。看来，由于中国的崛起，德国的民主制度也有待于继续发展。

如果认为德国的民主制度是人类终极智慧的体现，而中国的体制则毫无出路的话，那么我们就会被引入歧途。民主很可能是 20 世纪最令人信服的政治理念，但这不等于说，目前形态的民主便是 21 世纪的理想模式。"民主只是一种特殊的政治文明，而并不是一个文明的核心或

---

① 埃克哈特·科诺勒（Ekkehard Knörer），Jump Cut 杂志，参见 www.jump-cut.de。

② 《法兰克福汇报》，2004 年 7 月 9 日。

③ 2004 年 5 月 17 日中德法治国家研讨会开幕式上的讲话。

主要内涵",德国前总理施密特（Helmut Schmidt）通过对中国的观察得出这样的结论。[①] 在为建立一个全球共同秩序的竞争中，两种不同的意识形态必将发生激烈的较量，哪一方力量将更为强大，目前尚不得而知。虽然市场经济和民主制度是衡量一个国家未来发展前途的关键性因素，但是中国的优势在于成功地克服了全球化的负面影响，并且拥有巨大而稳定的未来市场。从程度上讲，感觉中的稳定往往低于现实中的稳定。中国正是利用这种稳定的印象从全球化中获得了超过其他所有国家的收益，为自身确立了有利的地位，并在世界游戏规则的制订中发挥着决定性作用。

如果说整个世界将趋向大同，也许很多人会认为不可能。但从历史角度看，这一趋势在规模较小，但情况同样复杂的范围内却运行良好。目前世界所处形势与 11 世纪至 14 世纪的"神圣罗马帝国"时期有许多相似之处。当时国家对权力行使权的垄断尚未形成，原则上讲，只要某个人拥有一块土地和土地上的劳动力，便可以许诺向这些人提供法律和军事保护。由于劳动力的匮乏，封建领主们被迫不断改善其保护制度，向农民、手工业者和商人们提供更好的生活环境，否则这些人要么迁徙他乡，要么则会揭竿而起。然而没有哪一个领主能够为整个帝国建立起一套有效的制度。

领主间的冲突只能通过双边协议来解决，就像现在国与国之间一样。领主之间既相互妥协，又相互联合，形成了合作社、邦联、附庸组织等形形色色的权力集团。到了 18 世纪和 19 世纪，这些强大的权力集团已有能力与其臣民达成长期可靠的交易：以安全保障来换取税收。于是，民族国家逐渐形成。在民族国家的基础上又一步步朝着统一欧洲的方向发展。这一发展过程尽管缓慢，但发展方向却是清晰的。为了能在高于国家层面作出有效的政策性决定，越来越多的国家甘愿牺牲部分主

---

① 参见《我们正在改变国家》一文，《时代周报》，2004 年 3 月 4 日。

权。德国前宪法法院法官迪特·格林（Dieter Grimm）认为："这一趋势将对世界其他地区起到示范作用，其作用甚至已经开始显现。"[①] 在亚洲和南美洲地区，各个国家正在逐渐组成更大的统一体。没有理由怀疑，这一进程也可能在全球的层面上出现。多极化世界的一大好处在于，世界并非以某一种观点为准则，而是必须寻求一致认同。这将意味着，我们看待事物的方法也不再普遍适用。

为避免在这一发展进程中落伍，我们需要补课。我们旨在将外来移民融入德国社会的所谓"融合政策"存在很大的缺陷，我们首先必须打破以自我为中心的观念，将世界少数人的观点视为普遍真理的想法与狭隘自大的诸侯意识无异。我们真正需要的是能够引导德国人融入世界的"融合政策"。我们必须在学校开设有关全球经济关系的课程，其重要性绝不亚于语文和数学。但是若要达到良好的效果，应当首先激发人们对学习的兴趣，提高对学习的重视。在中国，这些早已深深植根于其文化传统之中，并随着国家的迅速崛起得到越来越多的重视。如果我们不这样做，终有一天我们会受到子孙后代的质问：你们当初为何对中国的崛起视而不见？你们为什么只盯着中国的缺点，而不去分析它的优势并破解"中国密码"，以致断送了我们的前途？因此，我们必须学会用别人的眼光观察世界，唯有如此才能理清中国战略的脉络，也唯有如此，我们才能及时调整自身，并更有效地奉行我们的信念。然而做到这些并非易事。

例如，中国希望新的国际秩序能够最大程度地民主化。那么假如有一个世界议会，中国便可以凭借 13 亿人口获得简单多数。亚洲人口大约有 38 亿，可以在世界议会中获得绝对多数，排在后面的是人口 8.7 亿的北美和南美洲，以及有 7.8 亿人口的欧洲。[②] 世界的民主

---

① 《法兰克福汇报》，2003 年 6 月 16 日，第 35 版。

② 参见 www.wikipedia.org。

化则不符合欧美的利益。从这一角度看，德国目前的状况与 20 世纪初德国贵族的处境相类似。他们完全无法想象，普通平民竟可以成为政治家。部分大家族甚至用了整整一个世纪的时间才逐渐适应了这一新的现实：只有 Gala 之类的娱乐画报还对他们感兴趣。他们最终不得不承认，逆社会发展潮流而动是徒劳的。当年，社会民主党人站在了正确的一边，而中国目前在世界上的作用，与社会民主党当年对德国的作用相似。

德国必须在新的世界秩序中找准自身的位置。这是怎样的一个位置呢？德国何以应对强大的中国呢？美国摩根斯坦利投资银行的战略家指出了这条道路。该行亚太地区首席经济师谢国忠提出："增长不应再是日本和欧洲关注的焦点，他们应将注意力集中于生活品质。"[①] 德国应该如何实践这一思想？机会总是有的。

让我们设想一下，当德国当今一代年轻人到了 50 岁时，他们的生活会是怎样一副情景。到那时，在他们周围，露天博物馆、休闲公园、自然保护区和俱乐部比比皆是，中国人和其他亚洲人则是受人欢迎、出手大方的顾客。这些人之所以到德国来，是希望从自己国家持续几十年的飞速发展所带来的快节奏生活中暂时解脱出来，获得片刻的休憩。他们所向往的是与整日处于变化之中的生活环境截然不同的另一个世界。这些游客为数众多，德国人依靠他们便可以很好地生活。

德国始于世纪之交的改革进程由于国内漫无休止的争论而长时间停滞不前。直到德国西部像先前东部地区一样出现被彻底地非工业化、社会福利国家宣告破产、汽车和其他机械只能转移到亚洲生产这些状况后，德国的改革才终于有了转机。德国人认识到，技术研发只能在高度专业化的小范围里进行。虽然研发能够带来丰厚收益，但却只能提供有限的就业机会，人员精简后的德国企业往往只能依靠国外市场为公司带

① 参见 www.morganstanley.com。

来增长。有了上述认识后，德国人才终于改变观念，将头脑转向创新，新德国的崛起从此开始。

德国人开始将精力集中于发展自己独有的优势：从中世纪古城，到丰富多彩的文化以及美丽的自然风光。位于德国沃尔夫斯堡的大众汽车城，成为现代化消费设施的典范。从前的工人改变了赚钱方式，他们仿照上世纪的样式建起各种不同的城市景观，如：20 年代的纽约、70 年代的德国或 80 年代的日本，人们可以开着那个时代的汽车穿行其间。这些人造景观制作得栩栩如生，既有纽约、卡迪拉克车上的匪徒枪战，也有德国曼塔车赛的场景。在各种店铺中，售货员穿着不同年代的服装出售仿古商品。餐馆中的饭菜严格依照传统菜谱制作，旅馆也是模仿当年的风格。德国人以其特有的精益求精的态度投入到这些工作当中，再次成为世界的佼佼者。上述历史主题公园与德国的森林和历史古城一样，吸引了来自全世界的游客，当地旅馆房间往往在几个月之前就被订满。生活在 2050 年的人恐怕很难想象，以前竟然会有人同意在慕尼黑建造高层建筑。因为人口不多，德国不再需要建造高楼大厦。只有法兰克福鳞次栉比的摩天大楼构成城市的一道风景，成为德国唯一保留下来的现代都市景观。来到这里的中国人、马来西亚人和泰国人，如孩童般兴奋地眺望着这幅图景，那份喜悦恰如我们在古老宁静的乡村漫步时的心情一样。与有着近 2000 万人口的大都市上海相比，法兰克福则显得玲珑可爱。

德国成为数百万中国人最喜爱的度假胜地。当他们想起德国，所联想到的是童话般的古堡和巴伐利亚欢快的民族舞蹈，以及莱茵河畔绿色山坡上的大片葡萄园。他们还可以选择去埃姆斯兰乘坐旧式磁浮列车；或去参观柏林近郊的令人惊悚的纳粹史展览馆以及鲁尔区陈列德国机器的工业博物馆。那些机器尽管依然坚固，但却永远不会投入使用，而仅供展览之用。当然，德国拥有的不仅仅是这些，德国还有啤酒、香肠配甘蓝、贝多芬第五交响曲、科隆大教堂和德式烤肠。所有这些旅游项目无不体现出严谨精确的德国风格，可谓给劳碌不堪的上海中产阶层人士调整身心而量身订做。不过，如果游客中有一位是来过德国多次的上海大众公司管理人员，他或许会说，可惜德国并不是所有地方都像中世纪小城罗滕堡或陶伯尔河一样美丽宜人，很多中小城市其实毫无特色，除了把游客请到庸俗不堪的餐馆之外，没有什么可以用来招待他们。在那里人们不禁会问：游客在异国所寻找的那些原汁原味的德国传统东西究竟在哪里呢？

德国大城市的政府官员在文物保护问题上十分严格。政府建立了庞大的管理部门，专门负责监督吕贝克古城、黑森州的苹果酒、纽纶堡的圣诞市场等特色文化以及莱茵河流域的保护问题。在汉堡港停靠着一艘曾在历史上首次远征中国的 19 世纪船只，一位扮演威廉二世的演员和上千名群众演员，每天进行两场演出，再现当年德国殖民者出征中国的场景。易北河边的鱼餐馆门口站着身着民族服装的丰满漂亮的德国姑娘，为远道而来的中国游客提供周到的服务。

由于德国的成就举世闻名，中国一些高中毕业生在报考大学时，出于兴趣选择了日耳曼语言文学这一冷门专业，以期今后在文化管理领域谋取一份职位。这些人尽管为数不多，但也不容小觑。他们当中一些人对有性格怪癖的德国古代哲学家产生了浓厚兴趣，对莱布尼茨、黑格尔和韦伯等人的晦涩艰深的著作进行潜心研究，希望借鉴他人的思想，以更好地解读本国的历史。如果能有机会到柏林留学一两年，这些人一定会怀着对人类学的兴趣，光顾原东柏林的"先锋派"们在所谓"转折年代"经常出入的酒吧和咖啡馆，这里目前已被恢复成为一个旅游项目。以"占领区边缘地带"为名的旅游中心，栩栩如生地再现了两德分裂时边境线附近的城市景观，这一景点是全世界独一无二的。《法兰克福汇报》的一篇文章中写道："对德国人来说，依靠自己业已逝去的文化来赚钱，或许一时很难适应，但这很可能确实是我们最后的机会。"①

---

① 《法兰克福汇报》，2004 年 8 月 4 日。

未来已经近在咫尺。中国年轻人在讲述他们德国之行的印象时，总是对德国人内心对文化传统的尊敬及其精益求精的态度赞不绝口。但是，同样出于这种怀旧心理以及对细节的沉溺，我们很难勇敢地回到迅速变化的现实中来。在中国人心目中，德国人是注重情调的异国人、传统生活方式的维护者、追求完美细节的专家以及旧事物和现有社会形式的捍卫者。曾在德国生活过 16 年的中国人胡晓涌对德国的评价可谓一针见血："一个非常美丽的国家，只是节奏太慢。"①

中国则与此相反。失败的教训使中国从历史的桎梏中解脱出来，处处呈现出一派打破传统、焕然一新的景象，形成了一种充满活力和灵活多变的混合型文化。无论外来还是本土、西方现代还是中国传统，只要能为我所用，均可兼收并蓄。中国人关注的核心问题只有一个——是否有利于生活水平的不断提高。

现在到了认真思考自身处境的时候了。我们眼中的落后者现在情绪饱满、意气风发，而我们国内却笼罩在一片低迷气氛之中。中国人已经意识到，传统发达国家的优势正在消失，世界力量对比正在迅速发生变化。也许用不了多久，德国年轻一代将会就德国的未来出路展开一场辩论，那时他们也许会对自己说，是历史让他们作出这样或那样的选择。从中国的视角来看（这一视角不久之后将可能成为占主导地位的视角），我们德国人正在变成一个沉浸于昔日成就、因循守旧的民族。这并不是说，德国人没有对未来前途进行有意义的思考，但是他们的思考往往不得要领。中国有句名谚叫作"智者不拘"，中国至少教给我们一个道理：这一谚语同样适用于德国。

---

① 2004 年 7 月对作者表示。

译后记

这已是译后记的第三稿了。如果加上之前烂掉和废掉的腹稿，被我揉皱丢掉的纸团已然遍地。我渐渐开始后悔，在编辑要我写些什么的时候，我为何就那样忙不迭地答应了。是虚荣，但并不全是。或许更重要的原因是，我被这本书纠缠太久，从动笔翻译到现在，已过去将近三年。其间遭遇的种种周折，让我感觉如果不说些什么，实在对不起自己。

但是该说些什么呢？我一向是反对译序或译跋的。在我看来，除译文之外译者的话都是废话。从交出译稿的一刻起，除了未拿到手的稿酬外，译者与他的书已经两讫了。很多人喜欢将译者比作奶妈，抱的时间再长，孩子仍然是别人的，虽然那孩子的眉目总有几分像自己。

仔细看过编辑的信，要求是这样的：从译者的角度，介绍一下作者和作品的内容与背景。但是什么是译者的角度呢？一本书十几二十万字，读者耐着性子一路看下来，该明白的都已明白，即使不明白，也总轮不到译者来阐释，因为译者未必比读者更聪明。我的经验往往正相反。说到底，译者只是一个工匠，翻译对象本身不过是他面前的一件手工活。他要做的事，是把它一块块拆散开，一块块仔细打磨，然后再重新组装起来。因此在翻译完一本书后，译者印象最深刻的往往是细节，是自己反复斟酌过的每一处措辞和每一种语气。所谓"只见树木，不见森林"，放在这里再恰当不过。

但我仍不肯就此放弃。自己写不出，那就照猫画虎吧。我找到一些同类型书，并仿照那些译序的套路写出了下面这些话：

"在当今西方谈论中国的喧杂而近乎聒噪的声音中，《中国密码》只是其中一种。它与其他声音的最大不同，在于它没有人们惯常看到的西方式傲慢与偏见，在于它的严肃与真诚。在西方世界，这种声音即使不是少数，也仍然属于异数。敢于发出这样的声音，是需要勇气的。有谁愿意被自家人指着鼻子说，瞧瞧，人家干得比咱们好。……面对世界越来越多的关注，我们在走自己的路的同时，应当让我们的耳朵习惯各种声音：习惯被指责（指责未必都是别有用心），习惯被夸奖（虽然赞歌也有可能是另外一种调式），习惯被关注（即使注视者的目光是透过有色眼镜）。……"

发给朋友看。朋友说：你翻翻报纸，上上网，到处都是这样的话，你说它干吗？没错。我不是学者，也不是评论家，我充其量不过是一个读者，译后记当然不应是一篇读后感。朋友提醒说：你不是作者的朋友吗？说说他，写些大家不知道的花絮吧。

这主意不错。于是重新写：

"我和弗郎克认识已逾十年。那时，我们都为德国媒体做事，他是《经济周刊》驻京记者，我给另外一家德国报纸作翻译，多少算是同行。但我是这家的雇工，他是别家的老板，平时打交道的机会并不多。最近距离的一次接触是 10 年前，我们作为同一办公楼里的近邻，因为反抗'强拆'（在租赁合同到期前被强令搬迁）联手作了一次'钉子户'。当出租方抛出停水停电停暖气的'杀手锏'后，是弗郎克找来柴油发电机解决了'无燃之急'，并率领两家代表到外交部新闻司交涉，使我们的维权行动得以获得最终的胜利。回忆起来，弗郎克身裹羽绒服、怀揣暖水袋敲打键盘的样子，仍然清晰如昨。……"

这次轮到自我否定了。这些和我的翻译有什么关系呢？难道是通过这些花边趣事，告诉读者我和作者关系很铁吗？于是再次删掉，打开新建文档，重新面对一张白纸。

其实，我是有话要说的，甚至很多，但绝不是上面这些。对于一个译者来说，在翻译过程中的最深感受，是翻译的艰辛。

翻译这本书是一种磨难。最初读到它时，我丝毫没有意识到未来的翻译将会如此艰难。作者逻辑缜密的思路，简洁清楚的语言，仿佛正是自己最熟悉、最能把握的一种。但是，一旦开始，困难便劈面而来。整本书，几乎是一部完整的中国近现代史。如此众多的人物、历史事件，说俗些简直是浩如烟海。而查找那些大量的名人引语，便犹如大海捞针。我曾为核实某些人名或查找某段引语，数次把电话打到社科院历史研究所，甚至曾把电话打到广州，请教一位明清史专家。更多的时候，我的痛苦是因为怨恨自己的无知。对一个以外语为专业（这也算是专业吗？）的译工来说，书中涉及的领域实在太广泛了。为了避免犯下过于拙劣的错误，只能现磨枪了。于是，常常为了翻译一两页的东西，就要看一厚本参考书……

不能再这样写下去了，要不然，译后记将会变成一部血泪史。我的一位翻译同行早就说过，翻译的苦只能自己吞，因为这毕竟是你的本职工作，再苦都是活该，你以为，那些盖房子的建筑工人就不苦吗？还好，书终于要出版了，就像建筑工人看到自己亲手建起的高楼终于要有人入住了。房子盖的质量不好，还可以再修。翻译中的错漏又该怎样弥补呢？高人的指教与斧正只能留给下次，这次的遗憾只能是遗憾了。

为了让这篇不像译后记的译后记多少有些译后记的样子，学外国人的做法，鸣谢一下：

感谢谷歌（幸好这个时代有网络，网络有 Google，帮我省了去图书馆的路）。

感谢我的先生（嫁给同行毕竟是有好处的）。

谢谢建伟、芳芳、刘凤、耀军，以及所有帮助过我的人们。

没有你们，就没有这本书。话虽俗，但绝对真诚。

强朝晖

2008 年 10 月 22 日于维也纳

大事年表

1368—1644 年	明朝
1405—1433 年	郑和下西洋
1433 年	明朝颁布禁海令
1521 年	麦哲伦船队抵达中国海域
自 17 世纪始	欧洲商人抵达中国东部沿海
1644—1911 年	清朝
1658 年	德国传教士汤若望被封为朝廷一品官员，这是历史上外国人在中国获得的最高官职
1742 年	清廷下令禁止基督教传播
自 1760 年	始清廷规定欧洲商人只能在指定月份在广州口岸从事贸易活动
1834 年	英国东印度公司的鸦片贸易垄断被打破
1838 年	朝廷任命林则徐为钦差大臣，赴广州查禁鸦片
1839—1842 年	第一次鸦片战争
1842 年	中英签署《南京条约》
1851—1864 年	太平天国运动
1853 年	太平军攻占南京

1856—1860 年	第二次鸦片战争
1856 年	英法联军占领北京
1894 年	日本宣布外国投资合法化并对其予以法律保障
1894—1895 年	中日甲午战争
1897 年	德国军队占领山东青岛
1898 年 6 月—9 月	光绪皇帝实行"百日维新"
1898 年 9 月 21 日	慈禧太后重揽大权，光绪皇帝被软禁
1900—1901 年	义和团起义
1900 年 6 月 20 日	德国驻华公使克林德被杀 1900 年 7 月 27 日 德国威廉二世皇帝在不来梅港发表"匈奴演说"
1901 年 9 月 7 日	《辛丑条约》签订
1904 年	西门子公司成立首家驻华代表处
1905 年	中国商人发起抵制洋货运动
1906 年	清政府宣布"预备立宪"
1908 年	光绪皇帝和慈禧太后去世
1911 年 12 月	孙中山被任命为"临时大总统"
1912 年 1 月 1 日	孙中山宣布成立中华民国
1912 年 2 月 12 日	末代皇帝溥仪退位
1913 年 2 月	中国举行历史上第一次议会选举，国民党在选举中获胜
1914—1918 年	第一次世界大战，中国与英、法、日等国一同对德作战
1918 年	凡尔赛和谈，德国在山东的特权被转给日本
1919 年 5 月 4 日	"五四运动"

1923—1927 年	第一次国共合作
1925 年	孙中山逝世
1927—1937 年	第一次国共内战
1934 年	中国共产党举行长征
1937 年	卢沟桥事变，中日战争爆发
1937—1945 年	第二次国共合作
1945—1949 年	第二次国共内战
1946 年	国共谈判，试图成立国民党领导下的联合政府
1949 年	内战以中国共产党胜利告终
	毛泽东出访莫斯科，中苏签署友好同盟条约
1949 年 10 月 1 日	中华人民共和国成立
1950—1953 年	中美两国在朝鲜战争中展开军事较量
1953—1957 年	中国实行以发展重工业为核心的第一个五年计划
1954 年 4 月	私营经济被彻底取缔
1954 年	邓小平被任命为中共中央秘书长兼国务院副总理
1956 年	中国第一家汽车制造厂成立
1958 年 7 月	赫鲁晓夫秘密访华
1958—1960 年	"大跃进"运动
1960 年 7 月	中苏关系彻底破裂
1964 年	《毛主席语录》出版
1964—1965 年	社会主义教育运动
1964 年 5 月—11 月	中国与联邦德国在瑞士伯尔尼就贸易协议问题举行 4 轮秘密会谈，后迫于美国压力而

	中止
1964 年 10 月 16 日	中国第一颗原子弹试验成功
1965 年	德国首次向中国出口轧钢设备
1966—1976 年	"文化大革命"
1971 年 4 月	中国邀请美国乒乓球队访华，以此展开"乒乓外交"
1971 年 7 月	美国国务卿基辛格秘密访华
1971 年 10 月	中国加入联合国
1972 年 2 月	美国总统尼克松访华
1972 年 10 月	中国与联邦德国建立外交关系
1974 年 5 月 11 日	邓小平出任国务院代总理
1975 年	北京举办第一届德国技术博览会
1976 年 9 月 9 日	毛泽东逝世
1977 年	邓小平出任中央军委主席
1978 年	在邓小平领导下，中国开始实行改革开放，引入市场经济
	中国从德国订购包括一个热电厂在内的整套冶炼设备，德国银行同意为该项目提供 180 亿马克的贷款
1979 年	经济特区陆续建立
	数千名公派留学生赴西方国家留学
	中国自 1956 年以来首次允许个体经营
	放开上万种商品价格
	中国国际信托投资公司成立
1981 年	首家中德合资企业威娜公司成立，产品主要销往日本市场；在"调整国民经济"方针指导下，中国取消从德国进口冷轧设备

	的采购合同，这是中德关系史上金额最大的一笔合同
1982 年 5 月	首家中外合资汽车企业——北京吉普公司成立
1984 年	大众汽车公司与上海一汽签署合作协议
1985 年	科尔总理访华，中德签署关于从德国引进炼钢设备的采购协议
1987 年	美国《时代周刊》评选邓小平为年度人物
1988 年	第一家德国餐厅在北京丽都饭店开业
1989 年 5 月 15 日	戈尔巴乔夫作为 30 年来首位访华的苏联领导人抵达北京
1989 年 6 月	德国联邦议院宣布对中国实行制裁
1989 年 7 月 9 日	邓小平颁布"四点计划"：彻底平息暴乱，改善经济环境，落实改革开放政策，协调经济发展
1989 年 9 月	德国经济东方委员会主席冯·阿梅隆根应李鹏总理邀请访华
1990 年 4 月	大众公司董事长卡尔·哈恩访问上海并宣布将中国作为亚洲战略重点
1990 年 5 月	德国前总理施密特访华并会见邓小平
1990 年 7 月	德国联邦政府派遣国务秘书访华，与李鹏总理会晤
1990 年 10 月	欧盟各国外长取消对中国的大部分制裁
1990 年 11 月	德国工程师参与中国第一座核电站建设
1990 年底	上海市证券交易所在关闭 40 年后重新开业
1993 年 6 月	"16 点措施"出台，这是中国历史上第一个按照经济学理论制定的宏观经济方案

1993 年	华晨股票在纽约上市，这是第一家在纽约上市的中国公司
1994 年	科尔总理访华
	中国政府着手整顿四大国有银行（中国银行、中国农业银行、中国建设银行、中国工商银行）
1996 年	中国首家民营银行—民生银行成立；
	中国首次投资开发海外油田
1996 年	因邀请达赖以流亡政府代表身份访德，弗里德里希·瑙曼基金会驻华办事处被关闭，金克尔外长访华被取消
1996 年	科尔总理访问中国部队
1997 年 2 月 19 日	邓小平逝世
1997 年 7 月 1 日	中国收回对香港的主权
1997 年 8 月 14 日	亚洲金融危机爆发
1998 年 6 月	美国总统克林顿访华
1998 年 10 月	国际货币基金组织在香港举行年会
自 1999 年	中德法治对话开始
1999 年 5 月 7 日	美国导弹炸毁中国驻前南斯拉夫使馆馆舍；施罗德总理作为首位西方国家政府首脑访问北京并就炸馆事件向中国政府和中国人民道歉
1999 年 11 月	中国科技部与德国磁浮公司签署第一份合作意向书
2001 年	中国正式加入世界贸易组织
2001 年 1 月	中德签署修建上海磁浮线路协议
2001 年夏	上海合作组织成立

2001 年 11 月	中德合作生产支线飞机项目流产
2002 年 3 月	德国最后一家飞机制造企业仙童多尼尔公司宣布破产
2002 年秋	胡锦涛当选新一届中国国家主席
2002 年 9 月	中国家电制造商 TCL 收购德国老牌家电企业施耐德公司
2002 年 12 月 31 日	朱镕基总理与科尔总理为上海磁浮列车试运行剪彩
2003 年春	"非典"危机爆发
	中国政府换届,温家宝总理领导下的新一届政府将实现社会公平作为新的政策重点
2003 年 10 月	中国首次载人航天飞行获得成功
	中国在世界各地展开能源战略
	中国外汇储备首次突破 5 千亿美元,并增加欧元资产比重
2004 年 8 月	英国汇丰银行作为首家西方银行入股中国交通银行
	中国人口突破 13 亿
2004 年 11 月	中国投资 700 亿美元开发伊朗石油资源
2004 年 10 月	七国财政部长会议在华盛顿召开,中国财政部长首次应邀出席
2004 年 12 月	联想集团收购美国 IBM 电脑业务
	上汽公司签署关于收购英国罗孚汽车的前期协议
自 2004 年	中国成为德国商品的第二大采购国
	中国进出口贸易额突破 1 万亿美元
	宝马公司在中国建立生产厂

2005 年	中国开始建立石油战略储备
	巴斯夫公司在中国建立其在世界上规模最
	大的现代化石油化工基地
	中国第二次载人航天飞行（神舟 6 号）取得
	成功
2006 年	中国工商银行以 175 亿欧元币值创历史最高
	纪录
	奔驰汽车在中国投产
	三峡大坝落成
	中非峰会在北京召开
	青藏铁路通车
2007 年	中国石油消费量增长近 7％
	胡锦涛主席出访非洲八国
	中国出境游人数达到 410 万
	中国与伊朗贸易突破 2000 亿美元大关
2008 年	四川汶川发生大地震
	北京成功举办奥运会
	大陆与台湾自 1949 年以来首次通航
	空中客车在天津建立生产厂
	中国超越德国成为世界第三大经济体